我们一起解决问题

人力资源管理创新丛书

人力资源服务与数字化转型

——新时代人力资源管理如何与新技术融合

刘凤瑜 等◎著

人民邮电出版社

北京

图书在版编目（CIP）数据

人力资源服务与数字化转型：新时代人力资源管理
如何与新技术融合 / 刘凤瑜等著. -- 北京：人民邮电
出版社，2020.5（2022.2重印）
（人力资源管理创新丛书）
ISBN 978-7-115-53567-2

Ⅰ. ①人… Ⅱ. ①刘… Ⅲ. ①数字技术－应用－人力
资源管理 Ⅳ. ①F243-39

中国版本图书馆CIP数据核字(2020)第039738号

内 容 提 要

在如今这个倡导创新的时代，人力资源服务工作必须顺应数字化转型的发展趋势，助力人力资源部实现数字化转型。

本书结合新一代信息技术的发展应用，系统地分析与讲解了人力资源共享服务中心的发展趋势、工作内容和工作流程与方法，重点介绍了大数据、云计算和人工智能等新技术在人力资源管理与服务中的应用，以及人力资源管理的数字化转型之路，并且从实操的角度对人力资源服务管理与数字化转型过程中出现的问题提供了相应的应对方法与策略。

本书既可以作为企业人力资源管理者，特别是人力资源共享服务中心管理者的参考用书，也适合人力资源管理专业的本科生、研究生、MBA、EMBA和教师阅读。

◆ 著 刘凤瑜 等
　　责任编辑 刘 盈
　　责任印制 彭志环
◆ 人民邮电出版社出版发行 北京市丰台区成寿寺路 11 号
　　邮编 100164 电子邮件 315@ptpress.com.cn
　　网址 https://www.ptpress.com.cn
　　北京虎彩文化传播有限公司印刷
◆ 开本：787×1092 1/16
　　印张：19 2020 年 5 月第 1 版
　　字数：400 千字 2022 年 2 月北京第 7 次印刷

定 价：79.00 元

读者服务热线：（010）81055656 印装质量热线：（010）81055316
反盗版热线：（010）81055315
广告经营许可证：京东市监广登字 20170147 号

随着大数据、云计算以及人工智能技术的迅猛发展及其在人力资源工作中的广泛应用，那些标准化、可重复、事务性的人力资源工作将会逐渐被管理系统和人工智能所替代，数字化人力资源管理时代已经来临，e入职、e离职、电子签、人力资源机器人等新事物在今天的人力资源管理实践中层出不穷。科学技术从来没有像现在这样深刻地影响着人力资源管理者的命运，从来没有像现在这样深刻地影响着企业员工的雇佣生命旅程体验。

我常常被人问起为什么要学人力资源管理专业？这是一个非常严肃的问题。基于我个人多年的人力资源管理实践和对这个问题的深入思考，我的答案是，学习人力资源管理专业和从事人力资源管理工作有可能使你成为管理大师中的大师。之所以这样说，其实道理很简单，一个人无论学习什么样的专业和从事什么样的工作，在工作了若干年之后都有可能走上管理岗位。一旦走上管理岗位，这个人首先要学习和具备的就是人力资源管理能力。因为作为一个团队的管理者，必然要承担起招募人才、培养人才、激励人才和留住人才的管理职责，这些职责恰恰也是人力资源管理人员的职责。人力资源管理专家就扮演着这些管理人员的顾问、教练和伙伴的角色。一旦这些一线的管理人员成为管理大师，人力资源管理专家自然就成为了管理大师中的大师了。

然而，如今的人力资源管理领域存在着一个非常独特的现象，即人力资源管理专业科班毕业的学生在外部劳动力市场上，除非是加入一家人力资源管理方面的专业公司，当其申请某家企业一个人力资源管理方面的工作职位时，常常无法因其专业优势而形成人才竞争优势，也无法像其他专业一样对非本专业领域的毕业生进入这一专业领域构成门槛。能否成功通过面试申请到这个职位，靠的往往不是专业优势而是求职者个人的能力素质。是什么原因造成了人力资源管理专业毕业生的这种尴尬局面呢？随着对国内一些高校人力资源管理专业课程设置的不断了解，我们发现这些高校人力资源管理专业的课程设置存在着一定的问题，即忽视甚至没有设置有关**人力资源管理的基础性课程，缺乏对人力资源管理专业学生的专业基础知识和基本能力的训练与培养。**

人力资源管理大师戴维·尤里奇认为，按照人力资源管理侧重的对象是人员还是事务或流程（X轴）和人力资源管理关注的时间是现在还是未来（Y轴）这两个维度，人力资源管理职能可以划分为四个象限，即四种不同的人力资源管理角色（如图1所示）：人力资源行政事务专家（第三象限）、企业人才管理专家（第四象限）、组织变革推动者（第一象限）和人力资源战略伙伴（第二象限）。

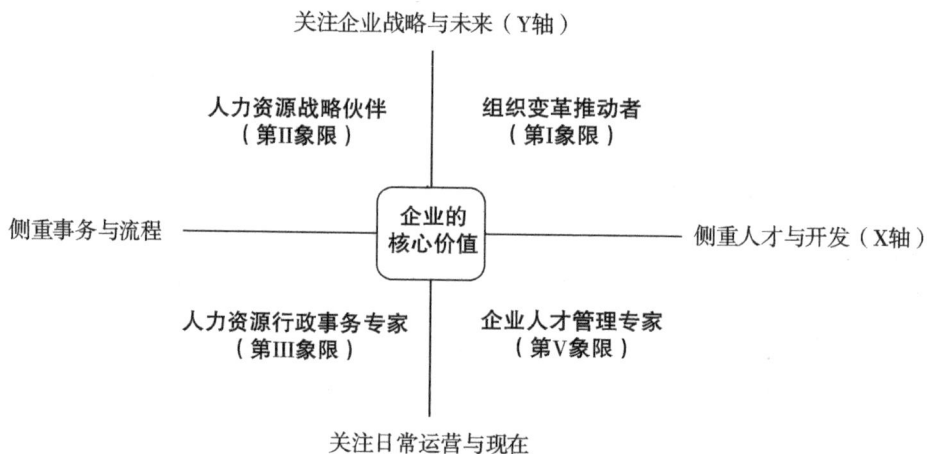

图1 人力资源管理角色四象限模型

基于尤里奇的人力资源管理角色的四个象限，对照目前很多高校人力资源管理专业的学科设置，我们不难发现，这些高校将专业课程的设置主要放在第一、二、四象限角色的学习与培养方面，而忽视了对学生第三象限角色的训练。

人力资源管理的第三象限角色其实就是传统的人事管理角色，即以事为中心，主要工作为管理劳资档案、人员调配、职务变动与职称评定、社会保险、休息休假、工资调整与福利等具体的人力资源事务性工作。这些工作具有很强的政策性和专业性，更为重要的是，工作内容与员工的切身利益息息相关。如果要分析各家企业的人力资源部日常收到的员工问题，我们就会发现，80%以上的问题都是与传统的人事管理内容相关的。可见，第三象限的人事管理在企业乃至员工当中具有非常重要的地位。

在新时代，随着现代人力资源管理分工的日益精细化以及人力资源管理角色的变化，传统的人事管理已经演变成了人力资源运营管理或人力资源服务管理，乃至人力资源共享服务中心。虽然其管理内容和外延都在发生着巨大的变化，但其本质和内涵并没有改变，即仍然侧重于人力资源管理当中的基础性、事务性、重复性和标准化的人力资源服务，服务人员需要具有扎实的劳动法律、人事与个税政策、社会保险、档案管理、人力资源管理系统等基础性人力资源专业知识，需要具有较强的客户服务意识、合规意识、保密意识和创新意识，需要具备较好的人际沟通能力、数据统计与分析能力、项目管理能力、流程设计与再造能力、计划与执行能力等。上面提到的这些人力资源行政事务管理与服务过程中所需要的专业知识和能力，就是人力资源管理专业学生必须掌握的人力资源管理基础知识和基本能力，即人力资源管理专业的"双基"。人力资源管理专业的学生一旦学习和具备了人力资源管理专业的"双基"，就构成了该专业的入门门槛，进而形成了专业优势。

事实上，随着人力资源管理这一概念的引入以及外资企业和国内新兴企业人力资源管理实践的影响，很多企业都将人事部改成了人力资源部，国内很多高校也相应地设立了人力资源管理专业。一些已设置人事管理专业的高校，除了将人事管理专业改成人力资源管理专业外，在课程设置上也增加了现代人力资源管理的专业课程，与此同时，弱化甚至抛弃了传统的人事管理的相关课程；而过去没有设置人事管理专业的高校，随着追求"211""985"乃至"双一流"高校建设的需要，也纷纷开设了人力资源管理专业，设置了与现代人力资源管理相关的专业课程，如人才开发与人员招聘、培训与发展、薪酬与福利、员工关系管理、绩效管理、组织发展、组织设计与变革等，但与此同时很多高校却忽视了人力资源运营管理方面的基础性专业课程，导致该专业的学生缺乏人力资源管理的"双基"培养。这些人力资源管理专业的毕业生即使通过面试进入了某家企业从事人力资源管理工作，即使是在人力资源部从事人员招聘、培训与发展、薪酬福利、员工关系或绩效管理等工作，也会由于缺乏必要的人力资源管理工作经验，只能从事一些辅助性的工作，如筛选简历、安排面试、预订培训教室、分发培训材料、辅助薪酬与福利的沟通、录入员工相关信息等。更为重要的是，由于种种原因，不同企业的现代人力资源管理的职能设置、管理模式、工作流程与实践等不尽相同或迥异，这也使得人力资源管理专业的毕业生失去了专业优势，进而丧失了专业的竞争力。

为了弥补国内人力资源管理专业课程设置的欠缺，提高人力资源管理基础性专业服务的水平，培养更多的人力资源行政事务专家，不断改善和提高员工的人力资源服务体验，我们组织了在人力资源运营管理领域拥有十年以上服务实践经验的专业工作者编写了此书，以期为广大读者奉上一本理论与实践相结合、具有实操性的专业书籍。

本书由刘凤瑜统稿，主要从人力资源管理和人力资源服务实践两个维度，系统地阐述了人力资源服务管理的发展趋势、主要内容、工作流程与方法，着重介绍了大数据、云计算和人工智能等新技术在人力资源管理与服务中的应用，以及人力资源管理的数字化转型之路，并且从实操的角度对人力资源服务管理与数字化转型过程中出现的问题提供了相应的应对方法与策略。因此，对于目前正在实施人力资源三支柱转型的共享服务中心的服务提供者，本书就如同一个在日常人力资源服务管理过程中可以随时为你出谋划策的良师益友。

这本书既适合人力资源管理专业的本科生、研究生、MBA、EMBA 和教师将其作为教材或参考资料，也可以作为企业人力资源管理者，特别是人力资源共享服务中心的服务提供者的参考书、培训教材或工作指南。从更为广泛的意义上说，本书还可以作为企业员工的重要参考书。

由于本书涉及大量有关互联网、云计算、人工智能等的新技术，技术性和专业性都比较强，加之作者们的知识和水平有限，书中难免存在纰漏或不足之处，恳请广大读者予以批评指正，以便我们在今后修订时进行改正。

刘凤瑜于北京

2020 年 1 月

目录

第一章

新时代的人力资源服务管理

随着互联网、大数据、云计算、人工智能等新技术的不断发展及其在人力资源管理中的应用，以员工为服务对象的人力资源部迎来了一个全新的时代——**数字化人力资源服务时代**。在新时代，如何为员工创造价值、如何帮助企业为客户创造价值已经成为每一个人力资源管理者必须认真思考和研究的重要问题。过去，人力资源管理者主要从员工招聘、选拔、绩效管理、培养、激励和职业生涯规划等环节为员工创造价值，增强员工的安全感、归属感、凝聚力和满意度。随着新时代的到来，管理者要通过与员工的和谐沟通、感情渗透、生活关心和人格尊重，使员工产生信赖感和认同感。只有管理者善于激发人性中善良和积极的因子，员工才会自动自发地投入到工作中，不断发挥工作的积极性、主观能动性和创造性。

互联网、大数据、人工智能等新技术的日益成熟，使得这个世界变得透明起来。在一个信息透明的世界里，人力资源部在员工那里没有任何秘密可言，人力资源管理面临空前的挑战。面对新时代对人力资源管理的巨大挑战，人力资源部必须顺应时代发展，及时转变观念，主动求新求变，适时进行数字化转型，建立以满足客户需求和实现人力资源管理价值为导向的新型人力资源管理模式。

第一节　新时代与人力资源管理

在新时代，移动互联、云计算、大数据以及人工智能等新科技的发展不仅改变了人们的生活方式，而且对企业向数字化时代转型产生了深远的影响，为企业人力资源管理实现数字化打下了良好的基础。

一、新时代人力资源管理的特点

在如今这个科技迅猛发展的全新时代，为了应对新技术对企业管理理念和管理方式的巨大冲击，人力资源管理的传统观念、管理方式等必然要发生相应的改变，需要进行不断的更新，需要在新技术的基础上构建支持性平台，形成新型的人力资源管理模式。

总结近几年来不同企业人力资源管理的发展变革与转型实践，新时代的人力资源管理表现出如下几个显著的特点。

（一）人力资源管理向三支柱模型转变，由管理转向服务

新时代企业平台化的运行模式、专业化的服务、快速的响应等都需要人力资源管理者最大限度地整合企业资源、简化组织，支持企业满足客户需求。因此，企业产生了诸如合伙人机制、阿米巴模式等新型的组织形态，以最大限度地整合企业的资源，实现企业内部的有效协同。在这样的组织形态下，组织已由传统的按照事先预算和组织需求进行资源配置，转变为围绕满足客户需求和关键核心员工进行资源配置；在企业领导力构建与培养方面，由传统的垂直领导力，即通过职务所赋予的权力和企业制度等方式进行计划、组织、指挥、控制和协调等，以便有效地完成组织既定目标的领导能力，转变成平行领导力，即在平等、非职权的状态下，用企业的愿景、使命和价值观、个人的情商与性格魅力、良好的沟通协调等方式推动团队向前发展并有效完成既定目标的领导能力；在企业的绩效管理方面，从传统的以 KPI为核心的绩效管理模式，转变为以 OKR 为核心的绩效管理模式；在员工激励方面，从传统的以物质激励为主转变为激励与赋能并重，并逐步通过对员工赋能吸引和留住核心员工；在人力资源运营方面，从传统的注重极致的运营组织转变为服务型组

织，让员工经历卓越的体验，让员工真正感受到他们是企业最重要的资源。

为了更好地顺应这一变化和需求，人力资源管理部门正在逐渐放弃传统的管理职能，打破人力资源管理各职能部门之间的界限，按照为客户创造价值和满足客户需求的思路，转型为基于业务导向的人力资源解决方案提供者和执行者的人力资源业务伙伴（HR Business Partner，HR BP）、进行人力资源战略规划和制定专业解决方案的人力资源领域专家（HR Center of Excellence，HR COE）以及为客户提供基础性、事务性的人力资源标准服务共享服务中心（HR Shared Service Center，HR SSC），并且以服务为导向，与企业的其他部门和团队一起完成为客户创造价值及满足客户需求的根本目标。

（二）使命和企业文化正在成为企业赋能员工的主要手段

随着"90后""95后"甚至"00后"等新生代劳动者先后进入职场，人们的职业理念正在发生深刻的变化。美国心理学家亚伯拉罕·马斯洛的需求层次理论表明，人是有需要的，人的需要是有层次的，由低到高依次为生理需要、安全需要、爱和归属的需要、尊重的需要及自我实现的需要。只有低层次的需要得到满足后，人才会向高一层次的需要发展，追求更高层次的需要就成为了其行为的驱动力。

"世界那么大，我想去看看。"几年前这句流行的辞职宣言在互联网上迅速传播，这句话道出了新生代劳动者内心真实的想法。这表明，随着经济压力的日趋缓解，新生代劳动者以谋生作为自己职业的第一需要正在悄然发生改变，"工作为了实现自己的人生价值"的精神需要正在成为他们的主要职业需要。因此，传统的企业管理理念已经不适用于这类新生代人才。未来企业最重要的功能就是事先激励员工，使他们拥有乐于加入企业、乐于投身创造的动机，而不再是对他们进行管理或传统的事后激励。

这种事先激励就叫赋能。对于企业而言，赋能就是给员工赋予某种能力和能量，其核心特征是事先性，即企业在员工工作之前就有效地连接和激发出了每个个体的价值，激发出了他们的参与感、主人翁意识，能够与企业共享愿景、共担责任。在这个新时代，要创造和改变世界，赋能比传统的激励更有效，更有利于创新。因此，面对新生代劳动者新的工作需求，很多企业正在努力打造一个能够与员工的价值追求相吻合，能够与员工的职业梦想相一致，能够得到员工的认同与共鸣的企业使命，从而实现赋能员工。同样，在企业文化建设方面，很多企业也在不遗余力地构建企业和新生代员工共同认可的企业文化。可见，在新时代，企业使命和文化正在肩负起赋能员工的作用，进而有效实现吸引、激励和保留企业关键人才的目标。

（三）数字化人力资源管理的出现

面对互联网、大数据和人工智能等技术的深刻影响，众多企业和企业的不同部门都在经历着数字化转型，人力资源部也不例外。云计算彻底改变了企业购买人力资源管理软件和建设人力资源管理平台的方式，人工智能技术已经在逐渐替代人力资源运营管理中的那些简单、标准化和重复性的工作，同时人力资源管理的思想、架构、方式以及管理的重点等也在发生着变化。更为重要的是，数字化人力资源管理不只是简单地将新科技应用于人力资源管理工作中，更是为应对未来全新的工作世界进行的必要准备。

（四）从注重人力资源运营转变为注重员工体验

随着"90后""95后"和"00后"等新生代劳动者逐渐成为职场的主力军，员工更加追求主见与认同感，更加追求自己的价值感和体验感。员工之所以选择并留在这个组织里，除了为了谋生之外，还有高阶的需求：一是体现自己的价值感，做自己认为有意义的事情；二是自身的职业发展，希望企业能够为自己提供不断学习的机会；三是获得充足的安全感、自身在职场的存在感及幸福感。这种复合体验能起到促使员工留任的作用。在新时代，让员工尽可能按照自己喜欢的方式去工作、发挥自己的价值，也是一种管理创新。因此，提升员工体验，是新时代人力资源服务工作关注的重点之一，在提升员工体验的背后，组织的终极目的都是希望员工能更加敬业。

随着人力资源管理者将注意力转向员工体验，越来越多的企业已经开始制定灵活性政策，采取量身定制的方式为员工提供更加灵活的工作选择，这些政策在企业吸引和保留所需人才的过程中发挥着重要作用。

（五）人力资源管理更加智能化和移动化

在新时代，大规模的工厂化组织将退居次要地位，知识型员工的人数逐渐超过从事传统制造业和服务业的人数，目标导向、绩效导向、工作以项目为核心的发展趋势日益明显。一种柔性的、网络化的生产组织将成为一种主导，这将导致人们的工作方式发生根本性的变化，移动办公、居家办公和弹性工作制逐渐成为潮流。

网络技术的发展、现代通信手段的升级以及无线联络、电子邮件、网络会议等的使用正成为人们日常工作的主要联系方式。同时，城市的扩大和交通的发达，企业工作场所正由统一集中向点式分布扩大，员工居住地也越来越分散，居家办公正成为现代劳动者工作的重要发展趋势。

与移动办公和居家办公发展趋势相匹配，弹性工作制将成为未来的工作方式。弹性工作制最大的优点是，它把工作和生活结合起来，使员工不再把工作当成一种负担，而是生活中一种必不可少的创造性活动，从而提高人们的工作和生活质量。未来经济的发展取决于人的智能的开发、创新能力的发挥和活力的激发。也就是说，只有发挥人的能动性和创造性，开发人的潜能，才能推动经济的发展。人力资源管理者要转变工作观念和工作方法，以人为本，充分了解员工的心理需要、价值观的变化及自我实现的需要。要给员工足够的自由度，充分调动他们的工作积极性和主动性。

基于这些变化和新的工作模式的需要，人力资源管理手段必然要更加智能化和移动化。

二、科技发展推动人力资源数字化转型

如今科技发展与进步对人力资源管理的影响比以往任何时候都深刻。移动技术、大数据、云计算技术和人工智能不仅改变着人们的生活方式，更影响着企业的数字化转型，它们成为了推进经济和社会发展的关键因素。

（一）大数据、云计算技术及人工智能在人力资源管理中的应用与影响

1. 大数据在人力资源管理中的应用与影响

近年来，大数据已成为企业管理的重要手段，它不仅能够帮助企业提升业务管理水平，而且对企业的人力资源管理工作起着重要的作用，人力资源管理工作不再浮于表面而是要进入到深层次的业务当中。

具体来说，数据信息革命正在给人力资源管理工作带来全方位的变化。

第一，大数据将为人力资源规划提供更为科学、全面的信息与数据基础。借鉴大数据的理念，人力资源管理系统可以有效挖掘和利用信息资源，提高管理工作的

准确性和客观性。通过挖掘员工基本信息、考勤记录、工资记录、奖金信息、变动信息、培训经历、培训考核情况、销售数据和生产数据等相关数据，可以获得人力资本生产率指标，如人均销售额、关键员工效率比例、关键员工主动流失率、出勤率、解决问题的效率和业绩提升率等，进而通过对这些数据信息的科学分析，实现人力资源管理的科学决策。

第二，基于人才数据库的招聘工作将在招聘信息发布、简历收集筛选、人才测评、人岗匹配等方面大大提高工作效率和效果。利用大数据能够很好地了解应聘者的信息。相比传统的人工查阅简历的方式，采取人工智能的方式开展大数据分析，能够帮助企业管理者科学地找到合适的人才。通过长期努力建立起人才数据库后，人才数据将成为人才招聘的一个前提，计算机应用可以帮助企业建立模型，帮助企业选择人才。

第三，大数据能够很好地帮助企业实现人才与岗位的有效匹配，真正实现"为岗择人"和"为人择岗"。人才安置是企业发展的关键，不同的人才适合不同的岗位。每个人都有各自擅长的方面，而人才安置，不仅是从知识的层面进行匹配，而是从兴趣、爱好、知识和性格等不同维度对人才进行全方位测评，综合了解人才的各方面能力和特点，只有这样，企业管理者才能够对人才做出最终的评价。只有利用大数据技术，将数据分析和人才测评有机结合在一起，才能够对人才进行全方位测评，最终实现人力资源优化配置。

第四，通过大数据建立起来的绩效数据库，可以使绩效数据统计分析更加客观和便捷，从而使绩效管理从烦琐的数据分析中解脱出来。现在，越来越多的企业开始建立自己的人才数据库，如人才的基本信息、流动数据、培训情况及受教育情况等。将人才数据有机地结合到一起，能够帮助企业实现薪酬绩效体系的优化。薪酬绩效体系是企业留住人才的关键，因此，完善薪酬绩效体系是企业人力资源管理者面对的挑战。通过大数据分析，管理者就能够分析出哪些因素是提高员工业绩的关键，业绩较好的员工的特征，哪类员工容易出现错误，哪些环节容易导致公司出现损失。相比传统人为操作，大数据将更加详细和高效地帮助人们进行薪酬与绩效管理。

第五，员工信息数据库可以使劳动关系管理变得更加科学和规范，更有利于防范用工风险。

总之，管理者利用好大数据，能够更好地实现人力资源管理，提高人力资源管理效率，帮助企业在未来发展中提高竞争力。

2. 云计算技术在人力资源管理中的应用与影响

云计算技术作为新一代的资源共享利用模式，具有需求服务自助化、服务可计量化的特点。一旦将云计算技术引入人力资源管理系统，可对人才招聘、绩效管理和薪酬管理等方面产生重大影响，人力资源管理工作将更加流程化、标准化和透明化。

基于云计算技术的人力资源管理系统具有独特的优越性，对人力资源管理工作产生着深刻的影响。

第一，从总体上看，基于云计算技术的人力资源管理系统，可以根据不同企业的不同需求，进行定制化的服务，做到随时更新、信息共享。这样，供应商在后台进行统一管理后，企业无需维护人力资源管理系统。企业购买的是服务，只需按照租赁和使用功能付费，使得效率达到最高，而且系统操作难度低，管理者只需花费极少的时间即可掌握。一般来说，云计算技术的 SaaS 系统（软件即服务）通常依托于 SOA 架构和 Web Service（网络服务）技术。SOA 为面向服务的结构，在 SOA 结构的基础上可以建立若干与人力资源管理相关联的网络服务技术，这些应用模块和它们基于数据库处理、网络传输、界面平台等因素构成了"人力资源管理云"。传统上以 B/S、C/S 系统为主的人力资源管理系统，企业所需支付的承载运行的硬件设备费用庞大，且软件维护成本庞大。SaaS 架构的人力资源管理系统的使用成本较低，价格、服务标准清晰明了，企业易于与供应商进行沟通与核算，系统由供应商维护，企业无需支付维护成本。

第二，基于云计算技术的招聘系统采用冗余存储的方式确保了招聘数据的准确性。从不同渠道广泛收集简历，同时将收集到的简历形成标准格式，并实现智能识别，避免数据重复输入，保证了每条人才数据的有效性。随时更新，方便查找，有利于企业及时搜寻简历，与应聘者沟通互动。基于云计算技术的招聘系统还可以与企业内部管理人才系统进行对接，发布招聘信息，方便内部员工上传简历，通过调岗或竞聘的方式填补岗位空缺。此外，基于云计算技术的招聘系统支持企业通过由 SNS、BBS 等多种行业和地区网站形成的"招聘大渠道"发布招聘信息，并整合企业网站、电子邮箱或外部招聘网站等各个渠道收取简历，进行标准化处理。通过自定义所需人才的任职资格条件，招聘系统对简历进行初步筛选，淘汰不符合要求的候选人。

第三，基于云计算技术的绩效管理系统可以将员工特性与绩效考核工具的特点进行自动匹配，根据被考评对象的职位特点，灵活选择恰当的考评工具。此外，在人力资源管理系统引入云计算技术后将更多地关注流程的标准化。在实施绩效考评时，在云端通过对组织内部流程的输入端、输出端的关键绩效参数进行设置、取样、计算、分析，把企业的战略目标分解为可操作的工作目标，将绩效标准分解到每个员工身上，明确个人的各项指标。在考核时，将员工的绩效结果与KPI进行比对并自动匹配，得出最终的考评结果。

第四，人力资源管理系统具有薪酬统计与计算的功能。云计算技术同构化设计中编制的数据字典和模型字典，可以确保员工薪酬数据的核算更加方便、有效。员工也可以通过自助服务平台查询工资，促进了无纸化办公。更为重要的是，基于云计算技术的人力资源管理系统拥有强大的数据挖掘和数据分析功能，其分布式存储方式确保人力资源管理系统可以高效地管理大数据，从而可以在规模巨大的数据集中快速找到特定的数据进行对应分析，使结果更加准确和有效。

3. 人工智能在人力资源管理中的应用与影响

人工智能在科技领域的发展和完善，改变了现代社会的生产生活方式，也影响着人力资源管理工作。鉴于人工智能在信息采集和数据分析方面具有成本低、零失误、效率高等特点，人工智能在人力资源日常管理工作的协助方面具有极其广泛的应用前景。因此，人力资源管理者必须站在未来发展的高度，适应各种环境变化，积极应对人工智能的挑战，适应信息化发展，掌握人工智能等相关技术的前沿动态，这样才能更好、更快地实现人力资源管理工作的真正价值。

德勤公司于2018年的一项调研结果表明，人工智能技术在人力资源管理工作中具有较强的应用潜力。数据显示，约75%的受访者认为自己的工作将在5年内需要得到人工智能的协助，约90%的受访者认为人工智能应在人力资源管理过程中提供数据分析与信息采集类的支持，约46%的受访者认为人工智能可替代文件编写工作。随着企业规模的扩大和管理年限的增长，信息处理的数量和难度都呈量级增长，人力资源管理难度也在与日俱增，人们对人工智能的需求迫切性也相应提高了。

具体来说，人工智能对人力资源管理模式的颠覆主要体现在如下几点。

第一，针对传统人力资源管理中耗时耗力的工作，如考勤、搜索简历等，人工智能技术可将人力资源管理者从琐碎的事务中解放出来，极大地提升人力资源管理效率。随着移动互联网的发展，数据量和精确程度都有了大幅度的改善，数据更加丰富，计算机作用于人力资源方面的算法也有了一定的突破，使得信息处理的效率和速度都有了极大的提升。

第二，人工智能可以通过构建情景模拟等方式协助处理复杂问题，从而为人力资源管理的科学决策提供更加切实的依据。此外，人工智能可以根据以往案例的记录，积极创造多种备选方案，帮助决策者制定出更加科学合理的决策。需要指出的是，人工智能技术始终是人力资源管理者制定决策的辅助手段，只是为科学决策提供参考意见。决策者的洞察力、对企业发展历史和文化的了解、基于经验对事情的判断、对员工的情感，以及对社会的责任等目前都很难通过数据获得，还是需要由决策者进行权衡并做出决策。

第三，人工智能对人力资源管理各个模块产生着深刻的影响。人力资源管理主要涉及"人的问题"，在人力资源管理实践的各个模块中，那些具有程式化、重复性、依靠反复操作实现的熟练工种将会被人工智能所取代，这样就能够减少人为失误，提高工作效率，节约人力成本。人工智能将影响数据信息处理、决策制定和人力资源的各个模块。具体来说，人工智能构建了良好的数字化基础结构，在人力资源规划需要做出供需预测、制订平衡供需的计划中，根据模型及算法可以提高计划制订的精确度。在招聘模块中，招聘者更容易了解应聘者具备的基础知识、基本技能等"冰山"以上的部分，而那些"冰山"以下包括社会角色、自我特质和动机等内在部分则不易在面试的短时间内被测量，而且应聘者也会存在伪装的可能。有了人工智能后，招聘者可以结合应聘者过往的数据分析和行为表现，更注重内在的评判以便使其与岗位更加匹配，招聘工作更加成功。同样，在培训中，管理者利用人工智能有效分析员工的不足和优势，不仅可以发挥培训的作用，而且能够提高培训的效果。对于绩效考评工作，人工智能可以减少人力的投入，使考评更加精准。需要指出的是，对于那些富有创新性的工作和无法单纯依靠日常事务进行绩效管理的工作还是需要由人来判定其工作价值。

人力资源管理发展的核心是对人的认识与尊重。人工智能的发展应用有助于人力资源管理方式的改进，但是人的作用依然是人工智能无法取代的，未来的人力资源管理将会更加注重人，给员工温暖而有态度的陪伴，让员工对组织产生归属感和依赖感。所以，面对人工智能的高速发展，人力资源管理者必须全面认识到人工智能对人力资源工作的影响，积极优化自身素质，努力迎合时代发展潮流，主动激发自身的创意与激情，发挥人的独特作用。

（二）人力资源的数字化转型

人力资源的数字化转型是新时代人力资源管理发展的必然趋势。总的来说，人力资源管理要实现数字化转型，企业需要建立起人力资源管理系统平台，实现人力资源服务移动化，完成从"线下到线上"工作模式的转变，利用社交媒体拉近与员工的距离，并通过人工智能技术和分析工作获取有关人力资源管理的洞察力。可见，人力资源数字化转型的过程就是人力资源管理实现自动化、智能化、移动化和效率化的过程。

1. 构建人力资源管理平台

人力资源实现数字化转型的第一步就是建立企业内部人力资源系统。然后，按照云计算 IaaS（基础设施即服务）、PaaS（平台即服务）、SaaS 三层逻辑，重新改造人力资源信息系统，或购买云计算服务商的云服务。这种新的架构，除底层硬件部分的整合外，还要建设内部数据库，使底层基础数据实现打通共享，彻底消除信息孤岛。这一过程就是人力资源管理系统云化的过程。企业把日常人力资源管理业务和工作内容迁移到该平台上，实现实时数据分析和业务流程系统化，以提高人力资源管理的工作效率，使 HR 有更多的时间和精力来思考企业发展方面的问题。同时，人力资源管理系统能够充分发挥其灵活、弹性、免费迭代的优势。

如今，许多云计算服务商已经可以提供端对端的人才管理系统，满足各类人力资源管理的流程需求。例如，一些云计算服务商已经开始提供 PaaS 服务，其目的是为企业人力资源管理提供一种能够适应各种不同应用的平台。通过这一途径，企业的人力资源管理便能够建立起合作伙伴生态系统，利用上述平台打造全新的人力资源解决方案。例如，Success Factors 可以在 SAP 云平台上为企业提供一体化人力资源解决方案。相对于传统的 OA 和人力资源管理工具，基于 PaaS 服务的人力资源管理系统，运用互联网思维，结合云端和移动端的技术发展，可以提供更加智能、更加方便和快捷的管理工具，能够实现人力资源管理内部工作流程的互联与流转，同时能把员工与员工、员工与企业、员工与客户连在一起，让人力资源管理人员从繁杂的重复性劳动中解放出来，全身心地投入到为员工服务上，扮演好组织变革和战略伙伴的角色。

2. 人力资源服务移动化

随着弹性工作和居家办公等工作方式的日益普及，移动技术对企业加强与员工之间的密切沟通和联系具有非常重要的意义。移动技术真正实现了企业与员工之间"随时随地"的信息沟通与分享。随着移动技术的不断普及，移动技术已经不再局限于企业与员工之间简单"保持联系"，它还可以广泛应用于人力资源管理的各个方面。在员工学习与发展领域，移动技术可以有效地支持员工学习，让员工与专家进行有效互动，从而促进员工顺利完成培训课程；在人才招聘方面，移动技术可以有效促进招聘团队成员之间的合作，加快招聘流程；在绩效管理方面，移动技术有利于简化绩效信息的收集工作，从而可以更方便和更频繁地向员工提供绩效反馈信息。此外，利用移动技术还可以向员工推送与人力资源相关的、涉及个人发展机遇和目标进展情况的个性化信息。

3. 从"线下"到"线上"的工作模式变化

员工的工作模式是否合理直接影响到企业运营的速度和效率。因此，在企业人力资源数字化变革的过程中，改变员工传统的工作方式，采用大数据技术来梳理、优化、规范员工工作流程变得尤为必要。对企业来说，在利用人力资源管理系统提升工作效率的同时，还需要将互联网技术融入后台功能中，从而真正提升企业的运营效率。

基于云平台的人力资源管理系统可以综合大量人力资源业务场景，一站式解决人力资源管理的所有问题。在 SaaS 平台，每位员工都有对应的组织架构及职位概述，员工可以通过人力资源管理系统，将职务、人、事对应起来，这样做专业性更强，工作效率更高，企业管理也更加规范。正因为互联网技术的融入，员工通过手机就可以自助完成考勤、申请休假等工作，这些工作在过去是员工通过线下与人力资源服务人员的互动来完成的。这种自下而上的管理模式不仅增强了员工的主动性，而且优化并减轻了 HR 的工作量。

4. 利用社交媒体拉近与员工的距离

人力资源部应该充分利用社交媒体技术加强与员工的沟通和互动，及时把握员工的心理动态，为员工提供更好的人力资源服务。此外，一些人力资源管理系统还可以提供基于社交媒体的入职培训工具，迅速将新员工与相关员工联系起来，并提供其所需信息。同时，一些系统还能支持协作式绩效管理，促进员工共建、共享绩效目标。因此，社交媒体将大力促进人力资源管理的民主化、透明化和公平化。

5. 利用人工智能技术和分析工具获取深入洞察力

基于员工的行为分析，大数据和人工智能可以对员工群体和个体行为做出非主观的科学判断与预测，进而为企业决策和制定相关政策服务。

企业可以利用人工智能技术创建相关评估指标，监测人力资源管理工作的效力及其对企业的影响。同时，企业还可以利用分析工具获取相关的洞察力，深化对员工群体及个体能力的了解，确定企业的技能需求和人才所处岗位，甚至预测企业和员工的需求，强化人力资源管理流程。可见，人工智能和分析工具将成为数字化人力资源的关键要素，同时将促进营销式人力资源模式的形成，不仅能够使人力资源团队了解企业历史发展的趋势，而且能够通过更具前瞻性的方法将企业的人才战略与业务需求科学地匹配起来。

第二节　人力资源共享服务中心

人力资源管理就是运用科学的方法，充分挖掘人力资源的潜力并合理配置，力求做到人尽其才，实现劳动投入和经济产出的高效率。人力资源管理这一概念诞生的时间虽然不长，但关于人力资源管理在企业中是否有存在的必要的讨论却一直没有停止过。鉴于组织存在的价值就是"满足客户需求"这一理念，HR 只要成为业务伙伴并真正为企业创造价值，其在企业的存在就不是一个问题。大量研究证明，人力资源管理要想成为业务驱动力，关键是 HR 自身要实现真正的转型。

一、重新定位人力资源部

虽然人力资源管理概念的提出仅有几十年的时间，但人力资源管理活动的起源可以追溯到久远的年代。沿着工业革命和管理理论发展的脉络，人力资源管理产生和发展的过程大致可以分为手工业制度、科学管理、人际关系运动、组织科学和战略人力资源管理五个阶段。

工业革命导致了劳动专业化水平和生产率的极大提高，与之相适应的技术进步也得以加快。这些变化使得早期的手工业制度无法满足工业革命时期人员管理的需求，迫使人事管理方式发生新的变革，从而产生了科学管理。这种新的人员管理方式在运行了一段时间之后，又面临着新的挑战，因为它简单地把人当成机器的附属品，忽视了员工的心理状态和主观能动性。这个新挑战又推动了人力资源管理的人际关系运动。

随着人员规模的不断扩大、工作岗位和人员复杂性的不断提高，人力资源管理越来越得到人们的重视，当然也不乏对人力资源管理的质疑声。自从彼得·德鲁克提出"人力资源"的概念以来，每隔几年就会出现类似对人力资源部"应不应该取消""能不能创造价值"等的质疑。事实上，每次对人力资源管理价值的争论和质疑，都会带来人力资源管理理论和实践的新发展。最典型的质疑当属《哈佛商业评论》总编托马斯·斯图尔特于1996年发表的《炸掉你的人力资源部》一文。斯图尔特的这篇文章一石激起千层浪，引发了异常激烈的争论。随后，2014年美国哈佛大学管理咨询大师拉姆·查兰的一篇关于"分拆人力资源部"的文章再次在人力资源学术界和实践界引起轩然大波，国内关于人力资源转型的讨论也越发激烈。关于人力资源部或人力资源从业者能否为企业带来价值，能否推动业务目标实现这一问题，人力资源管理大师戴维·尤里奇指出，关于是否废除人力资源部这个问题是个坏问题：如果有价值，当然就不废除；如果没有价值，当然应该废除。他提出了一个更有现实价值的问题：人力资源部到底应该如何创造价值？他认为，人力资源部不应该关注活动本身，它不应该关注做了什么，而应该关注产出是什么。

这些在人力资源管理发展史上的经典争论，大大推动了人力资源管理的新发展，更推动了人力资源管理的不断转型。尤里奇认为人力资源管理人员必须要成为业务伙伴，而要成为业务伙伴，他们必须扮演好四种角色，即人力资源战略伙伴、人力资源行政事务专家、企业人才管理专家和组织变革推动者。尤里奇的这一四象限模型理论对当今人力资源管理实践产生了深远的影响，被很多优秀的企业采用并产生了良好的效果。

新时代对人力资源管理提出了更高的要求，人力资源部要成为业务的驱动力，首先必须要把"人力资本"当成一项业务来经营。为此，人力资源部需要进行重新定位，要从职能导向转向业务导向。人力资源部需要将大量的时间和精力聚焦在对业务主管进行有针对性的辅导和提供业务部门所需要的客户化、集成化的人力资源解决方案上。

因此，人力资源部要创造价值，提升工作效率和效能，就必须像业务部门一样进行运作。在这个业务部门里，有人负责客户管理，有人负责人力资源专业技术，有人负责人力资源服务交付，这就出现了人力资源转型的需要。可见，对人力资源重新定位势在必行。也正因如此，尤里奇提出了人力资源三支柱模型，帮助人力资源成功转型。

二、人力资源管理向三支柱的转型

按照业务部门的运作模式，人力资源转型就是要将人力资源的角色一分为三，即人力资源业务伙伴、人力资源领域专家和人力资源标准服务提供者，这样就构成了目前非常流行的人力资源三支柱模型（如图 1-1 所示），它可以显著提升人力资源部的运作效率和效能。

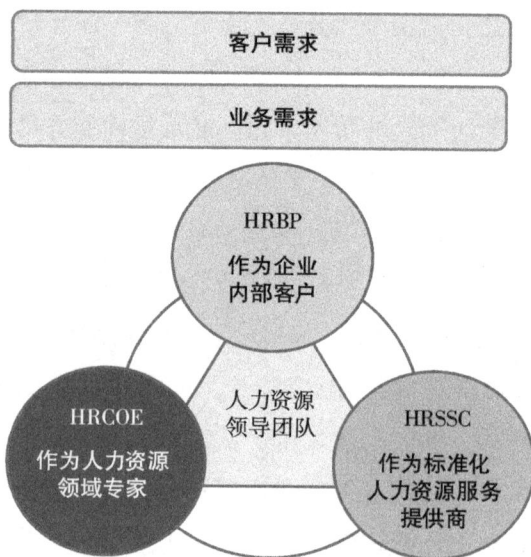

图 1-1　人力资源三支柱模型

人力资源部作为企业的一个重要组织，其存在的意义也应该是满足客户需求。如果人力资源部像业务部门一样运作，人力资源部首先需要回答"我的客户是谁？""我的客户的需求是什么？"。从图 1-1 来看，人力资源部通过满足企业内部客户（业务部门）的需求，间接满足企业外部客户的需求。借用营销学的客户细分理论，人力资源部可以把自己的目标客户分成三类。一是企业的高层管理人员，他们的需求主要围绕在企业战略执行所需的组织、人才、企业文化以及组织变革管理等方面的支持。这类需求明显是高度定制化的。二是企业的中层管理人员，他们的需求主要围绕在人员管理所需的咨询、辅导以及管理工具和数据支持等方面。这类需求既可能是高度定制化的，也可能是高度标准化的。三是员工，他们的需求主要围绕入职、在职、离职以及薪酬福利等方面，人力资源部要为员工提供便捷的人事服务，如劳动合同的签署、入职手续的办理、薪资的发放等。这类客户的需求可以是高度标准化的。

同服务于外部客户一样，人力资源的运作模式要服务于客户需求的满足，而最难满足的是客户定制化的需求，为此，人力资源业务伙伴（HR BP）这一角色应运而生。这一角色相当于人力资源部的前线，定位于企业的业务合作伙伴以便深入了解企业内部客户需求，并针对内部客户需求提供咨询服务和解决方案。可见，胜任这一角色的人力资源管理者既要懂业务，又要懂人力资源管理，一定是在某行业领域具有丰富的人力资源管理经验的专家，他们是确保人力资源贴近业务需求的关键所在。

为内部客户提供人力资源解决方案，主要由精通人力资源专业知识和拥有丰富人力资源管理经验的人力资源领域专家（HR COE）来承担，这种精细的专业分工确保了人力资源解决方案的质量。人力资源领域专家借助其具备的专业技能，负责设计业务导向、客户导向、创新的人力资源管理政策、流程和方案，并为人力资源业务伙伴提供有力的专业技术支持。

为了更好地让人力资源业务伙伴和人力资源领域专家将其主要精力聚焦在企业战略性和咨询性的工作方面，就需要把他们从人力资源管理的基础性、事务性的工作中解脱出来。与此同时，由于人力资源管理者的第三类客户——员工的需求往往具有相对同质化的特点，因此满足员工需求的解决方案就有了标准化、规模化处理的可能性。人力资源共享服务中心（HR SSC）这一角色应运而生。人力资源共享服务中心是人力资源标准化服务的提供者，能把企业基础性、事务性的人力资源管理工作规范起来，为全体员工和管理者提供标准化的人力资源专业服务，如员工工资福利的发放、休息休假的管理、入离职的操作、人力资源政策和流程等相关问题的解答。

可见，一旦人力资源成功转型为三支柱模型，就能够实现人力资源部在满足业务发展和客户需求方面的价值。概括来说，人力资源管理向三支柱转型的价值主要表现在以下几个方面。

第一，人力资源管理向三支柱转型摆脱了传统人力资源管理的各种弊端，密切了人力资源与企业业务发展及客户需求的关系，强化了与企业业务发展过程之间的紧凑性，为各项业务的有效运行提供了人力的支撑，有效地把事务性的人力资源服务分离出来。

第二，人力资源管理向三支柱转型使人力资源部由单纯性的角色转变成汇集三个角色于一身的部门，从而成为企业不可或缺的组成部分。在人力资源三支柱模型的引导下，人力资源从业者具有了企业战略决策的参与者、业务伙伴的合作者与咨询服务的提供者等多重身份，因而人力资源部的工作事项体现出了多元化发展的态势——参与企业战略制定与落实环节，参与企业的战略编制工作，参与企业决策方案编制、业务运行程序调整与完善，协助企业各项业务运行部门寻找合作伙伴等，使人力资源部在组织中的地位更加凸显。

第三，人力资源管理向三支柱转型提升了人力资源管理的效能。人力资源业务伙伴作为贴近企业业务而配备的人力资源，一方面为管理层提供了统一的服务界面和端到端的解决方案，另一方面"将指导员配到了连队"，为企业核心价值观的传承和人力资源管理政策的落地提供了组织保障；人力资源领域专家强大的专业能力，提升了企业人力资源管理政策、流程和方案的有效性，并为人力资源业务伙伴服务于业务部门提供了有力的专业和技术支持。

第四，人力资源管理向三支柱转型提升了人力资源管理的效率。人力资源共享服务中心通过标准化、流程化和规模化的人力资源服务，使人力资源部的管理层、人力资源业务伙伴和人力资源领域专家从繁琐的、操作性的人力资源事务性工作中解放出来，提升了人力资源管理的整体服务效率和水平。

三、人力资源共享服务中心及其定位

人力资源三支柱模型成功的基础，是人力资源部首先要构建一个基于客户化、流程化的服务组织，并上升到企业战略和业务层面，而不再是一个事务性的组织。

人力资源管理能够实现共享服务的前提，是企业要着力把人力资源部打造成一个共享的信息化、公开化、模块化、集约化和标准化的人力资源平台，并通过大数据分析为客户提供人力资源标准化的产品和服务。按照人力资源三支柱模型，人力资源共享服务中心通过把基础的人力资源管理工作规范起来，可以为全体员工和管理者提供标准化的人力资源基础性服务，不断提升客户的满意度，实现运营与服务卓越。

（一）构建人力资源共享服务中心的意义

构建人力资源共享服务中心的目的就是为了整合人力资源专业资源，降低人力资源运营成本，提高人力资源运作效率和提供优质的人力资源服务，从而能够更好地满足客户需求。具体来说，构建人力资源共享服务中心的意义如下。

第一，将全部 HR 集中起来提供标准化、流程化的人力资源专业服务，可以大大降低企业的用人成本。企业在建立起人力资源共享服务中心后，所有业务部门的人力资源基础性、事务性的工作将统一由共享中心来完成。人力资源共享服务中心不再行使人力资源的管理职能，它与业务部门是服务与支持的关系，根据业务部门的需求，向其提供专业化的人力资源服务。集中服务有利于企业资源的集中利用并形成规模效应，在从规模中实现效益的同时降低成本。

第二，人力资源共享服务中心通过集中服务，建立统一的服务标准和流程，通过专业分工，组建专业化的队伍来提供专业化的服务，避免了以前分散在各业务部门中的因人力资源工作标准不统一造成的不公平性和由于执行标准不一致造成的偏差，提高了人力资源政策执行的公平性，提升了员工的满意度。

第三，人力资源共享服务中心的专业化、标准化服务，不仅提高了人力资源部的运营效率，也使人力资源业务伙伴和人力资源领域专家摆脱了日常事务性工作而专注于战略性的人力资源管理，聚焦于员工能力的提升、企业文化和团队的建设、组织有效性的提升、企业领导力的打造和战略绩效的落实，使人力资源部在企业中的地位和作用变得越来越重要。

（二）人力资源共享服务中心的定位与职能

人力资源共享服务中心是处于人力资源领域专家和人力资源业务伙伴之间的一个承接部门，它为各个业务部门的内部客户提供统一的专业化和标准化的人力资源服务，从而达到整合资源、降低成本和提高效率的目的。人力资源共享服务中心的主要职责是完成人力资源管理的日常职能性工作，承接并落实人力资源领域专家的人力资源战略和人力资源项目；在各个业务部门的人力资源业务伙伴对其人力资源需求进行分析后，最终由人力资源共享服务中心通过相应的人力资源专业服务满足这些需求。

根据人力资源共享服务中心的定位，企业的人力资源共享服务中心一般具有四方面的职能，即人力资源客户伙伴、人力资源专业咨询服务、人力资源行政事务性服务和人力资源运营管理服务。

1. 人力资源客户伙伴

人力资源共享服务中心的人员主动根据业务部门的发展需要进行调研，了解其人力资源管理需求和员工的需求，制定解决方案，调整人力资源管理政策或与咨询服务部门的专家一同提出解决方案，由人力资源行政事务性处理中心执行。

2. 人力资源专业咨询服务

人力资源专业咨询服务的职能一般采取员工呼叫中心服务的方式来完成。随着人力资源三支柱模型的建立，人力资源基础性和事务性的工作由人力资源共享服务中心来承担。过去，当员工或业务经理遇到与人力资源管理相关的问题时，只能找支持其业务活动的人力资源经理来咨询和解决。现在，对于员工和业务经理提出的这类问题，将由处于人力资源管理平台（后线）的人力资源服务人员提供专业咨询服务。特别是随着新时代组织的不断扁平化和碎片化，传统的人力资源管理模式将无法满足员工和业务经理的专业咨询需要，而企业出于成本控制的考虑，也无法为每个业务团队都配备相应的人力资源管理人员。为了能够有效解决这一问题，员工呼叫中心服务应运而生。员工呼叫中心通过客户关系管理（CRM）等系统为员工问询打造了诸如人力资源网站、电子邮件、咨询热线等沟通渠道。对员工和业务经理来说，他们无需知道哪一个人力资源管理人员负责他们业务部门的人力资源服务工作，也无需知道人力资源部的每一个人都负责什么工作，只要有任何有关人力资源方面的问题，他们就可以通过员工呼叫中心设定好的沟通渠道提问并得到他们所需的答案。

3. 人力资源行政事务性服务

人力资源行政事务性服务主要对接由人力资源领域专家启动的人力资源管理工

作中的流程性、行政事务性的操作服务。具体来说，下列人力资源服务均由人力资源行政事务性处理中心按照一定的工作流程通过标准化的服务来实现：对接企业招聘部，完成有关招聘信息的发布、候选人简历的筛选、招聘系统的操作、面试活动的安排、聘用意向书的签署、外籍员工工作签证的申请、候选人的背景调查以及新员工入职手续的办理乃至试用期的考核等工作；对接薪酬福利部，完成有关员工工资发放、社保公积金的缴纳、各项福利及休息休假的管理与执行、员工内部调动等工作；对接学习与发展部，完成有关员工培训方案和预算的执行、培训课程的实施与管理等工作；对接员工关系部，完成有关员工档案的管理、员工自愿和非自愿离职的支持、员工离职手续的办理、员工工伤鉴定等的处理、劳动关系稽核等工作。

4. 人力资源运营管理服务

人力资源共享服务中心作为一个服务组织，借鉴完善的现代化工厂生产线的经营理念和方法，也需要对服务质量、内控、数据、技术（包括自助服务）和供应商进行管理，人力资源运营管理中心就履行着这一职责。人力资源运营管理中心需要对客户服务的质量做出承诺，尽力提高客户的满意度；通过人力资源风险管理确保人力资源服务得到合规和良好的内控；通过人力资源信息系统或基于云计算技术的人力资源信息平台、大数据以及人工智能等技术和手段，使人力资源共享中心的服务不断自动化、人性化、移动化和智能化，从而提高共享服务中心的整体服务水平和效率；通过将相关人力资源服务外包给专业的人力资源服务商，提高人力资源服务的专业化水平。

总之，人力资源共享服务中心的"人力资源客户伙伴"职能如同企业的"市场部"，设置这一职能的主要目的是为了能够前瞻性地了解业务需要，掌握客户需求，与业务部门保持良好的沟通，及时把业务部门的需求传递到共享服务中心；"人力资源专业咨询服务"是"把脉"机构，不仅为员工和业务部门提供专业的人力资源咨询服务，还能帮助业务部门发现员工中存在的问题，完善人力资源管理，改善人力资源服务流程，宣传和推动人力资源管理政策，推动企业文化落地等；"人力资源行政事务性服务"是执行机构，负责落实人力资源政策和制度，以执行和服务为主；"人力资源管理服务"是监控机构，确保人力资源共享服务中心的服务合规、可控、智能、高效和专业。

（三）人力资源共享服务中心与其他两支柱的关系

人力资源共享服务中心作为处于人力资源领域专家和人力资源业务伙伴之间的承接部门，它与这两个支柱既有分工又有合作，三者从各自不同的角度共同实践着人力资源部的价值和使命。

1. 人力资源共享服务中心与人力资源领域专家的关系

人力资源领域专家在制定人力资源战略、制度、政策后，具体工作需要由人力资源共享服务中心进行细化和落实，将人力资源管理工作做扎实、做细致。同时，人力资源领域专家制定的人力资源战略、制度、政策也成为人力资源共享服务中心进行系统优化、外包管理的依据和准则。此外，人力资源共享服务中心在执行人力资源政策、标准并将其系统化、流程化、精细化的过程中，一旦发现问题应及时向人力资源领域专家进行反馈，及时修正和提升人力资源管理制度与政策，以提高人力资源管理的效率，优化人力资源政策与流程。

2. 人力资源共享服务中心与人力资源业务伙伴的关系

人力资源业务伙伴作为人力资源管理的一线人员，在对业务部门进行人力资源需求分析与管理的过程中，在与管理层进行沟通的过程中以及在对组织问题进行诊断的过程中，需要跳出日常烦琐的人力资源管理事务，基于业务部门对人力资源管理的需求，侧重研究和提出有效的人力资源解决方案，并提交至人力资源共享服务中心进行规划实施。也就是说，人力资源业务伙伴要将其主要精力放到与内部客户的接洽和解决方案的优化上。人力资源共享服务中心在收到人力资源业务伙伴提出的人力资源管理需求后，通过自身的资源信息平台和专业化操作，将产品或服务交付给各个业务部门，满足其人力资源方面的需求。

综上所述，人力资源共享服务中心与人力资源业务伙伴及人力资源领域专家两个支柱既有明确的分工又相互合作、相互优化、协调发展，共同形成了完整高效的人力资源管理的组织结构作用机制。

（四）人力资源共享服务中心从业人员的素质要求

鉴于人力资源共享服务中心的定位、目的和使命，要履行好人力资源共享服务中心的工作职责，人力资源共享服务中心的服务人员不仅要具有一定的人力资源管理专业知识和能力，而且要有较强的沟通协调能力、执行能力、问题解决能力、流程设计和再造能力、数据处理能力、分析和洞见能力、团队合作能力、项目管理能力等，更要有较强的客户服务意识和成本意识。

1. 基本的人力资源管理知识和能力

人力资源管理具有较强的专业性，需要从业人员具有人力资源管理各个模块的基础知识和基本能力。只有这样，共享服务中心的服务人员才能很好地与人力资源领域专家进行对接，为员工和业务经理提供人力资源行政事务性服务。

2. 沟通协调能力与问题解决能力

为了能够更好地为员工和业务经理提供人力资源专业咨询服务，人力资源共享服务中心的服务人员应该具有较强的沟通协调能力和问题解决能力，从而为内部客户提供优质、快捷、高效的人力资源专业咨询服务，不断改善员工和业务经理的服务体验，提高客户的满意度。

3. 流程设计和再造能力与执行能力

流程设计和再造能力也是人力资源共享服务中心服务人员应具备的基本能力。人力资源共享服务中心服务的特点，就是依据标准化的工作流程为员工和业务经理提供标准化的人力资源基础服务。因此，一旦人力资源领域专家将相关人力资源政策或项目制定或规划完毕，交由人力资源共享服务中心来执行，服务人员首先要将相关政策和项目转化成操作流程。此外，在相关政策和项目执行一段时间后，基于客户反馈需要对现有的操作流程进行调整，甚至需要进行重新设计。因此，操作流程的设计和再造能力以及执行能力就成为了人力资源共享服务中心服务人员的基本能力。

4. 数据处理、分析和洞察能力

随着互联网、大数据、云计算和人工智能技术在人力资源共享服务中心的应用，人力资源共享服务中心正在进行数字化转型，服务人员的数据处理、分析和洞见能力变得越来越重要。毋庸置疑，人力资源共享服务中心的服务人员将面对服务过程中积累的大量数据，如何利用这些数据为企业人力资源管理提供决策服务变得越来越迫切。因此，数据的处理、分析和洞察能力必然成为人力资源共享服务中心的服务人员现在乃至未来不可或缺的能力。

5. 项目管理能力

人力资源共享服务中心的"人力资源客户伙伴"职能，要求人力资源共享服务中心的服务人员具有较强的项目管理能力。一方面，基于业务部门和客户的需求，人力资源共享服务中心往往会通过项目的形式解决客户的特殊问题；另一方面，在既定的标准化操作流程的执行过程中出现的问题，也常常通过项目的形式进行改善。因此，人力资源共享服务中心的服务人员需要具备项目管理的能力，通过项目管理满足客户需求和优化人力资源共享服务，以实现人力资源共享中心的卓越服务。

6. 团队合作能力

人力资源共享服务中心主要以团队为单位向客户提供优质服务，因此，团队合作能力对人力资源共享服务中心的服务人员来说尤为重要。一个具有一定规模的人力资源共享服务中心往往提供 24 小时的服务，这样团队成员之间的工作交接、相互合作对提高和改善客户体验来说至关重要。此外，人力资源部之外的其他部门也是影响客户体验的重要因素，为了能够更好地提高客户体验度，人力资源共享服务中心需要与这些非人力资源的部门统一思想、共同合作、形成合力，只有这样才能从根本上改善员工体验，提高客户满意度。

7. 客户服务意识和成本意识

人力资源共享服务中心从一个管理部门转变为一个服务部门，服务人员的客户服务意识是为客户提供优质服务的关键。人是企业最重要的资源，也是人力资源共享服务中心最重要的资源。人力资源共享服务中心服务客户、满足客户需求这一宗旨的最终实现，靠的就是人力资源共享服务中心的服务人员的客户服务意识和服务能力。此外，人力资源三支柱模型建立的目的之一，就是通过规模化和标准化的人力资源服务，提高人力资源管理效率，降低用人成本。因此，人力资源共享服务中心的服务人员也要具备成本意识，并在实际服务过程中平衡好客户标准化服务与个性化需求之间的关系，尽最大努力以最少的成本满足客户的需求。

（五）构建人力资源共享服务中心所面临的挑战

人力资源共享服务中心是一种新的管理模式，也是一种新的管理思想和理念。因此，人力资源共享服务中心在实现整合专业资源、降低运营成本、提高运作效率和提供优质服务的同时，还面临着很多的挑战。其挑战主要来自管理理念的转变、管理基础的配套、信息技术的支持以及劳动政策法规方面的限制等。

1. 管理理念转变的挑战

习惯于传统金字塔式管理模式的人力资源管理，面对集中的人力资源共享服务，由管理者转向服务者和支持者，这需要管理层的管理理念做出很大的转变，需要管理层以全新的观念和意识来推动组织变革。

2. 管理基础配套的挑战

实施集中的人力资源共享服务的前提，是管理流程的重新梳理和再造，特别是要从满足客户需求的角度而非从便于服务人员操作的角度重新设计服务流程。因此，在人力资源共享服务中心构建之前，必须对组织的各种人力资源管理流程进行重新梳理和变革，只有这样才能保证人力资源共享服务中心的顺畅运行。

3. 信息技术支持的挑战

要顺利实施人力资源共享服务，信息技术是基础也是关键。过去人力资源决策大多是感性的，而大数据平台的构建能够帮助决策者做出理性决策。因此，企业要在组织变革、流程再造的基础上引进管理信息系统，从基础的数据开始搭建并建立数据统计机制。更为重要的是，要将人力资源软件应用于人力资源管理工作中，从而提升人力资源共享服务中心服务人员的数据分析能力。也就是说，企业只有应用信息技术才能实现数据集成，提高共享服务的效率，使跨地域的远程服务与支持成为可能。

4. 劳动政策法规方面的限制和障碍

就目前而言，在劳动合同管理、社会保险管理等方面由于受到国家相关劳动政策法规的限制，如属地管理规定、需要人力资源服务人员亲自到政府部门办理相关业务等规定，使得某些人力资源共享服务还无法实现跨地域的集中管理服务。所有这些都需要等待国家相关法律的进一步调整和完善。

总之，构建人力资源共享服务体系是企业组织变革和管理的一大突破，自然会受到各方面因素的限制，也面临着诸多的挑战。因此，企业要基于实际情况循序渐进地开展此项工作，不可追求所谓的潮流一蹴而就。

四、人力资源共享服务中心的服务管理

根据服务组织和人力资源服务的特点，人力资源共享服务中心要实现创造价值、满足客户需求的目的，必须要按照服务的客观规律来运作共享服务中心，树立正确的服务理念，强化服务人员的服务意识，不断提高服务质量，达到使客户满意的目的。

（一）人力资源共享服务中心的服务理念

1. 理念及其特性

《辞海》（1989 年版）对"理念"一词有两种解释，一是指"看法、思想、思维活动的结果"，二是指"理论，观念。通常指思想，有时亦指表象或客观事物在人脑里留下的概括的形象。"理念与观念相关联，只有上升到理性高度的观念才叫作理念。可见，理念是人类以自己的语言形式来诠释现象——事与物时，归纳或总结出的思想、观念、概念与法则。例如，人生理念、哲学理念、学习理念、成功理念、投资理念、教育理念和服务理念等。

一般来说，理念具有区域性、概括性、客观性、间接性、逻辑性、深刻性和灵活性等特性。

企业理念是企业在持续经营和长期发展的过程中，继承企业的优良传统，适应新时代的要求，由企业管理者积极倡导，全体员工自觉实践，从而形成的代表企业信念、激发企业活力、推动企业生产经营的团体精神和行为规范。

2. 共享服务中心的服务理念

共享服务中心作为一种服务组织，其服务理念是在共享服务中心的发展过程中，为了能够更好地满足客户需求，适应新时代的需要，由共享服务中心管理层积极倡导，全体员工自觉实践而逐渐形成的、能够代表共享服务中心的服务信念，推动和提高服务质量的团队精神和服务行为规范。共享服务中心的服务理念可分为组织制度型和精神文化型两类。

基于服务组织和共享服务中心的特点，人力资源共享服务中心通过以下四种主要模式对其服务理念进行定位。

（1）团结凝聚型。采用这种定位模式，共享服务中心可以将团结奋斗、团队合

作等作为自己服务理念的内涵，并用特定的语言表达团结凝聚的经营作风。例如，这类服务理念可以表述为"团队的利益永远第一""我为团队争光彩""共享服务大家庭"等。

（2）开拓创新型。采用此种模式定位，共享服务中心可以以拼搏、开拓、创新的团体精神和群体意识来规定与描述自己的服务理念。例如，这类服务理念可以表述为"继承传统，不断创新""创新，创新，再创新""创新是我们前进的永动力"等。

（3）服务质量型。采用此类定位模式，共享服务中心一般用"质量第一""注重质量""质量是生命""质量是客户满意的保障"等含义来规定或描述自己的服务理念。

（4）优质服务型。采用此类定位模式，共享服务中心强调自己服务的对象，即客户的需求，以满足客户需求作为自己的经营理念，突出为客户、为社会提供优质服务的意识，以"客户至上""客户永远是对的""客户满意是我们工作的动力"等作为服务理念的基本含义。

3. 共享服务中心服务理念的意义

共享服务中心的服务观念和指导思想对服务人员树立正确的服务意识，塑造科学的服务行为具有非常重要的意义。

首先，服务理念可以统一全体员工的服务思想，增强共享服务中心的凝聚力、向心力，激励服务人员开拓创新，真正树立客户至上的服务意识。一般来说，服务理念携带着共享服务中心的价值观，传递着社会正能量，能够为员工提供积极向上、陶冶情操的精神食粮，能够营造出和谐而有凝聚力的人际关系与积极的人文环境。员工在共享服务中心良好的氛围下工作生活，在本职岗位上各尽其才、积极进取，这样就能使共享服务中心形成一个客户至上、齐心协力、奋发向上的组织气氛，为满足客户需求奠定良好的精神基础。

其次，服务理念对员工起着内在的约束作用。服务理念属于思想范畴，暗含着人的价值观念，这种价值观念和思想道德属于同一种范畴。因此，服务理念与社会道德一样，都是一种内在价值观念，都是一种内在约束，即人们在思想观念上的自我约束，都是对外在约束的一种补充。除了企业文化外，服务理念也能起到约束作用，使服务员工少犯或不犯错误。服务理念如同企业文化一样，在一定程度上潜移默化地影响着共享服务中心员工的思维模式和行为模式，引导着服务人员始终牢记服务理念，以服务理念指导自己的服务行为，保持健康的心态，通过自己的努力最大化地满足客户的需求。

4.共享服务中心服务理念的实施

要使服务理念深入人心，共享服务中心可以从以下四个方面进行推动。

（1）服务理念的传递与接受。理念的传递是实施服务理念的第一步。要使服务理念内化为员工的信念和自觉行为，必须先让员工知晓共享服务中心的服务理念是什么。理念的传递方法主要是重复法，即通过多角度、多层次、多渠道、重复多次的传递，使服务理念深入人心。

（2）服务理念的解释与理解。共享服务中心对服务理念的解释可以采取测验法、游戏法、讨论法、培训法等多种形式，使服务理念真正实现人人皆知，甚至能够出口背诵。其中，培训法对服务理念的讲解和演示对员工掌握服务理念非常有效。

（3）服务理念的教化与接受。理念的教化即将服务理念的传播作为一种制度固化下来，以实现服务理念的渗透、共有、分享和接受。

（4）服务理念的应用。理念的应用实际是员工在彻底领会和接受服务理念的基础上，将其贯彻于自己的日常工作之中，用其来指导行为，将之付诸实施。

（二）人力资源共享服务中心服务人员的服务意识

1.服务意识的含义

服务意识是指企业全体员工在与企业利益相关的人或企业的交往中体现出的为其提供热情、周到、主动的服务的欲望和意识，即自觉主动做好服务工作的一种观念和愿望。服务意识一定是服务人员发自内心的，一定是服务人员的本能和习惯。

服务意识包括两个层面：一是组织内部各个层级之间的，二是该组织与客户之间的。在新时代，服务意识的内涵已经超出了"微笑服务""关怀服务"的范畴。做好本职工作、符合制度的规定，这只是对合格员工的要求；能够真正站在客户立场并为其着想，提供超出客户期望的优质服务，才是真正优秀的员工。因此，强调和培养员工的服务意识非常重要。人的观念和意识决定人的行为，服务人员只有先具备了这样的服务意识，才能具备相应的服务能力，再加上必要的条件，才能提供优质的服务。

2. 服务意识对于共享服务中心的意义

首先，具有服务意识的人，能够把自己利益的实现建立在服务别人的基础之上，能够把利己和利他行为协调起来，常常表现出"以别人为中心"的倾向。因为他们知道，只有以别人为中心，服务别人，才能体现出自己的价值。

其次，具有服务意识的人，常常会站在别人的立场上，急别人之所急，想别人之所想。为了别人满意，不惜自我妥协甚至奉献、牺牲。事实上，多为别人付出的人，得到的才会更多。缺乏服务意识的人，则会表现出"以自我为中心"和自私自利的价值倾向，把利己和利他对立起来。

最后，具有服务意识的人，往往是具有团队意识的人，他们往往把团队利益放到第一位，为团队利益甚至可以牺牲自己的利益，具有良好的奉献精神。

总之，共享服务中心培养服务人员的服务意识至关重要，因为服务人员服务意识的强弱关系到共享服务中心是否能够提供高质量的人力资源服务，关系着人力资源业务伙伴和人力资源领域专家是否能够真正把他们的主要精力放到制定战略性的人力资源解决方案上，关系着共享服务中心是否能够真正实现满足客户需求的目的。

3. 共享服务中心服务人员服务意识的培养

服务意识是服务人员体现出"热情、周到、主动"的服务欲望，是自觉做好服务工作的一种观念。那么，共享服务中心应该如何提高服务人员的服务意识呢？

首先，要对服务意识有正确的理解。服务项目做得越细致全面，越能够获得客户更好的印象，这种印象正是对共享服务中心成长和进步的最佳激励。因为服务人员付出的仅仅是热情和周到，得到的却是客户的认可和口口相传。

其次，自上而下地改进服务，充分表现了上级为下级服务、二线为一线服务、上道工序为下道工序服务、全员为客户服务的理念。自上而下带动服务意识的改进，树立标准化服务意识，才能真正促进全体服务人员服务意识的提高。

再次，量化和细化工作标准与优质服务的目标，帮助服务人员认清服务工作中每一个需要提高的环节。大数据分析可以让服务工作有依据、有重点地进行，保证精准满足客户需求；树立优质的目标，可以让服务人员明确服务思路，提升服务效率，有效完成服务目标。例如，对于共享服务中心的人力资源基础性、事务性服务人员来说，他们可以按照 SERVICE 模型来培养自己的服务意识和服务行为。这里，S（Smile）就是微笑，即为员工提供专业服务时要面带微笑，给员工一种温暖、亲切之感，让他们感受到企业大家庭的氛围；E（Excellent）就是出色，即要把每一个服务程序，特别是程序的每一个细节都做到位；R（Ready）就是时刻准备着，即随时准备好为员工提供服务，做到只有等员工的服务人员，没有无故等服务人员的员工；V（Viewing）就是看待，即视员工如亲人、朋友，把每个员工都看作是需要提供优质服务的贵宾；I（Identifying）就是认同，即在服务时，快速理解员工的服务需求，并在员工对服务有异议时与其快速达成一致；C（Creating）就是创造，即想方设法为员工创造出热情的服务氛围，想方设法满足客户的需求；E（Eye）就是目光，即在提供服务时，服务人员要正视对方，面带微笑。

最后，要加强对服务人员专业知识和服务能力的培养，帮助他们不断进步。服务人员在不断提供更好服务的同时，还应该让客户看到你的成长。因为你的成长离不开他们的帮助和支持，是他们给了你机会。

要提高共享服务中心服务人员的服务意识，根本一点就是管理人员要做好表率作用，这样才能有效带动服务人员提高自身素质。只有整体素质提高了，共享服务中心才会真正提升服务意识，进而取得更好的成绩。

（三）人力资源共享服务中心的服务质量

一般来说，服务质量是服务业满足规定或潜在要求（或需要）的特征和特性的总和，是企业为使目标客户感到满意而提供的最低服务水平。服务质量应包括服务的安全性、适用性、有效性和经济性等一般要求。

对共享服务中心来说，人力资源的服务质量具有一定的特点和规律。人力资源共享服务中心的服务质量有以下几个特点。

（1）安全性。共享服务中心在为员工和管理者提供基础性、事务性的人力资源服务时，需要收集和管理员工的个人信息，因此，共享服务中心必须要依法收集、使用、传输、储存和销毁这些个人信息，这就是服务的安全性。共享服务中心只有正确管理员工的个人信息，才能创建安全的工作环境，才能与员工形成真正的信任关系，这是共享服务中心人力资源服务得以顺利进行的根本保障。

（2）准确性。共享服务中心为员工提供的许多基础性、事务性的人力资源服务都与员工的切身利益密切相关，如工资的支付、福利的发放、年假与医疗期的计算、专业问题的回答等，这些都要求准确无误，这就是服务的准确性。服务的准确性是衡量共享服务中心服务质量的重要指标之一，是达成客户满意度的基本前提条件。

（3）及时性。面对员工和管理人员的需求，特别是他们有关人力资源专业问题的咨询，共享服务中心必须在合理的时间内做出迅速响应和处理，如有关人力资源专业问题的咨询、员工离职手续的办理等，员工对此类服务的响应和处理速度有一个心理上的预期，这就是服务的及时性。服务响应是否迅速、及时影响着员工对服务和服务质量的感知，以及对共享服务中心整体服务的满意度。

（4）同理性。由于共享服务中心的服务对象是企业的全体员工，因此，共享服务中心的服务人员面对员工时要情绪饱满，设身处地地站在员工的角度理解他们的服务需求，急员工之所急，想员工之所想。只有这样，服务人员才能让员工有一个愉悦的服务体验。这就是服务的同理性。服务的同理性要求共享服务中心的服务人员要全情投入到员工服务工作中，通过人性化的服务，达成服务双方的相互理解与合作，共同完成一个愉快的服务过程。

（5）经济性。建立共享服务中心的目的之一是要通过集中化、规模化、标准化的人力资源专业服务满足员工和管理者的需求，提高人力资源服务的效率，节约成本。这就是服务的经济性。服务的经济性决定了共享服务中心提供的人力资源专业服务应该是标准化的。因此，共享服务中心如何正确处理员工个性化的服务需求一直是一个巨大的挑战，尤其是共享服务中心在关注员工的服务体验时面临的挑战更大。

（四）人力资源共享服务中心服务评价

1. 共享服务中心服务评价的意义

客观准确地评价共享服务中心的服务，对于改进和提高共享服务中心的服务质量与水平，有效创造人力资源服务价值，满足客户的需求和提高客户的满意度具有非常重要的意义。

首先，通过对共享服务中心服务水平的客观评价，可以及时发现服务过程中出现的各种问题以及出现问题的根本原因，有助于共享服务中心制定切实可行的改进措施，不断提高服务水平。

其次，通过对共享服务中心服务水平的客观评价，可以确定服务人员的服务意识、服务能力和服务水平，从而为服务人员的绩效评价提供客观依据。

最后，通过对共享服务中心服务水平的客观评价，可以找出与其他企业的人力资源共享服务中心或与业界最佳企业的人力资源共享服务中心的服务水平的差距，有利于该共享服务中心制订相应的行动计划，提高自身的服务水平。

2. 共享服务中心服务评价指标的确定

从共享服务中心建立和发展的历史来看，对共享服务中心的服务评价经历了一个从评价运营卓越到评价员工体验卓越的过程。注重评价是否运营卓越还是注重评价是否员工体验卓越，反映着共享服务中心的经营理念和定位。

（1）对服务运营卓越的评价。注重对服务运营是否卓越进行评价，表明了共享服务中心的经营理念是效率第一、成本领先。也就是说，共享服务中心关注的重点是，是否以最少的资源提供更多的服务，服务的流程是否简单、有效，服务的成本如何，服务的效率如何等。

一般来说，对共享服务中心运营卓越的评价指标主要有服务的合规性、服务的准确性、服务的及时性、服务的生产率等。

（2）对员工服务体验卓越的评价。注重对员工服务体验是否卓越进行评价，表明了共享服务中心的经营理念是以满足客户需求为目的，客户至上。也就是说，共享服务中心关注的重点是，客户的需求是否得到及时响应，客户的需求是否得到完全满足，客户对服务过程的体验如何，客户的整体服务满意度如何等。

一般来说，对共享服务中心运营卓越的评价指标主要有服务的合规性、服务的准确性、服务的响应性、服务的满意度或不满意度等。

鉴于共享服务中心的定位，即在满足客户需求的同时追求运营卓越，降低成本，一个成熟的共享服务中心服务评价指标一般会把评价"运营卓越"和评价"员工体验卓越"两者结合起来，准确体现了共享服务中心的创建目的。

3. 共享服务中心服务评价的方法和过程

目前，共享服务中心服务评价的方法主要包括问卷调查法和访谈法两种。为了保证问卷调查的客观性，员工在接受服务后，应匿名对服务做出客观评价。随着人力资源管理系统的不断完善，这种问卷调查往往在企业的内部网站上即可完成。为了能够深入探查评分背后的原因，共享服务中心也常常会采取访谈、座谈或焦点小组讨论等形式了解服务问题背后深层次的原因，以便共享服务中心确定服务出现问题的根本原因并进行服务改善。

同样，考虑到员工进行服务评价的便利性，或吸引更多的员工参与服务评价，共享服务中心服务评价的过程越简单越好。一般来说，共享服务中心服务评价的过程如下。

第一，根据服务的性质和内容确定服务评价指标。如人力资源专业咨询服务，其评价指标往往是服务的响应性和客户的满意度或不满意度等；对于人力资源基础性专业服务如工资的支付，其评价指标往往是服务的准确性、及时性等指标。

第二，根据评价指标编制调查问卷。考虑到员工参与服务评价的动机、时间限制等因素，问卷调查的内容不易过多，以 3 ~ 5 道问题为宜，调查问题最好以封闭性的选择题为主，开放性问题最多不超过 2 道。

第三，在客户接受服务后随即进行评价。一般来说，评价应该在客户接受服务后立即实施。一旦错过了这个时间，由于工作繁忙等原因，他们就很难再参与服务评价了。

第四，获取和分析评价结果。评价结束后，由于评价问题较少，评价的统计分析比较简单，因此很容易获取结果。如果将调查问卷嵌入人力资源管理系统之中，调查统计结果就可以实时显现。

第五，服务评价结果的使用。一旦完成服务评价，共享服务中心会根据评价结果找问题、找差距，制定行动方案进行不断改善。

总之，随着人力资源管理转变为人力资源三支柱模型，人力资源管理出现了服务化趋势，人力资源共享服务中心的建立，已经使其成为了一个服务型组织，以体现人力资源的内在价值，满足员工和管理者的人力资源专业服务需求。这种变化的直接结果是，传统的人力资源运营部门被改变成了人力资源服务部门，其运作也将按照服务和服务组织的模式，依照服务管理的特点和规律来实施。如果将人力资源管理服务化这一趋势与当今及未来大数据、云计算、人工智能技术在人力资源管理中的日益应用相结合，势必对人力资源服务的各个方面都会产生深刻甚至是颠覆性的影响。

第二章

数字化人力资源

随着以互联网、物联网、大数据、人工智能等新科技为代表的新一代信息技术的快速发展，以及它们与传统产业的加速融合，数字化转型已经成为时代发展的必然趋势。数字化转型，也称为数字化业务，是通过现代技术和通信手段，改变企业为客户创造价值的方式。它将数字技术应用到组织内部的各个领域，从根本上对其运营方式进行变革，并为客户提供价值。数字化转型并非一个新概念。过去，数字化转型侧重于工业化与信息化的融合；如今，数字技术正在融入到产品、服务和流程之中，用于转变客户的业务成果及商业与服务的交付方式。人们对数字化关注的重点已经从为什么要转型转变为如何进行转型。数字化转型正在改变世界，人力资源行业也不例外。

本章主要介绍在数字化转型的背景下人力资源的数字化发展历程，系统阐述人力资源信息管理系统及其如何顺应技术发展推进数字化、智慧化人力资源管理。

第一节　数字化人力资源管理系统

人力资源管理系统的出现和应用为人力资源管理的变革与发展开启了新篇章。企业通过人力资源管理系统的数字化应用实现了管理创新，提高了工作效率，提升了员工的满意度。

在新时代，随着科技的迅猛发展和人力资源管理系统应用的日益成熟，特别是云计算技术和人工智能与人力资源管理系统的结合，使现代人力资源管理系统更加标准化、自动化和智能化。

一、数字化人力资源管理系统的结构

如图 2-1 所示，数字化人力资源管理系统主要由四部分组成：一是数据仓库，主要用于存储关于企业组织架构、职位分布以及员工职位和个人基本信息等数据；二是人力资源管理系统平台，主要用于设置各种人力资源管理的功能和权限、流程控制等；三是人力资源服务平台，主要是通过各平台之间的交互处理，提供从员工到经理再到人力资源部的各类自助服务以及包括员工入职、调转和离职的整个雇佣旅程的服务；四是人力资源数据统计分析平台，主要根据企业需求用于各种数据的整合、统计、分析和报表处理，为企业决策提供数据支持。

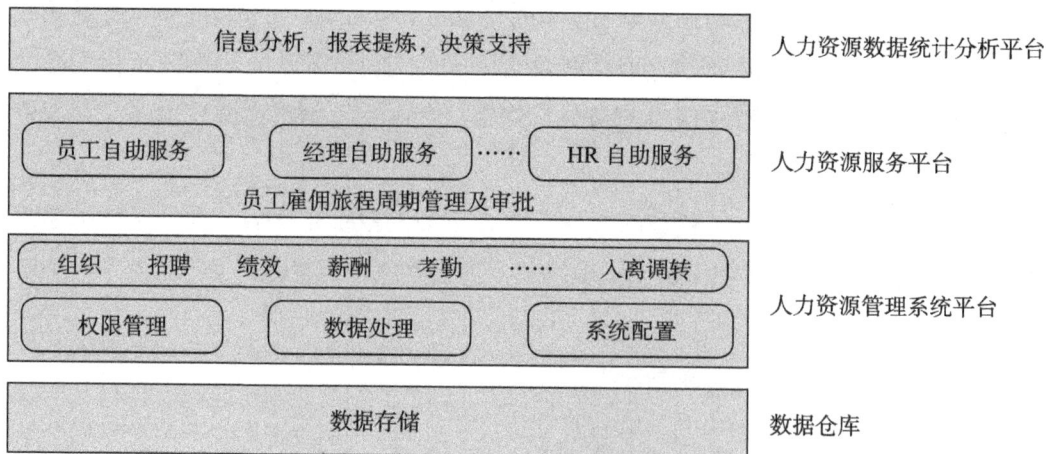

图 2-1　数字化人力资源管理系统的结构

（一）数据存储

数据存储是指数据存储介质以及数据存储系统。存储介质通常指磁带、磁盘等硬件设备；数据存储系统也就是我们常说的数据库，用来对数据记录进行管理，Oracle（甲骨文公司）和微软公司的 SQL Server 是大家比较熟悉的数据库系统。数据存储部分对广大用户来说就像是看不见的水下冰山，虽然不可见，但它是托起整个庞大系统的支撑。人力资源管理系统是以数据存储为支撑构建起来的。在当今"互联网+"时代，云计算技术正在改变我们对数据存储的看法，把数据存储搬上云端，实现以云计算技术为依托的简单高效、安全可靠、高速处理的人力资源系统管理服务。

（二）数字化人力资源管理系统

数字化人力资源管理系统是企业资源计划即 ERP（Enterprise Resource Planning, ERP）在人力资源管理中的应用，是以数字化的思维、系统化的管理为企业管理层提供人才决策运行手段，为员工管理提供人力资源解决方案的管理平台。

数字化人力资源管理系统可以分解成不同的管理和应用模块，其中系统结构、数据处理规则、系统配置、权限设置等部分，是保证系统平台顺利运行的基础。

系统结构是人力资源管理系统存在的基础。如果用建筑物来比喻人力资源管理系统，系统结构就像是建筑物的钢筋骨架。人力资源管理的系统结构是保障系统正常运行的重要部分，它的设计是否合理是系统功能和实用性的决定因素，同时也影响到使用者的用户体验。

数字化人力资源管理系统结构中最重要的三个组成部分是人员结构、组织结构和企业结构，利用系统设置可以使员工、组织和企业有机地连接成为一体。

1. 人员结构

人员结构是为记录员工各方面数据而设计的，包括员工个人信息和聘用信息。个人信息包括员工个人基本类信息（如姓名、身份证号码、性别、国籍等）；家庭情况类信息（如家庭成员及成员信息）；家庭住址及联系方式类信息（如永久通信地址、现住址、手机号等）。聘用信息是连接员工和企业的纽带，包括员工工号、职位头衔、组织代码、成本中心代码等。通过划分员工类型可以对员工进行精细管理，如正式或外派员工、薪酬支付类型等。

2. 组织结构

组织结构体现了企业的职位设置和业务单元规划。企业由不同的部门组成，每个部门都是一个组织单位，每个员工在组织单位中都有一个职位，每个职位在系统中都有具体的职位描述，以此定义具体工作内容，亦可作为招聘时的依据。多个部门和职位组成了组织结构，即成为企业的构架，一家企业可以由多个组织单位构成，如研发、销售、支持等团队。

3. 企业结构

企业根据经营范围、地域的不同可以包括若干下辖分公司，分公司还可能下设工厂等，这种结构不仅需要对不同子公司进行单独管理，而且需要总部进行有效的全局管理。企业结构可以通过公司代码来识别，所有员工都可以根据业务部门的类别归属在不同的企业结构下。

数据处理规则的设置顾名思义就是程序运行时所依据的准则。例如，新员工入职后，根据相关法律法规按照合同年限的不同来设置不同的试用期，系统程序会按照设定的规则调用相关数据、配置表进行计算，根据每个新员工的合同类型、合同年限以及是否是初次与企业签订合同等条件计算适用于哪种试用期规则以及试用期的期限等。

人力资源管理系统平台中的另一类模块是由系统功能类应用构成的，包括薪酬福利、绩效评估、员工入离调转管理等应用，企业可以根据自身需要选择所有或部分模块应用到人力资源管理工作中。这部分会在系统模块的功能中进行详细论述。如 SAP 公司提供的 SuccessFactors 是目前业界比较推崇的人力资源管理全面解决方案，它通过先进的技术帮助企业最大限度地提高人才投资带来的价值，进而实现业绩的提升。

二、数字化人力资源管理系统的类型

人力资源管理系统的应用经历了一系列的变革和发展，从只有简单数据记录和存储功能的数据管理系统，转变成了鼓励不同类型用户共同参与的分享与沟通、流程控制与事务处理型的数字化管理平台。

数字化人力资源管理系统按照实现管理功能的不同可分为以下几种类型。

（一）企业内部网站、员工电子档案、电子公告牌和企业公众号等

数字化人力资源管理系统是以信息沟通、分享为目的，用于帮助员工了解企业战略、文化、人力资源政策以及内部工作岗位等信息的企业内部网站、网页版员工个人信息档案、人力资源电子公告牌、企业公众号等工具。

在人力资源管理过程中，人力资源门户网站主要承担着企业内部信息沟通的职责。该类网站是企业文化传播的窗口，是企业人力资源管理政策和流程发布的渠道，是企业内部工作岗位信息发布与申请及培训信息发布的途径，也是员工自主管理及自助服务的平台。

1. 企业文化传播的窗口

企业文化是在企业发展过程中创造的具有企业特色的精神财富和物质形态的体现，是企业共同的价值观和以其为核心形成的准则。人力资源内部网站可以通过不同的形式和内容让员工清楚地了解企业文化，传递企业价值观并提高凝聚力。

2. 企业人力资源管理政策和流程发布的渠道

人力资源部通过其内部网站发布人力资源管理相关政策、操作流程，帮助员工了解与人力资源政策、薪酬福利等相关的管理信息，以及与员工个人职业发展密切相关的各类信息。因此，该网站成为了新员工了解企业概况的首要信息来源，也是员工进一步了解企业各项规章制度及人力资源管理政策的有效渠道。通过人力资源内部网站，新入职的员工亦可熟悉人力资源操作流程和行为规范，以便快速适应企业工作环境与工作方式。不仅如此，通过快速检索的方式，员工可快速掌握问题反馈和收集功能，人力资源部可以有效收集员工意见，从而改进工作质量为员工提供更好的服务。

3. 企业内部工作岗位及培训信息发布的途径

建立良好畅通的企业内部职业发展途径是企业留住员工的重要策略之一。积极的企业内部员工流动政策能够帮助管理者发现最适合相关工作岗位的员工，同时，也能够让员工有机会尝试不同的工作岗位，找到适合自己职业发展的工作岗位，从而使员工能够充分发挥自己的特长，实现自我价值。

企业也可以通过人力资源网站及时向员工发布培训信息，使不同岗位的员工能够根据自己的岗位特点与要求，对照自身的实际情况选择适合的培训方式和课程。

4. 员工自主管理及自助服务的平台

通过人力资源内部网络平台，员工可以主动了解人力资源相关事宜，把握好自己各项工作的节奏。如今，员工自助服务（Employee Self-Service，ESS）已经成为了人力资源管理发展的新趋势，它允许员工方便、快捷地获取和管理自身在企业内部的各种信息。通过员工自助服务，许多以前需要管理人员集中完成的信息采集和申请处理等事务性工作，都可以通过系统由员工自助完成并进行信息的自动更新和维护，从而为企业节省了大量的人力、物力和财力，并推进了企业的无纸化办公。

（二）人力资源任务系统

人力资源任务系统包括员工雇佣旅程周期管理和人力资源基本事务处理以及人力资源计划与分析管理，如薪酬福利、绩效管理、工作时间、休息休假、员工信息管理以及员工整个雇佣旅程周期管理等。

（三）员工客户关系管理系统

数字化人力资源管理系统还包括以解决员工问题、促进组织发展、调节企业和员工关系、提高员工满意度为目的的员工客户关系管理系统。

三、数字化人力资源管理系统模块的功能

进入数字化时代，人力资源管理系统包括多种能够实现不同功能的系统模块。基于云计算技术的新一代数字化人力资源管理平台可以集成各种人力资源管理模块并根据企业需要进行扩展，同时能够对接不同部门的应用系统，从而最大化地实现跨部门数据共享以支持更强大的数据分析功能，为驱动组织变革和战略调整提供重要的数据支持。具体来说，数字化人力资源管理系统模块的功能主要有人力资源及员工信息管理、薪酬福利管理、招聘管理、学习与发展管理、绩效管理、休息休假及加班管理以及员工自助服务平台等。

（一）人力资源及员工信息管理

数字化人力资源管理系统中的各种不同模块均是以员工个人信息、企业组织架构以及职位信息为基础来支持完成不同的人力资源管理活动的。

员工信息存储及企业员工的雇佣旅程管理是企业人力资源管理系统中最重要的组成部分，承担着完成员工从入职到职位转换、再到离职或退休等整个职业生命周期的管理任务。新时代员工信息采集及员工雇佣旅程周期管理更倾向于通过员工的自助服务，让员工和经理直接参与到数字化人力资源管理系统之中，共同完成全部服务流程。

众所周知，员工信息的准确性不仅直接影响到员工工资发放以及福利、社保等数据采集，同时影响到企业对员工数据的分析，并对企业战略发展趋势分析的准确性产生直接影响。企业采用由员工自主管理并维护个人信息的方式，能够发挥员工的主动性。为了确保员工信息的准确性，人力资源部需要定期组织相关培训帮助员工了解信息的用途、保持信息准确的必要性以及系统使用中的注意事项等，同时设置必要的信息审核节点进行信息核查以确保员工信息的准确性。

直线经理在员工雇佣旅程周期管理中起着非常重要的作用。在新时代的企业管理中，经理不仅担任着推动业务发展的任务，同时承担着助力组织内部员工成长和职业发展的职责。数字化人力资源管理系统中的经理自助服务平台可以帮助经理实现灵活的内部人员配置，快速完成组织调整以适应业务模式的转变。

（二）薪酬福利管理

薪酬福利管理是人力资源管理的基本职责和管理范畴，最早的 ERP 管理在人力资源部的实施领域便是薪酬管理。薪酬福利管理模块通过系统收集员工的各项薪酬福利记录、出勤加班、奖金补助以及扣除额等数据，按照系统中的标准公式计算各种扣除额和税款，生成员工工资单和税务报告来实现自动化支付过程。通过接口与财务管理系统集成来完成财务结算并输出数据报表。通过系统提供的自助服务功能，员工可以随时查询自己的工资收入，这也帮助企业节约了大量的人力和纸张成本，客观上推进了企业的无纸化办公进程。

（三）招聘管理

招聘系统能够提供从候选人筛选、应聘者信息收集到新员工入职的整个流程支持。例如，提供标准化的职位介绍与编辑工具，可以方便快捷地指导招聘人员撰写和编辑职位；通过系统的检索查询功能可以根据已有的职位信息进行修改和完善，或通过复制生成新的职位描述，招聘专员参考系统提供的职位字典就可以快速完成类似职位的定制。系统的这些功能不仅帮助企业精简了工作量,提高了工作效率,而且帮助企业有效地管理了招聘信息。

招聘系统是企业与外界联系的一个重要桥梁。通过互联网和云计算技术,很多企业的招聘系统可以直接将职位信息推送至各主流招聘门户网站、微信招聘平台、各类校园职业信息社区,并对这些信息进行更新、发布、暂停、删除等实时管理。与此同时,系统通过自动收取求职者投递的简历,按系统设置的关键字收集、筛选简历,经分拣后加入企业人才库,然后根据招聘需求对发布的招聘信息和候选人信息进行统计分析,生成招聘数据分析和统计报告,确定是否有符合条件的候选人。通过系统及其所收集的候选人的相关信息,企业还可以清楚地了解外部市场人才的供需情况。另外,视频技术、互联网和网络会议软件等在招聘中的应用也使面试更加灵活、便捷,即使求职者在千里之外也可以通过这些工具和面试官进行有效沟通,克服了时间和地域上的限制,使人才招聘过程更加顺畅、高效。

(四)学习与发展管理

一般来说,良好的学习与发展计划是企业吸引和留住员工的一个非常有效的手段。数字化和网络发展给员工培训与发展带来了可能性和便利性。员工自主学习、在线学习和自我管理的模式逐渐取代了以前固定的面授培训的模式,员工可以利用移动设备,在工作间隙进行学习,通过企业提供的网络环境自主选择对自己的工作和职业发展有帮助的课程。除了利用移动设备外,员工也可以通过企业内部学习平台、微信学习群、企业公众号、智能机器人协助等方式进行课程学习,并与有共同学习需求的同事进行交流分享,互相督促以提高学习的效率。企业可以随时推送企业文化理念和企业目标等相关的微培训课程,使员工在企业发展目标和核心价值观方面时刻与企业保持一致。此外,培训系统提供的历史记录查询、报表功能不仅能够帮助员工回顾以往培训课程,安排自己的发展计划,还可以协助企业内部培训支持团队对员工的培训、选课情况进行分析总结,帮助团队了解员工的发展需求,制订培训计划和设置课程,从而有效地按照企业发展目标和员工自身发展需求情况设置与安排培训课程。与此同时,经理也能够通过系统了解员工的学习与发展动态,帮助员工实现职业梦想。

（五）绩效管理

绩效管理系统通过标准的沟通模板和问题设置工具不仅可以帮助员工完成个人工作、设定发展目标，而且帮助员工和经理创建了一个有效的沟通渠道。员工在绩效管理系统中设定工作目标并提交后，经理可以收到员工设立的目标计划，在审核给出相应的建议和反馈或提出明确的改进意见后发回给员工进行修改，经双方充分讨论并达成一致后确认。员工可以通过系统收集其他同事、经理或下属对自己工作目标完成情况的反馈意见，了解自己的强项、存在的不足与发展需求，进而取得更高的工作业绩，产生更大的个人影响力。根据多方的绩效反馈、员工的自我评估和经理的意见，人力资源经理可以通过系统生成"员工职业发展分析报表"，并根据分析结果帮助员工了解自己的职业发展方向，制订可行的培训计划和发展计划。需要指出的是，有些绩效管理系统还会嵌入360度评估工具，对企业中层以上的管理者进行包括沟通技巧、人际关系、领导能力、行政能力等方面能力发展水平的评估，以帮助企业和人力资源部对这些中层管理者的胜任力和潜能进行评定，据此制订干部培养计划和继任者计划。

（六）休息休假及加班管理

人力资源管理系统中的工时考勤模块可以汇集工时管理及相关休假申请等管理功能，其前端连接员工及经理自助服务平台，通过打卡和员工自助方式提出申请，得到经理批复之后生效，其中相关数据的采集工作主要通过自助模式完成。基于数据存储和管理的系统模块在数据收集、劳动力分配和数据分析等方面使企业管理实现了灵活性和可靠性。系统能够根据企业内部考勤制度的要求进行设置，完成休假及考勤管理，并通过数据报表使人力资源部掌握员工出勤休假情况，为薪酬计算提供相应数据。系统中的考勤记录直接和薪酬计算挂钩，减少了人力资源部工作人员手工制作考勤报表和传递的环节，不仅大大提高了考勤数据的准确性，而且提高了工作效率。通过定制服务，经理可以从管理者的系统中了解团队成员的具体休假情况，与员工提前就其工作和休假安排达成共识，平衡好员工的工作与生活，提高团队的凝聚力。人力资源部通过相关的系统分析报告可以清楚地了解全体员工的休假加班情况，通过相关数据分析，可以确定员工休息休假和加班的发展趋势，评估企业休息休假及考勤管理政策的合理性，并以此为根据调整企业的相关政策和管理流程，以规范员工休息休假和加班等行为。

（七）员工自助服务平台

人力资源部是企业管理层中和员工联系最为紧密的部门。在人力资源管理系统应用以前，员工通常是通过联系人力资源部的相关同事来咨询和解决人力资源问题的，这种方式对办公地点分散、轮班、工作时间不固定的员工非常不便。更为重要的是，并非所有员工都十分了解人力资源部的组织结构，他们要找到相应负责人并非易事。人力资源部的工作人员也是承担着不同的工作角色和不同的工作任务，员工问询的问题也许不能得到及时回复和有效的解决。

企业员工自助服务平台有效解决了上述问题。该平台主要包括员工热线电话、网络即时应答、邮件回复以及客户关系管理（Customer Relationship Management，CRM）系统等方式。员工自助服务平台的设计以员工服务为中心，通过系统处理员工的咨询，为员工解答和解决问题，提高员工的体验和满意度。此外，通过科学的系统管理来缩短响应时间，为员工提供个性化的咨询服务，从而快速满足员工的需求，提高他们的服务体验。

员工自助服务平台通过数据处理方式，对员工需求进行统计分析生成相关报告以了解具有代表性和员工普遍关心的人力资源相关问题。通过企业内部不同领域的专家对问题的研究与解答，总结出问题的标准答案和解决方案，形成员工问题的标准知识库，保证了不同人力资源服务人员对不同员工关于同一问题解答的准确性和一致性，提高了回答问题的速度，有利于改善员工的服务体验。此外，员工自助服务平台通过内部监控分析关键业务指标（Key Performance Indicator，KPI）的达成情况来管理团队的绩效，大大提高了改进人力资源服务的可能性。可见，员工自助服务平台为企业和员工提供了双赢的解决方案，不仅能够为员工提供标准化的服务，使各种问题得到快速响应和解决，提高了员工的满意度，而且能通过系统提供的各种分析工具发现工作中存在的问题，不断改进和优化人力资源服务流程，提高人力资源服务的质量和效率。

第二节　数字化人力资源管理系统的设计与选择

在市场竞争不断加剧的今天，对企业来说，数字化转型代表着变革与机遇。一方面，企业可以借助数字化创新，加快内部流程、业务模式等方面的变革；另一方面，企业通过变革逐渐转变成为由数据驱动的组织，意味着企业决策和发展更具洞察力。对于企业的人力资源管理来说，人力资源数字化转型的关键之一，就是如何打造一个智慧型的数字化人力资源。其中，数字化人力资源管理系统决定着人力资源数字化转型的成败。

那么，人力资源部该如何设计或选择一个适合企业的数字化人力资源管理系统呢？

一、数字化人力资源管理系统的用户体验

好的用户体验包括强大的人力资源系统功能、稳定的系统连接以及友好的用户界面。强大的系统功能是人力资源管理系统的基础，而用户界面的实用性则是该系统能否在企业顺利实施的关键。

（一）影响用户体验的因素

人力资源管理是一个复杂的系统工程，随着现代企业管理的发展，各职能部门的内部业务及服务流程都更加强调有效性，更加注重规范化和标准化，因此企业对人力资源管理系统有着更高的要求。各企业人力资源管理系统设计各自为政的情况，加上系统设计本身的局限性等原因，都影响到用户对人力资源管理系统的体验。具体来说，影响用户体验的因素主要包括以下四个方面。

首先，人力资源管理系统一体化的概念在近几年才被提出，之前即使是大型人力资源管理系统供应商也是分阶段开发各项业务模块。有些服务商仅根据自己的强项开发若干个模块，而非覆盖全部应用，一些企业也是根据自身需求从不同的系统开发商处选购人力资源管理系统。这种情况导致在不同时期投入使用由不同供应商开发的人力资源管理系统模块的界面风格不同，系统的一致性较差，用户需要花费大量时间和精力来适应界面，降低了人力资源管理系统的使用效率，进而影响了用

户体验。

其次，鉴于某些人力资源管理工作的流程相对复杂，且各企业的特点与实际情况不尽相同，为了实现人力资源管理系统的一致性和标准化，兼顾大多数企业的应用，使原有的线下业务流程转化为由系统实现的线上流程，系统模块的这种标准化设计必然会相对复杂，无法满足一些客户的特殊需求，客户对系统的适应和掌握亦需花费较长时间，从而会降低用户的满意度，并对用户使用造成一定的困扰。

第三，由于人力资源管理系统初始设计的问题，或因对各企业实际情况和需求考虑不周而不能满足用户日常工作需要等情况，可能造成用户使用障碍或任务失败而需要作系统修补，或中断系统运行进行维护，或由于其他原因导致系统不稳定而影响工作效率，这些都会影响用户体验。

第四，有些人力资源管理系统存在的过于复杂的用户界面或不合理的界面设置也会增加用户使用难度，甚至会引起误操作等问题，从而降低用户满意度。

（二）人力资源管理系统设计中的注意事项

在设计开发人力资源管理系统的过程中，项目组不仅要依照科学的项目管理方法进行设计，还需注意以下问题。

首先，涉及员工自助服务的模块界面一定要简洁、易操作。员工信息维护和查询模块要考虑所有可能的相关信息，因为在未来进行系统优化时减少冗余项比增加附加项要方便得多。

其次，经理自助服务模块通常包括事务性处理部分、团队及成员个人数据的分析与查询。为了达到快速检索信息的目的，项目组在设计时需要对系统内部各项操作的逻辑关系有清晰的认识，充分了解经理对事务的处理流程及各项报告的需求。

第三，在系统设计开发初期，项目组对企业内部各项人力资源服务流程应该有深刻的理解，对系统流程进行梳理并绘制清晰的操作流程图。在此基础上，项目组才能对流程的标准化和特殊性进行评估并作可行性分析。

第四，要准确把握人力资源数据的流向、分布以及数据的内部联系及逻辑关系。

第五，密切关注各项新技术的优势以及和人力资源管理系统结合的可能性，只有保持对发展趋势的敏感度才能使系统的使用寿命更长久。例如，在现阶段考虑基于云端的数据存储和大数据应用，可以提供稳定的数据框架和复杂分析报表。

（三）友好的用户界面

维基百科对"用户界面"的解释如下："用户界面（User Interface，UI）是指对软件的人机交互、操作逻辑、界面美观的整体设计。好的 UI 设计不仅要让软件变得有个性、有品味，还要让软件的操作变得舒适、简单、自由，充分体现系统的定位和特点。"

友好的用户界面是指界面设计美观大方，可操作性强，能够提供顺畅的人机交流，使用户轻松学习并易于操作。

简洁的页面设计是用户界面友好的最优体现。傻瓜相机的普及就是印证简单易用对客户吸引力的一个有力的例证。系统是为满足人们各类需要而设计的，一切设计都要以人为本，要满足用户的使用习惯，为用户带来更好的易用性体验。因此，设计系统时，设计者首先要考虑的就是用户体验，简洁、可用性强、易学易用是影响用户体验的关键因素，任何牺牲用户体验而片面追求系统效率的设计都是不可取的。

二、数字化人力资源管理系统的设计

为了提高用户体验，企业在人力资源管理系统实施阶段需要严格遵循系统设计流程，同时要避免一些容易引发后续应用问题的因素。考虑到人力资源部门人员是系统的主要使用者，对系统的使用情况最有发言权，因此，系统落地阶段不仅要有IT 部门人员参与到项目实施中，也需要人力资源部的人员加入项目组。如果项目涉及到员工自助服务和经理自助服务的内容，一定要邀请员工和经理进行测试，并请他们提出反馈意见以协助项目组进行改进。此外，还要注意不同系统之间数据的同步问题，注意不同系统之间数据的类型和名称是否一致，否则就会给后期的工作造成极大困扰，使人力资源部在日常工作中花费大量的时间用于审核数据、进行数据转换和数据统一。因此，人力资源管理系统项目的成败往往在于初期计划是否详尽周全，逻辑是否清晰明确。

（一）数字化人力资源管理系统设计的一般过程

一般来说，人力资源管理系统设计开发过程包括成立项目组、编制客户需求分析报告、分析用户职能职责、设计系统流程、设置系统参数、系统调试和用户测试、变革管理、完善系统流程和建立流程文件与用户手册等步骤。下面，我们将以系统支持员工离职管理的流程为例详细介绍人力资源管理系统开发的具体过程。

1. 成立项目组

一般来说，人力资源管理系统设计开发项目组的成员主要包括项目管理者、人力资源部门流程设计与管理人员、人力资源各管理模块人力资源事务操作人员、计算机专业人员等。其中，项目管理人员负责整个项目的组织协调、工作安排、进度控制、反馈收集、数据分析和数据有效性评估等工作，是整个项目组的灵魂。项目组的每个成员应分工明确、职责清晰，合作完成项目设计。他们将成为未来系统的主要管理者和技术支持力量。

2. 编制客户需求分析报告

在系统设计阶段，一个非常重要的工作就是充分征求客户意见，充分了解客户的应用需求、工作中经常出现的问题和痛点等，结合拟确定的系统功能寻求解决方案。

问卷调查是项目组了解客户需求的一个常用方法。通过问卷调查的方式可以充分收集用户的反馈意见，了解并确定用户需求。表 2-1 给出了可供参考的问卷调查形式。在系统分析和收集用户反馈意见阶段，要结合企业的实际情况，综合考虑用户各方面的需求，编制详尽的信息收集表。

表 2-1　用户需求反馈表

类别	问题	例证和详情	涉及地区
一般问题	当前人力资源服务流程中需要解决的主要问题和痛点是什么		
	在当前的人力资源服务流程中，您认为有哪些可以改进的机会？您有什么新想法		
	根据国家相关法律或企业的规章制度，目前哪些人力资源服务环节和数据变更需要经过审批？目前的流程是什么？您对此有什么想法		
	对于特定的错误、警告等，是否需要根据本地化的需求进行设置		
	系统的流程一般需要经过哪些部门和哪些人员批准？批准后哪些人需要得到通知		

（续表）

类别	问题	例证和详情	涉及地区
系统参数	如果系统的语言环境仅为英语，是否存在任何监管问题？是否需要本地语言支持		
	您希望系统能够收集、存储哪些数据		
	除了系统提供的现有数据类型外，本地是否有特别的设置需求？如有，请提供所需的数据类型列表，并写出名称和用途		
补充问题	您认为在设计中还需要考虑哪些问题？如有，请补充		

3. 分析用户职能职责

在设计系统时不仅要考虑系统的标准化问题，还要考虑用户的实际应用需求并对其在整个服务流程中的角色和职责做出分析。

以系统化离职流程设计为例，如表 2-2 所示，经理、人力资源经理以及人力资源共享中心员工分别承担不同的职责，协助员工顺利完成整个离职流程。

表 2-2 用户角色和职责分析表

	员工	经理	人力资源经理	人力资源共享服务中心员工
1	提出离职申请	完成员工离职面谈		
2	归还公司财产	批准并确定员工离职日期	审核并批准离职	根据员工提交的离职清单确认离职手续是否完成
3	完成离职手续			出具离职证明

4. 设计系统流程

通过供应商的介绍、系统演示和系统分享，我们可以清楚地了解系统能够实现哪些功能。以员工的离职流程为例，首先，员工可以通过网上自助服务模块提出离职申请，系统就会自动给经理和人力资源部经理发出通知以便他们能够及时了解情况并做出适当反应。正常情况下，经过经理和人力资源部经理批准后就可以进入下一环节。如果经理对员工的辞职申请产生质疑，经理可以从人力资源部经理那里得到帮助。

其次，在离职申请得到批准后，员工可以通过网络查询离职需要办理的各项手续，并通过系统和各部门有关负责人提前预约时间，完成各项离职手续。在离职手续办理完毕之后，部门负责人在系统中记录离职手续办理情况和结果，员工也可以随时在网上查询进度和后续需要处理的工作。

最后，员工在确认完成了所有的离职手续后，可以在网上向人力资源部申请离职证明信。收到系统通知后，通常是人力资源共享服务中心通过网络查询并确认各项离职手续办理无误后，人力资源部在系统中将该员工的离职相关文件进行归档，从而完成了从纸质文档到电子化存档的转换。同时，人力资源部出具离职证明信并通过系统通知员工。这样，该员工就完成了全部离职流程。

综上可见，与传统的线下离职流程相比，通过系统来实现离职流程管理有着较大的优势。这种方式大大简化了离职处理过程，节省了离职员工和相关工作人员的事务处理时间。系统的共享性有效地帮助了相关人员在系统中随时查询离职处理进程，使整个离职流程更加透明。由于所有的处理过程都在系统中留有记录，使整个离职流程有迹可循。此外，通过网络和系统处理员工的离职手续，彻底摆脱了纸质文件，帮助企业实现了无纸化办公，节约了企业的成本。

在初步完成系统分析后，企业要根据上述分析报告结合企业预算等信息做出决策，绘制系统流程，确认系统实施的可能性。图 2-2 是一个典型的员工离职过程流程图，企业可以根据实际情况设计员工离职流程图。

5. 设置系统参数

在确定系统流程后，接下来项目组成员需要对系统内部的各类参数进行设置以满足应用需求。系统的参数设置通常需要从以下三个方面考虑。

（1）系统主题参数。主要用来控制系统功能、管理系统日志、建立系统框架等。

（2）系统安全参数。主要用于系统安全验证和用户角色权限设置等。

（3）系统数据参数。主要用于确认所需记录数据的类型等。

6. 系统调试及用户测试

在明确项目目标、进度和完成系统参数设置后，项目组成员要对系统进行全面测试，以便在短时间内发现所有系统错误和操作问题并提出解决方案。在项目初期发现并解决问题对项目的成败至关重要，如果在项目实施后才发现问题，就需要消耗大量的人力物力来弥补，更严重的是会影响用户的使用体验，使用户对系统失去信心。

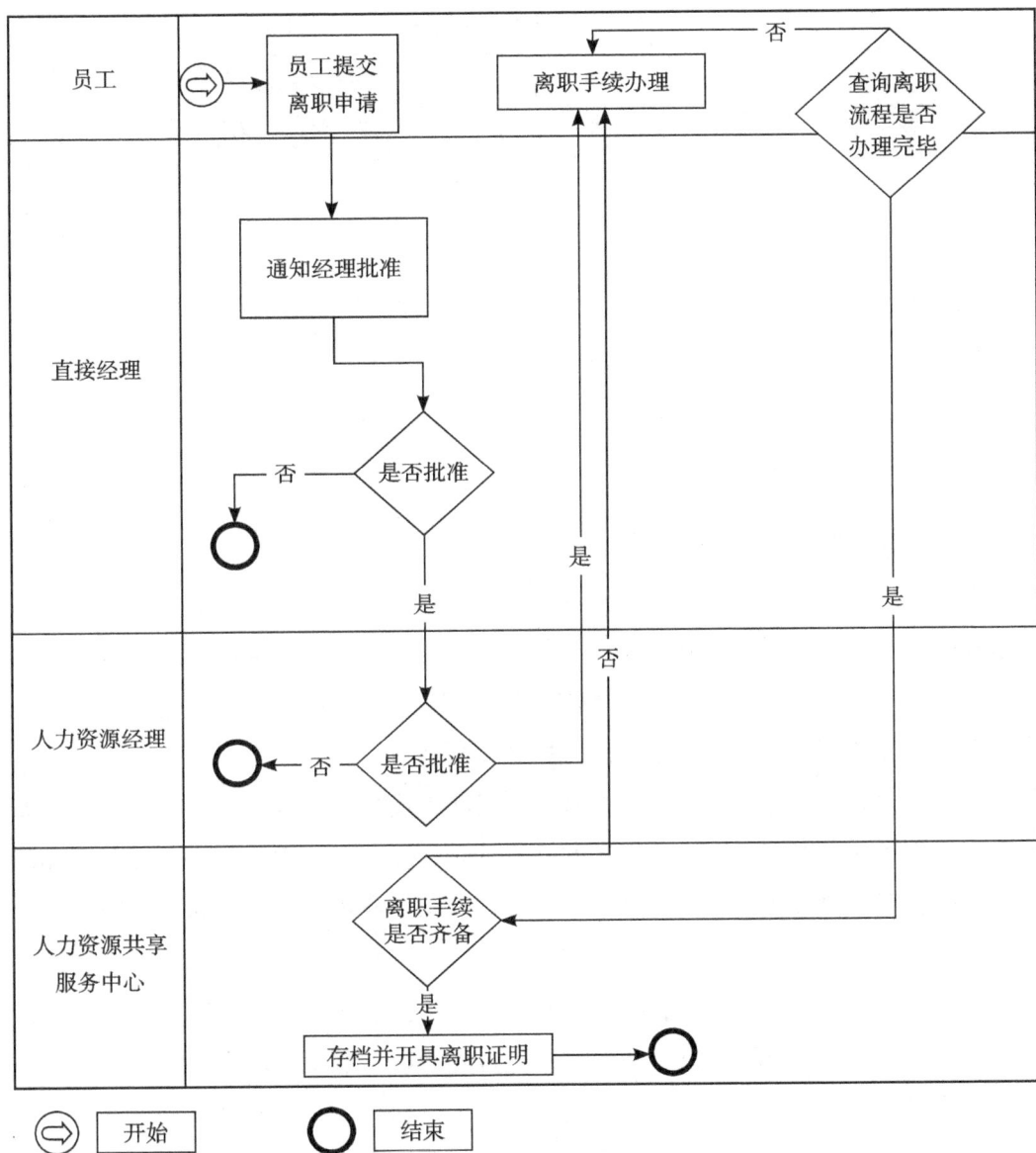

图 2-2 员工离职流程图

项目组内部完成系统测试后，就进入到了关键的系统调试和用户测试阶段。首先，项目组需要了解实际操作流程，按照实际操作流程不断对系统进行测试、调整和修改以达到应用需求；其次，项目组需要设计用户测试报告（如表 2-3 所示），考虑不同场景下的系统处理方法并请用户参与测试，结合反馈意见改进系统功能，确保系统能够支持日常工作。

表 2-3　用户测试报告

案例			测试结果（通过 / 失败）	问题陈述
情景	步骤	项目组按照实际案例给出测试步骤		
1	1			
	2			
	3			
2	1			
	2			
	3			

7. 系统实施过程中的变革管理

系统测试结束后即进入系统实施及投入使用阶段。有相关统计显示，在项目实施过程中，多达 80% 的项目成功因素直接与组织内部人员的行为相关，项目组却只将大约 20% 的精力投入到制定实施方案和解决问题上。一般来说，任何新系统上线或新旧系统交替都会对相关人员的固有思维模式造成一定的冲击，迫使他们改变当前的工作方式和习惯，因此，变革管理是项目能够成功的关键。项目组要遵循变革管理生命周期的发展规律，制订周密的变革计划，激励人们积极地接受变革。很显然，变革管理失败会影响项目的进度，使项目无法达成预期效果。因此，项目管理者应充分考虑变革对人们的影响以及带来的风险。

变革管理对系统能否顺利实施可以起到非常重要的作用，其中用户内部沟通和培训是否到位直接影响到项目实施的成败。首先，项目组要根据用户特点制订沟通计划，确定沟通的内容、渠道，确定利益相关者；其次，项目组要按照计划通过正确的渠道与用户进行沟通和培训，任何沟通或培训不足都会影响到系统应用的效果。内部培训需要注意如下几个方面：第一，要对用户进行培训和授权，使他们能够在工作中应用此系统；第二，对人力资源顾问进行培训，这样他们就可以在用户遇到问题时给予及时的帮助；第三，要特别关注变革中那些未解决的问题以及突发事件，确保这些问题能够得到妥善处理和有效解决，为项目顺利开展保驾护航。

8. 完善和更新系统流程

在系统投入使用 3 至 6 个月的试运行阶段，项目组应持续关注系统运行的性能，积极收集用户反馈，定期对系统进行维护和更新以完善系统的不足，不断改进系统流程以满足用户的工作需要。

9. 建立流程文件和用户手册

由于新系统的运行会使一部分员工改变原有的工作方法和习惯，包括对新技术、新系统、新方法的适应，在系统运行初期会给用户增加一定的负担，用户甚至会产生一些抵触情绪。因此，除了对用户加强培训外，项目组还要编制完善的程序性文件，做到有章可循，使用户在用户手册的指导下可以正常完成系统工作，为人力资源系统实施和正常运行提供有效保证。

（二）数字化人力资源管理系统的整合性与扩展性

数字化人力资源以人力资源管理系统为基础，从人力资源管理的具体需求出发，为推动企业文化、辅助制定企业战略而建立。

从企业的角度来看，绝大部分企业并非在同一时间上马人力资源管理系统中的所有人力资源管理模块，而是按照实际需求及其重要性和紧急性来部署系统。由于企业缺乏整体的统筹安排，特别是忽略了系统的整合性和扩展性等因素，使得后续的数据应用和系统扩展无法达到满意的效果；还有一些企业的人力资源部，由于各职能部门相互独立，各自上马不同供应商提供的管理模块而造成各系统间的信息互通困难，无法共同完成人力资源管理任务。在这种情况下，由于不同系统的底层数据库不同，数据就无法共享，也不能及时同步数据，因此，造成了不同系统的数据不一致，严重影响了数据的准确性。

为了避免出现上述情况，企业在系统设计之初，或在初步选购系统时，一定要有完善的企业需求分析，做好详细的系统分析和规划，制定清晰的系统架构。也就是说，在系统设计之初，项目负责人就需要有大局观，以企业人力资源管理者的视角全局考虑、统筹安排，建立灵活、扩展性强的人力资源管理体系。企业越早意识到系统统一性的重要性，系统整合就越容易实施。否则，设计好后或完成系统选型并实施后再考虑这些问题，就会无法改造和弥补。

具体来说，系统一体化的实施需要注意以下两个问题。

第一，企业在系统规划初期是否考虑了系统的整合以及扩展性的需要。如果系统各模块出自于同一厂商，相较于不同厂商系统模块之间的数据交换，同步和复写的时间就会大大缩短，系统的效率会显著提高，整合的成本相对就比较小，实施起来亦会比较容易，整合之后的效果显著。

第二，企业会选择不同厂商的品牌应用于不同的人力资源管理模块，但随着企业发展和技术进步，原有的模块应用可能无法满足企业的要求，这时就要考虑模块是否留有扩展接口，能否匹配其他系统并满足系统升级和整合的需要。这时就需要综合考虑各个相关因素对系统效率的影响，对各种方案进行评估，以决定取舍。投入使用新系统是否一定比维护和改造当前低效的系统更节约成本呢？通常，大型企业的人力资源管理核心系统会随着需求的增加而不断更新迭代，特别是当影响到行业发展的新技术如云计算技术出现时，企业是否需要随着供应商系统的升级而转换系统呢？企业对此一定要有一个清醒的认识，需要慎重考虑更换系统对企业成本和投资回报率的影响。

一般来说，供应商提供的人力资源管理系统只是通用的系统框架，提供最具代表性的人力资源管理模块以及报表生成等工具，协助使用者完成各项基本的日常工作。诚然，为了满足不同行业大多数用户的需求，供应商往往按照标准化、一致性来开发软件。但在具体的实施过程中，企业必须要根据自身的特殊性、实际情况、地域政策、法规要求等因素来改进系统设置，以符合人力资源部的工作要求。这样，系统的灵活性和留给二次开发的扩展性就成了决定项目是否能够成功落地的关键因素。因此，选择那些能够同时提供系统框架、标准模块和自定义客户配置的供应商系统，对企业人力资源管理系统的实施必将大有帮助。

（三）数字化人力资源管理系统设计中数据安全性的考虑

人力资源管理系统中存储的是企业重要的人事档案信息，包括企业的组织结构、员工的个人信息、聘用信息等。随着人力资源管理系统的平台化发展，人力资源管理系统和企业内部诸如财务部门、销售部门等都有交互作业发生，被授权的人员通过网络在任何地点都可以访问系统中的人力资源相关数据。在这种情况下，越来越多的企业开始重视企业数据的安全性问题。一般来说，安全的系统结构、安全的信息环境、高等级的信息防护措施等是确保人力资源系统信息安全的基础。可见，在设计人力资源管理系统时，项目组充分考虑数据的安全性，有目的地设置和加强系统的安全措施，对于确保人力资源管理系统的整体安全性具有非常重要的意义。

1. 对人力资源管理系统造成威胁的安全隐患

一般来说，随着互联网和云计算技术的日益普及，人力资源管理系统的安全隐患日益突出。人力资源管理系统的安全隐患主要包括信息泄露和信息毁损两种。

（1）**信息泄露**。随着网络、云计算技术的应用，电脑只要能联上网络就有可能遭到攻击，一个很小的数据漏洞就有可能造成灾难性的后果。随着欧洲 GDPR（即《通用数据保护条例》）的颁布以及各国对个人信息泄露问题的日益重视，系统安全性也成为了企业需要解决的首要问题。企业信息包括企业内部数据和客户信息，企业商业机密的泄露会给企业造成经济利益和品牌效应的双重损失，客户信息泄露会导致企业的品牌受损以及公信度下降，造成潜在的客户流失风险。对于人力资源管理来说，人力资源管理系统存在的安全隐患会导致员工信息泄露，使员工对企业失去信任，进而挫伤员工积极性，甚至会造成企业重大财产损失和人员流失。企业在设计和选择系统时需要对系统安全性进行全方位的考察，选择成熟度高、性能优异的系统。

（2）**信息毁损**。系统的缺陷、设备故障或竞争者的蓄意攻击都有可能造成数据丢失或文件被篡改，轻者导致企业将花费大量人力、财力进行清理和恢复，重者甚至会造成系统瘫痪。这就要求企业一方面在设计人力资源管理系统时不仅不能出现安全缺陷，而且要在系统安全性方面加大设计力度，尽量将数据安全隐患消灭在萌芽之中；另一方面，使用系统时，企业一定要对系统备份有清晰的流程和严格的管控措施，对用户权限有严格的设置和认证，以保证信息的安全。如果是购买的系统，企业一定要确保供应商拥有强大的售后服务能力，以保证系统能够长期稳定地运行。

2. 人力资源管理系统数据安全性设计及其预防

企业在设计人力资源管理系统时，必须要充分考虑系统的安全性，在系统的每个环节都要设置安全程序，添加安全保护措施。如果企业购买人力资源管理系统而非自己设计，在系统选型之初企业一定要充分考虑系统是否能提供相应的安全保护措施，根据业务需要，系统是否能够提供不同的安全级别分类和操作权限设置等，这些都是系统安全性的根本保证。例如，系统是否能够提供完善的身份验证及权限设置功能，是否设置了安全加密和口令保护措施，是否为使用者设置了有效的数字证书以及清晰的文件日志记录等。当然，企业内部的 IT 部门对操作系统、网络和设备的安全监控也是人力资源管理系统安全性的重要保障。

人力资源系统数据包含了员工的个人信息，它的安全性直接影响到企业的信誉和发展。因此，保证数据安全性已成为企业社会责任感的体现。企业除了在设计和购买人力资源管理系统时应关注系统的安全性之外，人力资源管理系统的安全措施更为关键。因此，企业在享受科技发展带来的便利性的同时一定要慎重考虑数据的安全性问题，不仅要完善企业内部系统风险管控体系，更要确保移动设备、第三方软件以及网络的使用都具备安全性认证，把数据应用风险降到最低。

毫无疑问，人力资源部天然具有保护员工数据安全的使命，只有得到员工的授权才可使用相关数据。企业人力资源系统在使用和管理员工数据时要严格遵循企业内部制度、流程以及相关法律法规。具体来说，人力资源管理者在处理员工数据的过程中一定要注意以下几个方面。

（1）**员工个人数据的收集**。数据收集要遵循最小化原则，只收集必要的数据以降低风险。人力资源管理者在收集数据的过程中要遵守标准流程和规则，以减少数据录入过程中出现的错误。

（2）**员工数据的访问**。针对数据访问要严格控制访问权限，授予和收回权限时需要有专人管理，确保权限和职责相符，以避免出现无关人员访问数据的风险。

（3）**员工数据的共享**。数据共享是建立在遵循保密性原则的基础上的。提供数据报告前需确认报告内容，删除不必要和不能共享的数据，确保数据接收者是能够合法持有该数据且对数据有需求的业务相关者，并在数据文件中设置权限限定，以确保数据的安全性。

（4）**员工数据的存储**。人力资源信息系统的数据仓库是数据存储的介质。为了避免数据扩散，人力资源管理者在有数据需求的时候应该使用企业的访问工具在系统中访问和存储信息，而不是把副本下载到本地数据载体。

（5）**员工数据的审计**。定期进行数据审核是非常必要的管理手段，可以起到规范从业者操守以及清理问题数据的作用。

三、数字化人力资源管理系统的选择

随着企业规模化发展，手工作业已无法满足新时代企业管理的需要。为了提升人力资源管理的效率，越来越多的企业加入到人力资源数字化转型的行列。为了满足企业系统化、数字化管理的需求，企业除了自己立项设计和开发人力资源管理系统之外，还可以在市场上购买适合自己的人力资源管理系统。近年来，国内外涌现出了大量的人力资源管理系统供应商，并随着互联网、大数据、云计算和人工智能等新技术的发展而日益发展壮大。然而，种类繁多、各具特色的功能性人力资源管理系统软件给企业带来了选择上的困扰，企业一时无法确定应该选择什么样的人力资源管理系统软件。很多企业虽然花费巨资购买了某一现成的人力资源管理系统，但项目的落地并不十分顺利，甚至在系统投入使用后发现系统的运行问题不断、应用不畅，无法满足企业的实际需求，严重影响了企业人力资源管理工作的正常开展。

（一）影响数字化人力资源管理系统选择的因素

企业应该如何选择一个适合企业发展需要的人力资源管理系统呢？除了要综合考虑企业自身的经济实力外，一是要基于企业的特点，从企业长远发展的角度考虑自身的系统需求，做到知己；二是要与系统供应商进行充分沟通，对供应商系统的功能性、灵活性、拓展性、数据的安全性及用户体验等进行全面了解和评估，做到知彼。

1. 充分了解自身现在和未来的发展需求，真正做到知己

企业只有在充分了解自身特点和实际需求的基础上才能知道什么样的系统最适合企业自身的发展。人力资源管理系统的选型与构建是一项极为复杂的工程。在选择之初，企业既要考虑自身在不同的发展阶段人力资源的业务需求，又要认清企业自身的特点、发展方向，做好统筹规划和需求分析，同时还要考虑企业文化、所处行业、技术发展以及企业各项流程的特殊性等因素的影响，最终根据企业的经营战略和组织结构特点选择适合的软件系统。此外，企业要从长远发展的角度考虑对人力资源管理系统的需求，以及今后系统升级和与现有系统对接的可行性等问题。

2. 与供应商进行全面充分的沟通，对人力资源管理系统进行全面了解和评估，做到知彼

购买人力资源管理系统这一项目获得立项之后，企业与供应商的前期沟通是否充分对系统选择的成败至关重要。通过供应商的系统演示，企业可以详细了解系统的各类应用模块的性能和可用性。一般来说，在系统应用方面企业应着重考虑以下四个因素。

（1）**产品的功能性**。系统的选择主要考虑产品的各项功能模块是否能够满足本

企业人力资源管理各项工作的需求，特别是企业人力资源管理重点工作的需求。

（2）**产品的灵活性和拓展性**。随着企业的不断发展，人力资源管理实际会对系统提出新的需求，这种需求也成为了企业数字化转型的内驱力。企业在考虑购买新的系统或现有系统需要升级时，首要问题是如何处理现有的系统。是基于原有系统的框架直接对接新购买的系统呢？还是在整合现有系统的底层数据库后直接迁移到新的系统上以完成系统迭代呢？无论采用哪种方法，都要基于企业的实际情况、需求、预算以及发展的平衡性，从而达到系统使用的最佳效果。如果产品的拓展性不强，在企业发展的过程中无法进行扩充以满足人力资源服务流程的变化，这个产品就会成为企业发展的瓶颈，迫使企业不得不投入大量的人力、物力和财力进行系统改造，或花费巨资更换系统。所以，在系统选型时，一定要充分考虑企业当前和未来发展的需求，尽量选择那些适应性、灵活性和拓展性强的人力资源管理系统。由此可见，选择那些与企业环境相适应并具有灵活性和拓展性的产品，不仅能够满足企业现阶段的人力资源管理需求，提高企业的管理效率，长远来看还能给企业节省大量的成本。

（3）**良好的用户体验**。企业在选型初期还要重点关注用户界面是否清晰友好，操作是否人性化，有哪些功能亮点，这些功能设计是否流程清晰等因素。优秀的系统用户界面能够帮助用户快速适应新系统的工作方式，为项目的顺利实施创造便利条件。

（4）**数据的安全性**。系统安全面临的最大问题是数据安全。人力资源管理系统管理着员工个人数据和企业关键信息，数据泄露不仅会影响公众对企业品牌的好感度，也会失去员工的信任，甚至带来法律风险。因此，在选择系统时，企业一定要特别关注系统的安全性，特别要关注数据的存储、使用、呈现和报告等方面是否存在着安全隐患。一旦发现系统存在着一定的安全隐患，就要坚决放弃这个系统。

（二）人力资源管理系统供应商的选择

人力资源管理系统产品的功能及其可用性是企业选择系统时首要考虑的因素。与此同时，供应商的实力及其业务发展方向对系统的选择也会产生重要的影响。首先，企业要考虑供应商是否有强大的售后服务团队，是否能提供专业的咨询服务，是否能够结合企业的特点、针对企业人力资源管理中的问题提出解决方案，将系统管理和服务完美地结合起来；其次，供应商的研发力量也是衡量供应商是否具备强大的系统专业能力的一项重要指标。供应商强大的研发能力能够帮助客户定制具有企业特色的系统服务，满足企业的个性化需求。随着企业的不断发展，往往会出现现有的系统无法满足企业人力资源管理需求的情况，这时就会面临系统二次开发的需要，因此，供应商的研发能力是否可以支持用户进行系统拓展和二次开发也是企业选择供应商时需要重点考虑的内容。

目前市面上可供选择的人力资源管理系统供应商非常多，既有国际知名供应商如 Oracle、SAP、Workday 等公司，也有国内知名软件公司如金蝶、用友等。从系统功能上看，既有在强大的技术背景支持下紧跟技术发展潮流而推出的服务于人力资源服务各项流程的系统产品（它们基本覆盖了员工整个雇佣旅程周期，包括员工从入职、在职到离职各环节的服务平台），也有专注于细分模块只开发某一类功能和场景的系统产品，如绩效管理系统、招聘系统等产品。随着云计算技术的发展，以互联网思维运营为代表的 SaaS 产品发展也极为迅速，甚至有的供应商可以为企业提供人力资源管理基础服务的免费软件。

具体来说，目前可供选择的人力资源管理系统及其供应商有如下几类。

1. 国际知名品牌人力资源管理系统供应商

目前，国际知名品牌的人力资源管理系统供应商主要有 Oracle、SAP、Workday 等公司。这类供应商的产品性能较强，其系统涵盖了绝大部分人力资源管理模块，产品设计有严谨的逻辑性。简而言之，它们的产品线全、精且深，但实施费用较高，后期服务、维护费用更是不菲。这类产品主要适合那些预算充足、分支机构众多且分布广泛的国际化大企业。因为这些企业对系统的标准化程度有更高的要求，希望系统能够提供全面、统一的服务。但是，这些大而全的系统往往无法满足企业的特殊需求，缺乏灵活性。如果系统上线之后还需要实施本地化的应用开发，一般要付出特别高昂的成本。

进入数字化时代后，人力资源部正在成为引领企业组织转型的推动者。为了满足企业的发展需求，克服系统的局限性，帮助企业实现战略转型，系统开发商们凭着对技术的敏感嗅觉，快速进军云计算技术市场，并基于云计算技术为企业提供了更为灵活的人力资源解决方案，开发出具有个性化和吸引力的用户界面，推出涵盖各种核心人力资源管理、人才管理的发展与分析模块以满足不同规模企业的需求，从而助力企业实现数字化转型。

2. 国内知名的人力资源管理软件供应商

国内知名的人力资源管理软件供应商主要包括金蝶、用友、红海科技等公司。金蝶、用友等公司都是以软件开发，特别是财务软件开发起家的。随后它们才将业务伸展到 ERP 领域，如数字化人力资源（Electronic Human Resources, EHR）。其中，红海科技是一家专门开发和主营人力资源管理软件的公司，为人力资源管理提供一体化的解决方案。基于对本土企业特点和管理方式的深入了解，这些本土供应商更容易为企业提供个性化的服务，因此，它们为国内企业的人力资源管理发展做出了很大贡献。事实上，国内的几家系统供应商各有优势，企业可以按照自身的需求和特点进行选择。

3. 基于互联网及云计算技术模式的人力资源管理系统供应商

基于互联网及云计算技术模式的人力资源管理系统供应商，主要是一些标准化的小型 SaaS 产品供应商。标准化的小型 SaaS 产品供应商提供的产品价格相对低廉，有些厂商甚至提供免费的通用功能模块，此类产品比较适合中小型企业或刚起步的创业型企业。它们的产品和上述国内外大供应商的产品的区别，就如同制衣行业中的私人定制和商场批量成衣，前一款可以为企业量身定制，但价格昂贵；后一款是按照标准化流程生产的成衣，可能并不完全适合你，但具有强大的价格优势。因此，企业可根据自己的经济实力和实际需求进行选择，量力而行。

（三）规避人力资源管理系统的选择误区

大量的事实充分证明，在人力资源管理系统的选择上，并非供应商的知名度越高、系统规模越全面就越好，也不是在人力资源管理领域越流行、越主流就越好。鞋子合适不合适只有穿的人知道。能够最大限度地满足企业现在和未来的实际需求，才是最适合企业的系统。如果系统并不适用于企业，即便是高大上的国际知名供应商提供的产品也会因水土不服而无法落地实施，企业不仅付出了高昂的成本，而且由于无法满足企业的工作需要对人力资源管理产生了重大的负面影响，无法达到预期的效果，更不要说投资回报了。为了慎重起见，企业可以选择分步进行。在系统建立初期，企业可以在工作重点模块优先使用此系统，待系统运行稳定之后再依次上线其他模块，循序渐进地逐一落实系统的各项应用，与此同时，还要充分考虑系统的统一性和扩展性，以满足企业未来发展的需要。

第三节 打造智慧数字化人力资源

数字化转型不仅是一场技术革命，更是人们思维和认知方式的重大变革。人类社会从农业社会、工业化社会发展到如今的信息化社会，每一次飞跃都伴随着人们认知的革命。在当今的知识爆炸、数字化智能时代，人们的思维正在以多元化、多种要素交互融合的方式呈现出来。如何快速地进行知识迭代以提升数字化生存能力，加速企业创新以寻求商业模式的突破和发展，是数字化时代企业要思考的首要问题，也是人力资源部数字化发展面临的重大挑战。因此，人力资源从业者必须以数字化的新思维、新视角来看待自身的组织变革和发展。

智慧型人力资源是以数字化的方式呈现人力资源管理的全过程，把碎片化、个体化的人力资源服务工作以数字平台的形式进行综合管理，为员工和组织提供智能化的人力资源管理及应用平台，让每一位员工在企业整个雇佣旅程的各个阶段都能获得有效的、高质量的人力资源服务。

在人力资源管理系统不断迭代更新的今天，如何打造智慧型人力资源，为企业发展提供新的驱动力已经成为人力资源部的重点工作之一。我们以 IBM 公司为首都机场开发建设的智慧型人力资源信息管理系统为例，说明如何打造智慧型人力资源。

众所周知，随着中国经济走向世界，我国民航业也经历了快速发展阶段。作为中国最重要、规模最大的大型国际航空港，首都机场至今已运营了 50 余年。截至 2018 年底，首都机场年旅客吞吐量已经突破一亿人次，成为继美国亚特兰大机场后，全球第二个年旅客吞吐量突破一亿人次的机场。2019 年 10 月，北京新机场在大兴投入使用，在经济发展全球化的时代，机场的发展早已超越了简单的航空港概念，成为了商业活动的重要节点和带动区域经济发展的重要引擎。企业规模的不断扩大，不仅对首都机场的服务质量提出了更高要求，也需要企业内部的管理，特别是人力资源管理能够跟上业务快速发展的步伐。在该项目实施之前，首都机场的人力资源管理还停留在需要依赖大量的手工操作来管理从人员信息到考勤、绩效管理到薪酬发放等涉及大量信息录入的工作，无论是组织管理、员工服务等事务性工作还是人员招聘、员工调转和离职等流程性工作，都面临着耗时、费力等问题，人力资源服务的准确性和效率亦得不到保证，执行标准的缺失也影响着人力资源服务工作的规范性，人力资源管理从整体上处于数字化转型相对滞后的状态，严重制约着首都机场组织的调整和人力资源管理发展的进程。

为了解决上述问题，为首都机场打造一个真正的数字化人力资源系统，该项目决定以一个人力资源核心管理系统带动多个共享中心和协同应用模式的方式来保证人力资源服务的规范化，并以此提升人力资源服务的效率。

该项目的特色之一，就是通过数据共享中心的应用将人力资源系统与首都机场的其他系统成功串联，打破了企业内部各部门系统各自独立、封闭的旧格局，更重要的是，开放性的人力资源管理系统消除了首都机场内部的信息孤岛以及信息滞后的问题，使来自不同系统的信息能够快速同步，提升了信息的整合性和可靠性。

伴随着数据共享的实现，数据共享中心也完善了共享的监控过程。通过对数据收集与使用的全部反馈过程的监控，信息每"走过"一次都会留下一次"脚印"，保证了信息记录的完整性和详实性。"全过程管理"则完成了所有人力资源管理业务在线流转与过程信息的记录，将每一项人力资源管理业务以一个个重要节点的形式体现在人力资源管理系统之中，各节点内容的留存记录易于查找，相关环节的节点操作者互相明确，大大方便了人力资源管理业务更加顺畅地向前延伸和推进。

此外，由于机场工作的特殊性使首都机场员工的工作时间复杂多变，频繁的轮岗、换班等情形大大增加了人力资源管理系统设计的难度。IBM 在帮助首都机场梳理其复杂的工时管理规则时，特别为他们设计了一套适应机场行业特色的工时管理体系。这套工时管理体系不仅具有能够实时完成工时统计、自动对接不同考勤管理流程的功能，而且可以根据不同考勤类别自动计算员工的薪酬等，实现了工时的"智慧管理"。在后续的项目开发中，IBM 还把辅助人才发展、干部调配等流程也纳入到了首都机场智慧型人力资源管理体系之中，其涵盖了干部人才的继任、选拔、调配、考核等多种场景的智能化人才管理。

从 IBM 为首都机场打造的智慧型人力资源的案例中我们不难发现，科技的发展，特别是人力资源管理系统的整合性、延展性和智能化发展趋势，使越来越多的人力资源部成功完成数字化转型，成为智慧型人力资源。

一、真正的数字化人力资源

如今，人们已经深刻地认识到，数字技术扮演的角色正在发生迅速转变——从提升企业的边际效率转变为推动企业发生根本性的创新与颠覆。数字化为企业诸多方面带来了广泛而深刻的变革，为价值的创造提供了前所未有的机遇。

在全球企业数字化转型的浪潮中，作为支持企业人才管理和战略达成的人力资源部也不例外，数字化对人力资源管理的影响也是极其迅速、深刻和不可逆转的。因此，人力资源部必须顺应数字化转型的发展，抓住机遇，及时转型，成为真正的数字化人力资源，否则就会在企业新时代发展中被淘汰出局。正如美国通用电气数字部门首席执行官威廉·鲁哈指出的那样："我们从消费互联网中汲取了这一教训：如果等到情势彻底明朗，便为时已晚。这意味着我们应当立即采取行动。你必须认识到，现在我们仍处于比赛的前两分钟，到中场时将大局已定。"

要想真正成为数字化人力资源，人力资源管理并非仅投资于最新的数字技术，而必须进行更为深刻的变革，寻找新的管理模式为员工和组织创造价值，并重新思考如何衡量人力资源管理的成功。对企业来说，企业文化、战略和运营方式是令数字化企业脱颖而出、拥有竞争优势的关键所在。一方面，数字企业会不断努力，不断探索、寻求、识别和开发新的数字化业务模式，并始终以客户和员工为中心；另一方面，数字企业通过更敏捷的业务流程、互联平台、分析工具和协作能力来不断提高生产效率，从而实现新的、更加精干敏捷的运营模式。企业文化、人力资源战略和管理模式也是打造真正的数字化人力资源的关键。一方面，人力资源部要不断努力，依照管理大师彼得·德鲁克的"组织存在的唯一理由是为客户创造价值"这一思路，创新人力资源管理模式，坚持以员工为中心，变管理为服务，为员工创造价值；另一方面，人力资源部通过更加敏捷、简洁和人性化的服务流程、智能化的人力资源管理信息平台、分析工具和协作能力来提高人力资源服务的效率和员工的服务体验，打造简单敏捷的服务型人力资源管理运营模式。

（一）数字化人力资源管理模式

数字化人力资源管理模式即是要回答在数字化时代，人力资源管理到底应该扮演什么样的角色、到底应该做些什么这类问题。企业开发新的业务模式的方法之一是"以客户为中心"来设计，即从"这能否解决客户的问题"出发，站在客户的角度打造新的业务模式。按照这一思路，人力资源部需要转变观念，坚持以员工和管理层为中心，站在满足员工和管理层需求的角度来思考新的人力资源管理模式。

为了更好地满足人力资源数字化转型的需要，人力资源管理必须放弃传统的管理职能，打破人力资源管理各职能部门之间的界限，按照为客户创造价值和满足客户需求的思路，转型为基于业务导向的人力资源解决方案提供者和执行者的人力资源业务伙伴、进行人力资源战略规划和制定专业解决方案的人力资源领域专家以及为客户提供基础性、事务性的人力资源标准服务提供者三支柱模式，进而从管理职能转变为服务导向，与企业的其他部门和团队共同完成为客户创造价值和满足客户需求的这一根本目标。

（二）数字化人力资源运营模式

数字化人力资源运营模式即是要回答在数字化时代，企业的人力资源管理应该如何做的问题。在数字化时代，企业数字化运营的模式主要有如下五个。

1. 以客户为中心

这种运营模式不仅强调"客户至上"的企业文化和赋权一线员工的去中心化组织结构，而且特别强调前端流程，其目的是使客户的生活更加便捷。

2. 强化简洁

这种运营模式的核心是强调"少即是多"的企业文化和标准化的组织结构。通过不断优化研发、制造、供应、营销和支持流程，以较低的成本提供高质量的服务。

3. 数据驱动

这种运营模式的企业往往拥有敏捷的企业文化，围绕分析工具和软件智能的力量而建立，遵循"一切必须用数据证明"的理念，通过实证试验进行创新。

4. 开放性与流动性

这种运营模式着眼于构建一个生态系统，往往拥有开放共赢的企业文化，围绕共享客户而建立，企业所有的流程都不断与外界进行对话与联接。

5. 智能化

这种运营模式往往拥有致力于实现自动化的企业文化，企业大量使用机器来提高生产率和生产的灵活性。

借鉴企业打造新的数字化运营模式的思路，人力资源部要做的不只是改变人力资源管理模式，还必须要改变人力资源运营模式，包括强化员工至上的价值观、数据驱动、调整人力资源内部的组织结构和流程、采用新技术等，具体内容如下。

1. 以员工和管理层为中心

人力资源部作为企业的一个正式组织，其存在的意义也在于为其客户——员工和管理层创造价值。因此，数字化人力资源必须坚持员工导向，人力资源管理的一切工作都要围绕员工和组织展开，包括各项人力资源服务流程的重新设计与执行。

2. 数据驱动

鉴于在人力资源管理过程中积累了大量的员工数据，人力资源部要能够运用大数据技术，通过对员工数据的科学分析，从员工数据中获得分析结果，不仅将数据分析结果应用于改善人力资源管理的质量和效果，而且要能够预测员工未来的行为，从而使企业赢得人才竞争的胜利。

3. 调整人力资源内部的组织结构和工作流程

人力资源管理一旦转型为人力资源三支柱模型，就意味着人力资源部的组织结构发生了翻天覆地的变化。传统的以职能为中心的组织结构，将被围绕客户需求展开的客户导向的平台化组织结构所替代，一切将以是否能够快速满足员工需求作为人力资源新的组织设计的出发点。尤其是人力资源三支柱中的人力资源共享服务中心，除了从管理职能转变为服务职能外，共享服务中心将根据员工需求来设计和改善服务流程，以提高员工服务体验为己任。

4. 采用新技术

将新技术应用于人力资源管理系统，使之平台化、移动化、自动化和智能化，可以大大改善和提高员工服务的效率及服务体验。

（三）人力资源数字化人才与技能

人力资源数字化人才与技能即是要回答在数字化时代，需要与谁合作才能成功的问题。如今，互联网掀起了透明度革命，应聘者几乎可以获得与招聘相关的所有信息。如何吸引并留住数字化时代的人才是每一个企业都在面临的严峻挑战。在这种情形下，企业唯一有效的应对方式就是提高透明度，使职业环境变得公开透明，打造人们青睐的工作场所。与此同时，企业也要开放沟通渠道，加快问题解决的速度，收集员工更多的观点，提高企业的绩效。人力资源部同样需要在内部打造一个高度透明的工作环境、沟通环境和问题快速解决渠道，吸引并留住数字化时代人力资源管理所需的人才。

顺应数字化时代的要求，人力资源部还要改变人力资源管理从业者的知识与技能结构，使所有的人力资源管理者、服务者都具备一定的组织设计与变革能力、数据统计与分析能力、员工赋能与激励能力、管理系统操作与运用能力以及较好的沟通与问题解决能力等。此外，随着人力资源管理系统和人工智能技术在人力资源管理中的广泛应用，人力资源部还要创造人机成功合作的环境。在未来几年，一个最突出的变化将是越来越多的人力资源服务工作者与机器人并肩工作。因此，人力资源部要采用一定的措施，使人力资源管理工作者能够尽快适应这一新角色。

二、人力资源管理系统平台促进智慧数字化人力资源发展

随着新技术的发展，基于互联网和数字化技术的平台有了飞速发展，为社会带来了更大的便利。按照类别和方式的不同，平台可以分成社交平台、学习平台及信息平台等；按照规模和对象的不同，平台可以分为个体社交平台（如微信、微博等）、国家官方信息平台（如社保查询平台等）和企业内部的各种服务应用平台（如人力资源管理平台和员工自助服务平台等）。

人力资源管理系统平台主要基于人力资源底层数据库，依托于数据计算技术和系统应用模型而实现一系列功能的集合，为员工和组织提供快速、满意的服务。人力资源管理系统平台根据功能的不同可以分为前台和后台。系统前台是用户服务端口，例如，用户自助服务界面，以满足用户对数据查询和报表生成的需求，注重于用户体验，包括系统智能化、灵活性等；系统后台是与系统设置和数据紧密联系的系统管理和操作部分，负责管理人力资源系统流程的效率和数据操作规范性及数据维护等。系统后台的工作大部分集中于支持庞大系统的运转，因此往往受到系统设计和数据量的制约，而无法对系统前台的请求做出快速反应。为了解决后台和前台效率不匹配的问题，最近业界在人力资源管理系统中引入了中台的概念。系统中台提供数据集合和数据处理服务，它可以从后台不同数据库中提取数据进行融合及交换，通过数据连接，把不同数据源中的数据集中于同一缓存之中。早期由于底层数据的局限性，系统给用户提供的是固定模式服务，无法灵活响应用户的需求，通过中台的聚合功能以及系统间的协调工作可以给用户提供便利的数据整合功能。这种把底层数据源进行汇总、集合、转换、加工的设计模式衍生出的平台，我们称之为

系统中台。

人力资源管理系统平台以稳定的系统构架来支持企业战略、企业文化和组织发展。依托于数据存储、数据计算和流程管理等系统操作为用户提供快速、准确的服务。系统平台化使人力资源系统的管理具有更高的集成度，为企业提供全面的数据资料以助力企业进行科学决策，可以极大地提升人力资源部的工作效率，同时提供良好的用户界面，提高员工的参与度，推动组织变革以适应未来发展。

（一）人力资源管理系统平台化的优势

人力资源一体化平台在很多方面展现出了它的独特优势。概括来说，人力资源管理系统平台不仅加强了人力资源管理权限的集中控制，提升了对人力资源移动设备的支持，而且实现了强大的数据分析和数据提取能力，加快了数据的更新速度，为企业人才管理、组织有效性管理和战略管理奠定了坚实的基础。

1. 人力资源管理系统平台化加强了人力资源管理权限的集中控制

在人力资源独立系统管理时代，每个不同的人力资源管理系统都需要一套单独的用户权限设置和管理体系，以确保系统的安全性。因此，在人力资源管理权限维护方面经常会出现一些问题。例如，由于系统间同步速度缓慢或缺乏同步机制，只能通知管理员手动维护不同数据库权限而极易造成混乱，用户经常会由于角色变换或系统权限设置错误而无法及时登录系统或得不到所需的数据，进而影响业务。

人力资源管理系统实现平台化后，由于系统高度集成化，对用户权限实现了集中管理。系统只需设置角色认证便可同时管理用户对不同模块和数据的使用权而无需单独设置，因此节省了系统管理时间，降低了权限设置中的人为差错率。

2. 人力资源管理系统平台化对人力资源移动设备的支持有显著提升

随着人力资源移动设备的普及，很多事务性的人力资源服务操作都可在移动端实现，如自助服务平台为员工、经理和人力资源管理者提供了便利，即使在非办公区域，也可以通过移动设备连接企业内网，经过安全认证即可处理相关人力资源服务工作，还能够在移动端下载人力资源报表，大大方便了人力资源事务性工作的审批和处理流程。

3. 人力资源管理系统平台化实现了强大的数据分析和数据提取功能

人力资源管理系统的整合性和平台化为数据的灵活性与准确度提供了便利条件。以前由于不同人力资源数据源的局限性，汇总人力资源报表往往需要通过人工的二次甚至多次加工，如果数据存储在不同的数据系统中，提取报告就是一件令人头痛的事情，要么需要从一个数据源导出数据再批量导入另一个数据库，其间包括很多手工工作，操作员需要极其熟悉不同数据库内的数据参数设置，稍有不慎就可能导致系统数据错误而引起大麻烦；要么需要同时从不同数据库中导出报告，再根据相同数据索引通过 Excel 或其他第三方工具合成一个分析报告。以往人力资源经理需要把大量的时间、精力花费在这种原始数据的收集和处理上，稍不注意便会造成数据错行或排序错误，甚至使整个报告产生误差而变得毫无价值并需返工，造成工作效率低下，影响工作的进度。

人力资源管理系统实现平台化后，原始数据对用户更加透明，用户无需考虑底层数据的存储方式，系统重点数据提取功能就可以通过相关模块从任意数据源中提取用户需要的数据，进行加工处理从而生成用户需要的数据分析报告。

4. 人力资源管理系统平台化加快了数据更新速度

基于云计算技术的人力资源系统平台可以不考虑硬件设备的实施地点。以前企业尤其是跨国企业，由于地域不同，硬件设备的布局会影响到系统数据的更新速度，当数据源存储于不同的系统介质时，不同设备之间的数据同步需要更多的响应时间，有可能导致信息录入之后需要很长时间才能在系统中反映出数据，导致人力资源系统中的数据变更滞后于真实事件的发生，经理或管理人员拿到的报表的准确性和可靠性就会大打折扣，甚至影响到管理者的判断，系统可靠性就会受到人们的质疑。人力资源管理系统实现平台化后，数据的更新基本上可以实现实时同步，数据延迟的问题便会迎刃而解，大大提高了报告的准确性和真实性。

5. 人力资源管理系统平台化为企业打造智慧型数字化人力资源奠定了基础

人力资源信息管理系统平台化为企业提供了依靠综合性、标准化、功能强大的系统管理工具来管理人力资源部各项事务的全新模式，开辟了以用户服务为中心，以数字化发展为导向，推动企业人力资源的优化和管理现代化的历程。

未来的人力资源管理会更注重以人为本，构建数字化、智能化的管理系统以满足人力资源管理人性化、个性化的需求。更为重要的是，基于数据管理的智能分析方法可以帮助人力资源部搭建更为科学的组织结构，建立数字化的人才供应链，从而使人力资源管理和企业的战略、业务发展相契合。

因此，培养人力资源部管理者和从业者数字化思维的能力是未来数字化人力资源的需要。企业未来的组织结构会更加趋于扁平化，甚至只是存在于网络系统中的数字化团队而不再是传统的垂直、金字塔式组织结构；人员岗位的配备将更趋于虚拟化结构，也不再是"一个萝卜一个坑"式的人—岗匹配模式。未来的组织结构可能更加松散、灵活，将依据工作任务和事件而组合，而不是以组织结构的框架而连接。因此，人力资源部的责任更趋于服务员工、赋能员工，建立基于数字化、交互开放的智能人力资源管理平台，可以激发员工的潜能，实现企业的创新与人才发展战略。

（二）打造智慧型人力资源服务自助平台

人力资源自助服务如今已经成为众多企业主流人力资源管理系统的标准配置，通常包括员工自助服务、经理自助服务（Manager Self-service，MSS）以及人力资源部门内部的自助服务。基于云计算技术的自助服务为企业提供了更安全的运行环境，为远程服务下的人力资源管理事务处理模式提供了技术保障。人力资源管理系统可以根据用户角色的不同设置不同的访问权限，使一般员工、直线经理、高层管理者能够按照各自不同的角色和职责使用不同的系统功能。

1. 智慧型员工自助服务平台

员工自助服务平台是基于网络的应用程序，为员工提供基于权限设置来访问其个人信息和聘用信息的一个平台。

（1）**员工自助服务的意义和功能**。员工自助服务为员工在企业的工作和生活提供了便利。具体来说，员工自助服务的意义和功能主要体现在如下几方面。

第一，员工自助服务有效地实现了员工个人信息的实时维护和管理，员工自助服务的功能使员工成为了个人信息的掌控者，充分调动了员工的自我管理意识，从而减轻了人力资源部对员工个人信息的审查与维护工作，确保了员工信息的时效性和准确性。员工自助服务还允许人力资源部通过系统管理员工的日常事务，如申请休假、管理工作时间表、提交报销单据、注册内部培训课程等。员工可以随时通过员工自助服务平台查询自己的工资信息，打印自己的工资单等，为人力资源部节省了不少的人力、物力。

第二，员工自助服务有效地实现了员工个人聘用信息的实时查询。员工通过自助服务平台可以实时查询本人在企业的聘用信息，包括工作职位与职责、内部调动、工资奖金、目标设定、绩效评估等。员工自助服务还能够为员工提供查询企业各项人力资源政策、规章制度和人力资源服务流程等服务，可以帮助员工随时了解企业内部的职位发布情况来做好自己的职业发展规划。此外，员工可以通过自助服务平台的热线服务或客户员工关系服务功能提交帮助请求，解决自己在自助服务中无法找到答案的问题。

（2）人工智能技术推动员工自助服务平台进一步成熟。在新时代，随着科技的不断发展，员工自助服务平台正在企业人力资源部内得到日益普及。为了提高人力资源管理的全员参与度，一些本土高科技企业凭借自身的技术优势以及管理的灵活性，开发出了很多应用程序，大大促进了员工自助服务平台的普及。例如，目前比较流行的一些基于移动设备的人力资源自助平台 App、企业公众号和微信群等，为员工提供了便捷的一站式服务。随着聊天机器人技术的发展，启用人工智能机器人帮助回答一些人力资源常见问题的企业也越来越多。人工智能自助服务的兴起对员工自助服务起到了良好的推动作用。一般来说，人类智能自助服务通常包括如图 2-3 所示的各项功能：机器人不仅可以推送企业的内部通知、公告、培训信息以及事务提醒，而且可被应用到各类人事基础证明文件的自助生成，员工可以通过提出服务

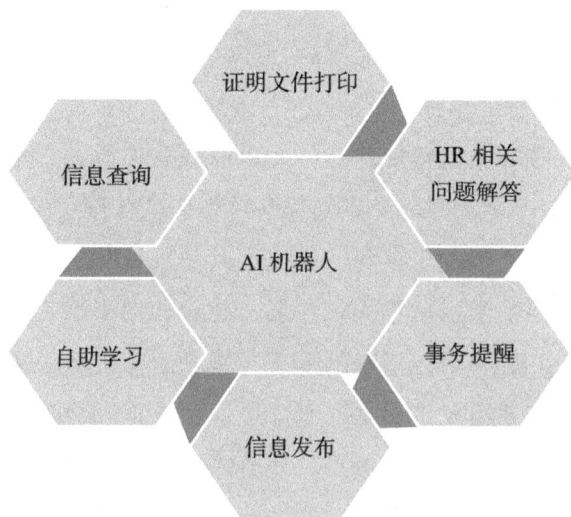

证明文件打印

HR 相关
问题解答

信息查询

AI 机器人

自助学习

事务提醒

信息发布

图 2-3　智能机器人自助服务

请求从人力资源系统中调取相关信息，通过身份认证自助生成证明文件并完成打印和盖章等工作；机器人不仅可以进行人力资源基础信息的发布、分享、查询和人力资源相关问题的解答，而且可以帮助员工进行自助学习，向员工讲解人力资源政策，不仅提升了员工的服务体验，而且大大提高了人力资源服务的效率，也为企业节省了一定的人力成本。

人工智能自助服务也可以应用到人力资源服务的不同工作场景。以新员工入职为例，从候选人通过电子邮件收到入职通知书起，他就可以通过扫描电子邮件中的"入职服务App"二维码，安装新员工"入职服务App"，提前了解即将入职的企业的愿景、使命和企业文化，熟悉新员工入职的各项流程，提交相关个人信息、准备入职手续等。入职前，数字化的App服务平台将会自动向新员工发出入职提醒信息，推送报到的时间、地址以及入职所需的材料和信息以便新员工做好入职准备；入职当天，新员工完成各项入职手续并经过人力资源部确认后，服务平台就会及时向新员工发出贺信，祝贺他完成了入职手续并告知入职后所需了解的其他信息，包括办公位置、具体工位、电脑申领以及企业的各项规章制度和政策链接等。入职后，新员工如果对企业各项规章制度、政策流程等仍有疑问，可以通过员工"入职服务App"咨询智能机器人来答疑，也可以通过人力资源咨询热线或员工客户关系服务系统进行问询。在员工入职的同时，服务平台在确认员工入职日期后自动计算和记录员工的试用期，系统还会在其试用期到期前自动通知员工的经理以确认该员工是否成功通过试用期。

人力资源智能化服务方式的引入，可以极大地激发员工的工作兴趣和热情，改善和提升员工的人力资源数字化体验。

2. 智慧型经理自助服务平台

一般来说，企业在着力打造员工自助服务模式的同时，也会精心打造经理自助服务模式。经理自助服务与人力资源智能信息系统一起开启了企业自助化、自动化和智能化的人力资源服务时代，并成为人力资源服务发展的新趋势。经理自助服务不仅为经理的日常管理工作提供了便利条件，而且极大地提高了工作效率，有效地节约了企业成本。

（1）**经理自助服务可以使经理对员工雇佣旅程周期进行实时管理**。在传统的人力资源管理模式下，员工入离职、调转、绩效评估、组织的健康度等信息都由人力资源部直接维护和掌控。如果组织结构比较复杂，人员众多，经理就难以随时了解员工的动态状况，无法发现员工的潜在问题，往往会丧失解决员工问题的最佳时机。另外，业务目标的巨大压力也使经理没有更多的时间和精力从人力资源部详细了解团队情况。经理自助服务使经理们的管理工作更加灵活，他们在任意时间和地点都能够在线审批员工提交的各项申请，可以及时了解自己团队的实时工作状况和员工相关信息，以便对客户要求快速做出反应，基于工作需要及时调整团队的工作安排，从而顺利达成工作目标。

（2）自主分析报告为经理自助服务插上飞翔的翅膀。通过定制服务，人力资源信息系统可以提供大量数据分析报表和预测信息来帮助经理提升组织健康度。这些数据报表可以从人力资源智能信息系统与经理自助服务仪表盘和决策平台对接。通过经理自助服务，经理可以自由选择需要了解的数据和呈现方式而无需人力资源部的介入。经理还可以通过自助平台和人力资源部建立良好的沟通与互动渠道，以便随时得到人力资源团队的支持和帮助。基于经理在管理岗位上的任职时间、职业经历以及团队状况，通过大数据分析和系统智能服务，人力资源智能信息系统可以给经理做出科学的分析报告和适当的工作建议，以帮助经理更有效地管理团队，和团队一起成长。

3. 智慧型人力资源自助服务平台

人力资源经理和专家经常需要对企业内部人员的结构和情况进行数据分析，以便在员工招聘、组织发展、薪酬福利、工作绩效等方面提出专业化的解决方案，帮助组织健康成长，支持企业的战略发展。人力资源部在和业务部门探讨组织建设时往往需要用数据说话以增强人力资源解决方案的说服力。人力资源统计报表不仅能让人们清楚地了解发生了什么，更需要反映出数据背后的规律和意义，因此需要人力资源制表者具备卓越的数据洞察力。过去，人力资源经理不仅要花费大量的时间、精力去收集相关数据，在面对大量庞杂的数据时还要绞尽脑汁地考虑如何科学地利用数据，如何科学地揭示数据背后的事实真相来帮助企业解决实际问题。数据分析平台的应用解放了大批的"表哥""表姐"们，使他们不再花费大量的时间用于手工制表。数据分析和报表生成系统是以人力资源实践为依据，基于数据库的报表分析工具和人力资源大量日常应用的报表结构，以智能运算环境下运行的各种算法和模型为基础，根据各种报表设计和参数设置而为人力资源从业者量身定制的一套系统。

它的出现为人力资源报告自助服务提供了条件，一方面，它能够根据企业的具体情况，按照实际需求定制分析报表，并通过灵活的参数条件设置自助选择报表内容；另一方面，它还可以根据需要选择适合的报表格式及图表生成功能，方便快捷地生成所需报表，以满足业务部门不断变化的需求。

毫无疑问，自助服务是人力资源未来发展的必然方向。除了系统的优化，人力资源软件的发展不再局限于某个单一的人力资源职能领域，而是不断博采众长进行嵌入式开发，从而能够满足人力资源管理领域各方面的需求。例如，采用聊天机器人解答员工问题，同时连接外部人力资源服务平台进行一体化综合管理，这样就能够快速满足员工需求，大大提高员工对人力资源服务的满意度。

总之，信息技术的发展影响和推动着劳动力结构的转变，日益复杂的技术及其应用正在不断简化人们的工作与生活模式。随着越来越多的新生代走进职场，他们的生长经历和生活条件使他们不仅对高科技情有独钟，而且更看重企业的工作环境、工作氛围、企业文化价值观等。由此，在未来的人力资源服务中，企业将会更加注重员工的体验，并依据员工的特点提供个性化服务。智能机器人由于强大的学习能力以及在时间和空间上的灵活性及适应性，必将成为未来人力资源基础服务的好帮手。通过对企业的各项规章制度、企业文化等的学习，智能机器人不仅能够用不同的语言来解答人力资源相关问题，而且能够辅助员工连接和管理各项服务请求；通过与员工的沟通和互动，智能机器人可以帮助人力资源部分析员工的需求，对员工进行组织行为预测，改善人力资源部的工作效率，从而推动人力资源管理的智慧化进程。随着人力资源信息管理系统从本地走向云端，从单一走向融合，人力资源信息管理系统的未来会和员工的日常工作、生活和职业发展紧密地联系在一起，起到连接企业、组织和员工的作用，真正成为一个具有开放性的网状服务平台。

三、智慧数字化人力资源发展的未来趋势

据 Gartner 市场报告显示，基于云的人力资源解决方案早在 2017 年就已经占所有人力资源规划工具的 50% 甚至更多。通过云计算技术实现人力资源管理流程的自动化越来越受到企业的欢迎，这种发展趋势在未来还会继续延续。近年来，根据知名全球技术研究和咨询公司信息服务公司（Information Services Group，ISG）研究报告显示，48% 的人力资源专业人士希望通过用基于云的人力资源自动化工具取代现有

软件，只有 12% 的人有兴趣升级他们当前的解决方案，而不是切换到新的解决方案。大多数想要切换到基于云的解决方案的专业人士都表示，人力资源部需要系统具备更有效的功能和更高的可扩展性。目前，现有的由企业内部部署、用于人力资源规划的软件往往并不具备此类功能，这也是企业系统急需更新换代的主要原因。根据 ISG 公司 2017 年的预测，到 2020 年，将会有半数以上的企业采用云端或混合解决方案的人力资源系统，其中，会有 32% 的企业采用单一 SaaS 人力资源解决方案，将近 25% 的企业采用混合型（本地加 SaaS 系统）方案，相比目前的数字几乎增长了近两倍，唯一的阻碍可能就是传统人力资源服务平台的复杂性问题。

该报告的结论是：在人力资源管理流程实现自动化的过程中，五年或更长时间内绝大多数人力资源部将严重依赖基于云的解决方案。基于云的应用程序和人力资源规划解决方案能够将人力资源管理者从繁重的手工工作中解放出来，这不但帮助他们节省了大量的工作时间，而且有效地减少了手工处理所导致的人为错误，大大提高了人力资源工作者的工作质量和工作效率，降低了企业的运营成本。由此可以预见，基于云的人力资源解决方案将成为未来人力资源管理系统发展的主流。

德勤公司最近的相关调研报告也表明，在数字化人力资源发展过程中，38% 的企业正在考虑进行数字化变革，而认为现在已经完全准备就绪的企业却只有 9%。将近 75% 的企业已经认识到数字化人力资源的重要性，其中 32% 的企业认为非常重要。但在实际工作中，只有 7% 的企业将数字化应用于员工培训，10% 的企业应用于绩效管理，13% 的企业应用于招聘管理，离职管理的应用率最高，但也只有 21%。

令人可喜的是，互联网、大数据和云计算技术等新科技将引领人力资源发展的未来已经成为了业界的共识。但是，人力资源数字化变革之路任重道远，还需要经历一个漫长的旅程。人力资源从业者需要重新审视自身的发展，自觉养成数字化管理的习惯并引领组织变革。如何在全新的数字化人力资源环境中不断学习并掌握必要的工作技能，以及如何顺应并推动人力资源数字化发展是每一个人力资源从业者未来都要面临的重大挑战。在新时代，人力资源部只有顺应科技发展趋势，大力发展数字化人力资源，才能快速提升工作效率，才能极大地提高反应速度，才能有效地完成各项人力资源服务工作，才能帮助企业完成战略转型。更重要的是，人力资源部只有大力发展数字化人力资源，才能有效改善员工的服务体验，提高员工的满意度，为企业创造最大的价值。

那么，我们应该如何面对新经济和新新人类，充分利用新技术的优势，努力打造数字化、智慧型人力资源呢?

（一）优化人力资源管理系统功能以适应未来新职业、新型组织结构的要求

在数字化时代，劳动者、企业和人力资源管理工作都在经历着巨大的变化。新生代劳动者的特点之一是倾向于数字化、多元化和国际化。他们具有更强的自我学习、自我认知和自我适应的能力，他们的个性化更强，自我意识更高；他们大多是在技术爆炸的环境中成长起来的，将互联网视为自己生活中不可或缺的一部分，是名副其实的"数字化公民"，他们对工作环境和工作方式以及工作成就的期望与以往的劳动者有着很大的差异。随着越来越多的"数字化公民"或"网络原住民"的诞生，一些原有的传统行业被新技术取代，同时，互联网大潮也催生了很多新职业。在新时代，虚拟连接打破了组织界限，模糊了组织边界，跨地域、跨国界的虚拟同事间的合作将更加普遍。在这种新形势下，如何加速不同文化之间的融合，帮助员工适应不同文化、地域间的差异，以及如何在网络中与虚拟的同事进行有效沟通并共同完成任务，将成为企业人力资源管理和组织建设中一项非常重要的工作。可以预见，新生代劳动者的特性将会极大地影响和改变传统的聘用模式与企业管理模式，使企业和员工由单纯的聘用关系向混合聘用模式转变，企业和员工将不再是相互依存的关系。正如谷歌公司预言的那样，在未来，优秀的企业越来越需要优秀的人才，优秀的人才却越来越不需要优秀的企业。基于企业对人才的渴求、市场人才的饱和度以及人才在市场的流动性等因素，企业和员工之间的关系将从相互依存转向伙伴关系、服务关系、联盟关系以及项目外包、众包关系等。企业在未来将聘用更少的固定员工，而更多的专业人士将选择兼职、顾问等自由职业并与多家企业以虚拟的网上合作方式提供劳动。这些特征一方面要求企业根据人才市场的发展动态，随时调整人力资源系统的结构以支持组织变革、人才构建和发展模式，另一方面也促使未来的劳动力市场进入不同以往的全新格局。

从组织结构来看，传统的组织结构相对稳定，员工更倾向于被管理，被直接主管指派工作，只专注于工作边界内的事务。在未来，只有敏捷的组织才能赢得竞争优势，新型组织结构比较松散，以敏捷为核心，以任务目标为出发点，组织在面对压力时将具有快速应变的能力，对环境的改变能做出迅捷的反应。这种组织环境要求劳动者有更强的自律性、自我管理能力和团队合作能力，有明确的责任分工，但并不制造边界，轻界限重行动，一切以目标为出发点。因此，为了适应未来的组织

变革和新型的聘用模式，未来的人力资源管理系统在构建组织模型、职位参数和汇报关系等系统设计和数据设置上都将会有全新的突破，需要系统能够提供更加灵活、拓展性更强的全面管理方式。企业在选择或更新人力资源管理系统时一定要未雨绸缪，为实现人力资源管理的多元化做好准备。

目前，虽然依托于互联网和数字化的新职业还处在发展阶段，但随着技术的快速发展，这些新职业会更加多样化、个性化。此外，企业、社会以及劳动监管部门对于这类从业者的管理仍处在探索期，还没有形成成熟的管理模式和规则，因此，如何运用人力资源管理系统对未来的组织和人才进行规范化管理亦是系统开发者需要着重考虑的一个问题。

（二）提升人力资源服务管理价值，为智慧化人力资源敞开大门

传统的人力资源管理缺乏数据的支持，往往只能凭借人力资源管理者的经验来判断市场发展方向，即使是经验丰富的人力资源从业者也不可避免地由于个人的主观意见而造成一定的判断失误。随着人才竞争的日益激烈，人力资源管理在企业中的地位和作用也越来越受到重视。未来企业对人力资源管理系统的要求不会只局限在提供完善的人力资源服务流程管理，而会更注重系统数据价值的挖掘以及与高科技结合后提供的数据分析对人才管理的前瞻性预测和规划，对员工服务的优化，对组织效能的评估以及对企业发展产生的影响力。

大量事实证明，数字化发展可以提升服务的快速适配性。应用大数据分析来预测消费者的购买行为已经被广泛应用于电商平台并被证明是成功的。基于客户以前的购买记录和习惯，电商会把更多潜在的、客户可能感兴趣的商品推荐给他们以提高销售额。推而广之，越来越多的企业开始尝试把大数据分析应用于包括人力资源数据分析在内的诸多领域。例如，在人员聘用方面，招聘一个不胜任工作岗位的员工不仅会造成企业成本的巨大浪费，还会对企业发展起到一定的消极作用。然而，随着大数据在人员招聘中的不断应用，大数据分析可以帮助企业对拟招聘职位在文化、成本、能力需求等方面进行智能分析并和市场中的人才数据库进行匹配，以寻找匹配的潜在候选人。可以预见，随着数字化和网络的普及，人才和岗位在虚拟的网络世界将相对透明，随着职位数据和人才数据的不断更新、完善并形成有效连接，企业和候选人都能够根据匹配度来精准配对。众所周知，阿尔法狗（AlphaGo）是第一个击败人类职业围棋选手的人工智能机器人。从它与世界顶级的围棋棋手的对

弈中，我们可以清楚地感受到智能机器人强大的深度学习能力。充足的数据和有效的案例分析可以让智能机器人迅速掌握工作方法，只要插电便可以不知疲倦地连续二十四小时处于工作状态。目前，人工智能已经广泛应用到应聘候选人的简历筛选工作中。不难想象，当我们通过深度学习赋予智能机器人逻辑分析和推理能力后，经过不断训练后，智能机器人就能够以人力资源招聘专员的身份和思维逻辑向候选人提出问题，对候选人的相关能力做出判断，对候选人是否是一个最佳人选做出选择。可见，智能机器人的广泛应用，不仅可以大大简化招聘流程，而且能够有效提高招聘效率。相信在不远的将来，人员招聘将会实现全流程自动化的人才供应链，包括通过人工智能进行人员自动化筛选甄别，采取虚拟现实、视频等技术实现实时面试，让候选人和业务经理有更高效的沟通，通过大数据分析对标相关行业与企业内部薪资水平和等级来帮助管理者进行招聘决策等。

在员工管理和组织发展方面，大数据分析和人工智能也在发挥着巨大的作用。大数据分析在人力资源管理系统上的应用促使系统不断进化，最终使员工雇佣旅程周期的各个服务环节都能够实现自动化管理。以员工休息休假为例，目前常用的服务流程为员工在系统中提出休假请求，经理批准并经人力资源审核通过后生效。对于一些特殊的或需要长时间的休假，如产假、长期病假等，如果经理对相关人力资源政策不了解或未进行深入研究，其随意的批复就可能产生一定的问题。此外，由于假期持续时间的不同，在人力资源部审核时还需要通过手工计算来核算实际假期天数，确定休假是否会对其薪酬福利产生影响，并根据计算结果判断是否需要通知相关部门采取相应措施。未来，智能化的人力资源管理系统可以通过人工智能的学习功能了解人力资源管理相关的法律法规，根据员工的休假类型以及相关支持材料通过自动检索和查询相关法律政策与员工的情况进行对比，快速为员工提供建议和提醒，从而确保了员工休假申请的有效性和合规性。在保证正确提交休假申请后，系统会将包括休假类型、相关法律政策的依据、具体休假天数和相应薪酬福利等信息发送给员工、经理和人力资源部，在审核全部资料并确认无误后，系统会自动发送数据进入相关系统模块进行处理，并在休假结束前提醒员工和经理做好恢复工作的准备。如果经理有需要，系统还可以根据员工休假前的工作情况出具报告以帮助经理对员工休假期间的工作进行必要安排。通过大数据查询，部门可以快速找到与休假员工相匹配的人员，在该员工休假期间能够暂时接替其工作。由此可见，数字化人力资源转型的核心驱动力是人力资源部内部通过对运营的深刻理解，运用数字化工具和人工智能技术对流程化、规范化的工作进行深入分析，不断尝试创新，以提供自动化的解决方案来提高工作效率和员工满意度。

（三）推动员工服务智能化，赋予人力资源管理新智慧

人力资源部作为连接员工与企业的媒介，往往能够最先体察到不同时代员工的特点。当"90后""95后"等新新人类成为劳动者的主力大军时，为了满足新时代员工的特点以及企业未来发展的需求与挑战，为了快速适应社会化、虚拟化的环境，实现组织的智慧协同，越来越多的企业不仅要构建面向未来的组织构架，打造更加敏捷的团队，还要赋能员工，激活组织。要实现上述目标，人力资源数字化转型必将成为企业的不二选择。

毫无疑问，未来劳动力市场的主力军是这些"新新人类们"，他们更倾向于通过网络和技术了解信息、进行沟通并开展工作。因此，打造数字化的工作环境不仅能够激发他们的工作积极性和创造性，而且能够降低团队之间的沟通成本，提升团队的协作效率。很明显，通过网络载体弘扬企业文化更易被新生代员工接受。近年来，为了传播企业理念，很多企业都制作了故事性强的小视频来吸引员工的关注，通过动画、游戏闯关等形式帮助员工了解公司的企业文化和规章制度。

由于新生代员工普遍具有很强的自我意识，他们的工作目标不会仅局限于追求金钱而更注重于自我价值的实现。随着社会生活水平的不断提高，新生代员工也被称为"在蜜罐里泡大的一代"。由于他们在成长过程中很少经历挫折与磨难，为了帮助他们快速成长，尽快适应社会和企业工作，企业福利的设计不仅要考虑为员工提供法律规定的医疗保险等福利，还必须关注员工的心理建设，为他们提供必要的心理辅导课程和心理援助渠道。随着互联网"飞入寻常百姓家"，互联网及社交平台等技术已经在日益模糊人们的工作与生活间的界限。对于实行不定时工时制的员工来说，随时随地的工作会增加他们的压力，长此以往会使员工产生倦怠的情绪。从长远来看，企业的福利设计不仅要满足员工饮食、健身等物质方面的需求，更应注重员工的心理健康，鼓励员工适时休息休假。事实上，积极的心理学引导以及健康理念的普及能帮助员工提升幸福指数，实现努力工作、积极生活的人生目标，进而为企业创造更多的价值。因此，将新技术与健康计划相结合，对员工职业、心理等各项指标进行预测分析是对未来人力资源管理系统功能的必然要求。未来，通过对员工职业、心理数据的收集、分析，并根据数据分析结果预测和确定员工职业与心理

状况和发展需求，以便及时给予员工帮助，可以为员工创造更加公平、积极的工作环境。相信这些新想法和创新为人力资源管理系统的开发工作开辟了广泛的发展前景，这些新功能的实现一定会为企业带来良好的口碑和强大的人才吸引力。

总之，随着数字化人力资源的不断成熟和深化，注重员工体验的人力资源服务模式会逐渐成为企业争夺并保留人才的核心竞争力。因此，真正实现以员工为中心，以员工的视角看问题，从员工的角度设计人力资源服务流程，预测和了解员工在职业发展旅程中可能遇到的各种问题并做到未雨绸缪，只有这样，才能让员工有一个高质量的人力资源服务体验，才能有效保障员工在企业中有一个愉悦而顺畅的职业生涯，从而能够帮助企业吸引和留住创新人才，为企业赢得竞争优势奠定坚实的基础。未来企业的人力资源一定是将"用户思维"和数字化有机结合起来的人力资源，它给予员工的一定是多元化的服务，以追求卓越服务和卓越体验为目标，通过人工智能驱动更加人性化的服务和高质量的员工体验，从而成就人力资源服务的光明未来。

第三章

员工雇佣旅程周期的人力资源服务

员工雇佣旅程周期的概念来自于客户旅程（Customer Journey），客户旅程是指客户首次接触产品或服务，直至下单并享受产品或服务期间，与企业互动的全过程。员工雇佣旅程周期是指候选人从与企业的第一次接触到聘用关系结束时的最后一次接触的全过程，包括应聘阶段、入职阶段、在职阶段和离职阶段（如图 3-1 所示）。

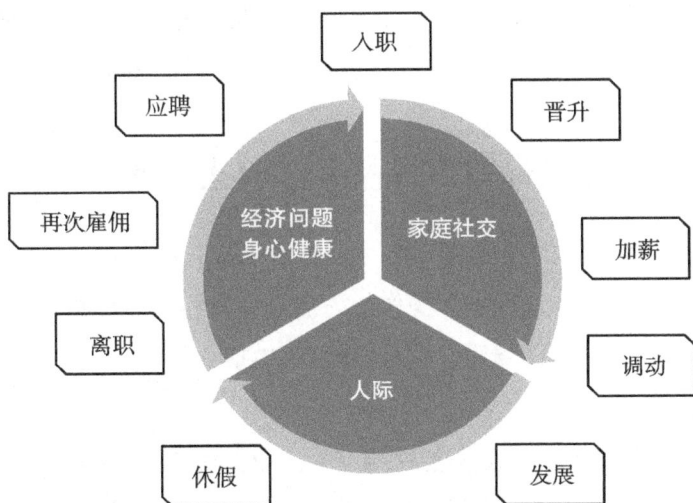

图 3-1　广义的员工雇佣旅程周期

分析员工雇佣旅程周期是在从聚焦"人力资源管理"转变到聚焦"员工体验"，从关注人力资源管理的制度和体系建设转移到员工身上这个发展趋势下产生的。可见，聚焦员工体验是人力资源服务管理理念的一个重大转变。

第一节　员工雇佣旅程周期的服务流程管理

流程搭建、标准化和服务优化是人力资源共享服务中心永恒的话题，做好人力资源服务流程的设计和管理是员工雇佣旅程周期服务交付的前提和基础。然而，在聚焦员工体验、以员工为中心的人力资源发展新趋势下，搭建标准化的流程并只关注执行和效率是远远不够的。随着人力资源共享服务中心定位的不断变化，一名专业的人力资源服务工作者必须将搭建人力资源服务流程的注意力从关注流程本身转移到关注员工身上，要有"用户思维""场景思维"和"赋能思维"，设计的服务流程要能够赋能员工，让员工能够有意愿、有机会彰显个性，能够体现自身的价值。在这样的背景和新的理念下，许多企业都在努力探索员工雇佣旅程周期服务流程设计的新思路和新方法，如员工雇佣旅程地图的绘制、设计思维的运用等。在保证标准化服务质量的同时兼顾员工体验，助力组织变革是新时代人力资源服务从业者的新定位和新任务。一套合理、简洁的流程不仅要能保证各项工作的顺利开展和交付，还要能够提高效能和效率，能够持续不断地改善和提高员工的服务体验。

一、人力资源服务流程的内容及交付模式演变

一般来说，一个完整的流程主要由六个要素组成，即资源（即每一个操作步骤的时点、条件、岗位等），过程（即操作的先后顺序和每一步的操作内容、方法和要求），过程中的相互作用（即结构，每一步操作的前后关系），结果（即输出），对象（即操作的内容）和价值。

在人力资源管理领域，人力资源服务流程是人力资源服务人员为员工提供某一项人力资源服务的操作顺序、操作方法和资源的输入与输出管理，从而产生员工所期望的服务结果。在一个完整流程的六个要素中，人力资源服务流程的内容和交付

模式是其中两个非常重要的组成要素。

（一）人力资源服务流程的内容

人力资源共享服务中心可根据员工雇佣旅程周期中应聘、入职、在职到离职的阶段，将人力资源服务的流程分成以下四大板块（如图 3-2 所示）。

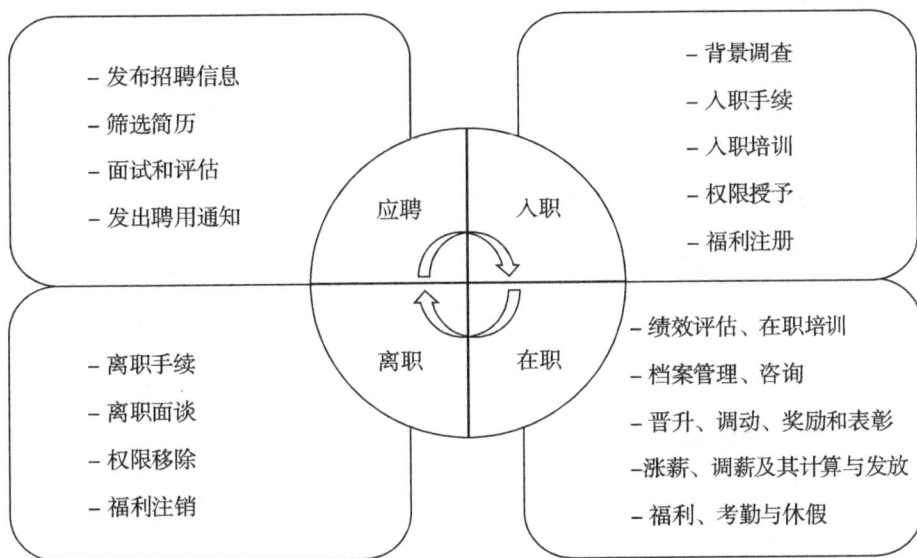

图 3-2　基于员工雇佣旅程周期的人力资源服务流程

1. 应聘板块

应聘板块主要包括企业发布招聘信息、筛选简历、安排候选人面试和评估、发出聘用通知等主要环节。

2. 入职板块

入职板块主要包括新员工背景调查、办理入职手续、进行入职培训、授予工作权限以及员工福利注册等事宜。

3. 在职板块

在职板块主要包括工作绩效评估、工作调动与晋升、涨薪与调薪、薪酬的计算与发放、在职培训、考勤与休息休假、福利管理、档案管理、员工咨询、奖励与表彰以及违纪与惩罚等事宜。

4. 离职板块

离职板块主要包括办理离职手续、离职面谈、工作权限的移除、福利注销等事宜。

从人力资源服务的这个流程板块来看，人力资源服务的职责主要集中在入职、离职、调转管理、合同档案管理、薪酬发放、社保公积金、员工咨询与热线服务、信息系统维护上。不难发现，这些服务内容正好体现了人力资源共享服务中心的工作特点，就是工作量大、事务性强、容易标准化、集中化处理、重复性、可量化、能够清晰定义并文档化、可自动化处理等特点。

（二）人力资源服务流程的交付模式演变

人力资源部需要根据外部市场环境，以及客户和员工的需求，从如何有效支持企业战略发展出发，不断思考、调整自身的定位和支持企业和员工的方式。人力资源服务交付模式的演变历程。

1. 人力密集、面对面服务阶段

在人力资源管理发展的初期阶段，企业的各个业务部门和职能部门都配备了一定比例的人力资源工作人员，当员工遇到人力资源的相关问题时，他们都可以找到一名人力资源专员为其提供人力资源服务。这种服务模式的优势在于更加个性化，让员工遇到问题时能够马上联系到某一个具体的人，面对面地解决问题。但是这样的服务交付方式非常昂贵。首先，员工的问题具有高度的重复性，人力资源的专员要和不同的员工重复解释很多遍同样的答案，效率低下。其次，由于每一个人力资源专员只能负责一定数量级的员工和问题，就会出现面对同一个问题，不同的人力资源专员在操作时呈现出不一致性和不公平性，使员工体验受损。另外，在这种模式下，通常是一个人力资源专员要执行全部的常规任务，对人力资源专员的要求也比较高，既提升了招聘的难度，也增加了企业人力成本的负担。

2. 注重成本和效率的标准化服务阶段

势不可挡的全球化趋势和日益激烈的外部竞争，迫使企业必须通过降低成本、提高员工工作效率的方式保住自己在市场中的一席之地。传统的六大模块管理模式已经无法满足企业发展的需要，企业对人力资源部的工作要求发生了巨大的变化，人力资源管理不应该仅专注于日常行政性事务的管理，而需要将更多的时间花在对企业战略性计划的支持上。正是基于这样一个背景，管理大师戴维·尤里奇提出了人力资源"三支柱"模型。人力资源服务中心统一处理企业各业务单元中所有与人力资源管理有关的基础性、行政性工作，通过建立结构化的服务中心，将众多重复性强的专业服务集中起来，建立统一的服务标准和流程，通过专业分工，打造专业化的队伍，提供专业化的服务。这样不仅整合了资源、降低了成本，而且通过标准化的服务，减少和避免以前因人力资源工作标准不统一造成的不公平性和执行标准不一致造成的偏差，从而提高了人力资源政策执行的一致性和人力资源的运营效率。

3. 聚焦员工体验、以员工为中心服务阶段

新一代的员工已经从过去的体力型员工转向了知识型员工，随着近十几年技术的巨大变革，企业越来越重视"人力资本"，人力资源部也越来越聚焦于以客户为中心的模式。人力资源从业者开始将注意力从人力资源管理的制度和体系建设转移到员工身上，重新把焦点回归到人。许多企业在设计流程和技术时都将员工的体验放在第一位，而不再是通过简单的节约成本和追求标准化来提升效率，从以企业为核心的价值观转变到以员工为核心的价值观。

人力资源服务经历了从一对一、人力密集的服务阶段到关注成本和效率的高度标准化的服务阶段再到以"员工"为中心的流程设计和服务交付的阶段。要注意，这并不是一个从个性化到标准化再退回个性化的过程。第一阶段并不是真正的个性化，一对一、面对面只是应答的方式，此时管理者并没有从流程设计上做到个性化，仍旧是自上而下的从管理者的角度来设计流程。第二阶段到第三阶段的变化是否说明标准化的流程不再适应被消费化的人力资源需求？流程标准化必然会带来体验个性化的矛盾吗？其实标准化和个性化并不是对立的概念，以用户导向思维来说，标准化和个性化的最终目的是为了满足员工的需求，保证其有一个良好的体验，这才是一个最核心的逻辑。以员工为中心的导向或趋势，提供给人力资源管理者新的思考方向，人力资源服务不只是执行和控制，更要关注企业最重要的资产——员工，两者并不冲突也不矛盾。

二、员工雇佣旅程周期服务流程标准化管理

企业建立人力资源共享服务中心的第一步是从梳理流程开始的，在明确职责范围的同时，搭建流畅的、精简的、标准化的流程。流程的标准化是人力资源共享服

务中心开展工作的基础。

（一）人力资源服务流程管理的意义

我们知道，流程是为了完成某一目标而进行的一系列连续的、有规律的、有逻辑的活动，通过各项活动产生期望的结果。流程管理的本质，是使流程标准化、规范化、固化最佳实践经验，促进跨部门流程团队的合作，提高效率、控制风险。员工雇佣旅程周期的人力资源服务流程管理也不例外。

1. 人力资源服务流程管理为人力资源各项服务活动的有序开展保驾护航

建立标准化的人力资源服务流程，是要确保企业人力资源服务运营过程中各项人力资源政策和制度在执行操作时能够有章可循。一个人力资源管理政策或制度的执行取决于是否有有效的人力资源管理工作流程的指导。一套完善的标准化的人力资源服务工作流程，对各项人力资源服务工作的开展起到指导和保驾护航的作用，确保公司各项人力资源管理活动有序进行。

2. 人力资源服务流程的标准化操作可以提高工作效率

流程的重要特征是重复性、目标性和过程性。人力资源服务流程化管理就是把常规的、重复性的、固定的操作通过文件的方式固化保存下来。明确划分人力资源各职能部门、各工作团队之间的职责，防止资源浪费和重复作业导致效率低下。明确人力资源服务各项产出的标准和规范，确保工作的一致性，以提高产出的质量、效率以及员工体验的一致性。

3. 人力资源服务流程管理可以沉淀最佳实践经验

流程管理的过程就是积累和保存员工的技术、经验。人力资源服务流程管理的目的是让企业的人力资源部不会因为个别优秀人才的流动而导致技术、经验的流失，不会使企业人力资源管理的整体工作受到影响。

（二）人力资源服务工作流程及其内容

我们知道，工作流程是工作事项的活动流向顺序，包括实际工作过程中的工作环节、步骤和程序。一般来说，工作流程中的各项工作之间的逻辑关系，是一种动态关系。人力资源服务工作流程也不例外。

1. 人力资源服务工作流程

人力资源服务工作流程是指人力资源服务工作事项的活动流向顺序，包括人力资源服务实际工作过程中的工作环节、步骤和程序。人力资源服务工作流程设计应该包括界定流程的开始和结束点，流程的输入、输出结果、流程的活动顺序和内容、流程的执行人。除此之外，更加完整的人力资源服务工作流程设计还会包括明确流程的员工及其关键需求、流程的输出和输入结果和质量标准、工具、KPI、流程的团队管理、知识管理、流程运作机制、流程绩效的管理和持续改进机制等。

2. 人力资源服务工作流程的四大要素

一个有效完善的人力资源服务工作流程在设计时需要体现如下的要素，否则就会失去指导意义。

（1）流程顺序。任何一个流程都应该体现一定的时间顺序和一定的环节。一个正确的流程需要指明任务的传递方向和顺序，而且这个顺序必须是合情合理的。

（2）流程衔接。一个流程由多个子环节、子任务组成，不同的部门分步骤操作。因此一个正确的流程必须要指明各个任务交接的过程与标准。

（3）工作标准。每个环节自身以及环节之间的交接，都需要有明确的执行标准和验收标准。一个完善的流程需要对具体工作、工作方法、工作标准做出明确的规定。

（4）协同关系。不管是顺序作业、交叉作业还是平行作业，一个合格的流程都要指明流程内在协调与控制机制。

3. 人力资源服务工作流程与制度和政策的关系

很多人认为有了制度或政策并不需要流程。制度规定了什么可以做、什么不可以做，流程是从执行层面明确了如何做、怎么做，如何实施来达到制度的要求，所以不应该把制度和流程混为一谈。可以说先有政策后有流程，流程的制定是基于制度的要求，为制度服务的。在制定流程的时候不能盲目，防止制定流程的过程中背离了政策的出发点。在流程的工作说明书中，也要把对应的制度列出来，将相应的制度作为一个指导原则。

（三）人力资源服务工作流程的设计

人力资源服务工作流程的设计及其水平是决定人力资源服务质量的基础。过去，人力资源服务部门会根据自己的工作条件和便利性来设计服务流程，忽视了接受服务的员工的感受和体验。随着"以员工为中心"理念的不断深入人心，人力资源服务部门正在转变观念，从员工的角度，特别是从员工便利性和提升服务体验的角度来设计人力资源服务流程，为改善和提高员工的人力资源服务体验打下了良好的基础。

1. 人力资源服务工作流程的设计步骤

人力资源服务工作流程的设计主要包括以下八个步骤。

（1）确定流程。确定要设计的人力资源服务流程，明确流程设计的目标、客户等因素。

（2）界定流程范围和参与的部门。确定参与该项工作的人力资源各个职能部门，以及它们的职能和作用。

（3）流程排序。列出人力资源服务流程中的各个关键环节，梳理它们之间的相互关系，分析各环节的顺序。在流程排序的过程中，要结合流程的目的，消除不必要的环节；尽可能合并相关的工作活动，减少重复性的工作；合理安排流程的时序和环节。

（4）绘制流程图。绘制管理流程图，与人力资源各职能部门探讨可行性，确保各步骤的准确性。

（5）流程试运行，收集反馈。先选取一定时间，试行流程，在试运行期间收集反馈信息。

（6）分析反馈。对收集到的反馈信息进行研究与分析。

（7）流程改进。对收集到的反馈信息中不恰当的地方进行调整和修改。

（8）流程最终确定。公示新的人力资源服务流程并做好流程的培训、存档工作。

2. 人力资源服务工作标准的设立

工作标准是对企业需要协调统一的工作事项制定的标准，是以人或人群的工作为对象，对工作范围、责任、权限以及工作质量等所做的规定。为了提供统一的标准化服务，人力资源服务中心必须要在内部按流程制定工作标准。

工作标准的体现方式主要有工作说明（WI）、工作流程运营图、标准运营步骤（SOP），精细化定义工作内容、明确职责、规定操作步骤，是反映服务标准化的重要指标。

3. 人力资源服务工作流程图和工作说明

一般来说，人力资源服务工作流程图和工作说明是人力资源服务流程设计中两个重要的组成部分。

（1）人力资源服务工作流程图。工作流程图是通过适当的符号记录全部工作事项，用来描述工作活动的流程顺序。工作流程图由一个开始节点、一个结束节点以及若干中间环节组成，整个流程的各个阶段均用图形块表示，不同图形块之间以箭头相连，代表了它们在流程内的流动方向。下一步要走向哪里，取决于上一步的结果，典型做法是用"是"或"否"的逻辑分支加以判断。每个环节要有明确的执行者，中间环节的每个分支要有明确的判断条件。

绘制流程图时，需要使用通用、统一的流程图符号标记（如表 3-1 所示）。目前，绘制流程图时可借助各种流程描述软件实现，如 Aris、Visio、Smartdraw 等。

表 3-1 常用流程图符号表

符号	意义
	开始 / 结束
	过程
	子流程
	判断
	文档
	可选过程
	流向

一般来说，流程图具有如下优点。第一，采用简单规范的符号，画法简单。第二，流程和顺序结构清晰，逻辑性强。全部步骤可以体现在一张图上，各项任务的传递方向和次序清晰明了。第三，所有参与流程的部门都体现在流程图上，分工和合作关系一目了然。

总之，工作流程图由于其简明、清晰、直观等优点，一直都是人们在设计人力资源服务流程时首选的方法和工具。图 3-3 是劳动合同续签流程图，通过此图，人们可以一目了然地看出劳动合同续签的整个流程及其关键节点。

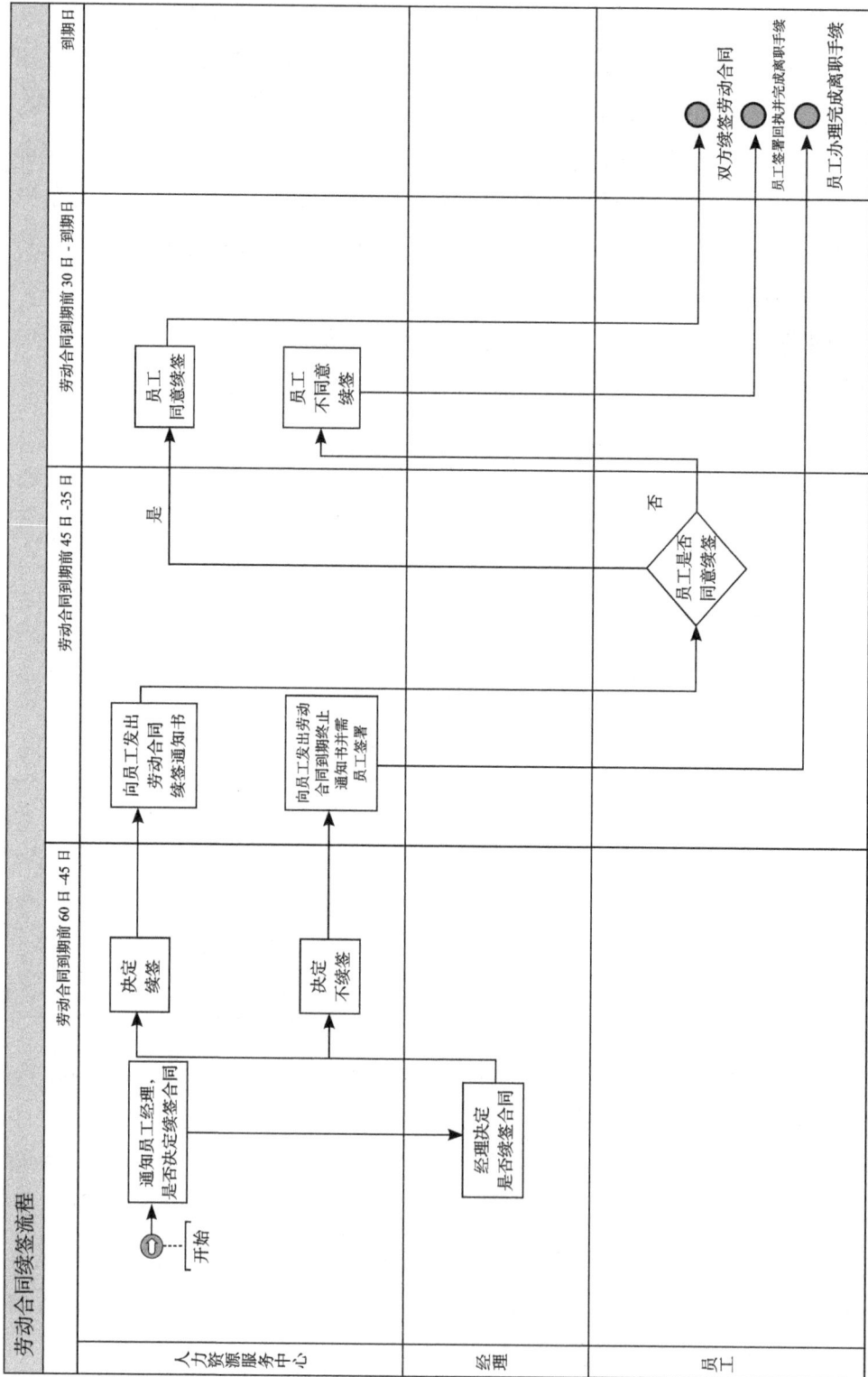

图3-3 流程图示例——劳动合同续签流程

劳动合同续签流程	劳动合同到期前 60 日 -45 日	劳动合同到期前 45 日 -35 日	劳动合同到期前 30 日 - 到期日	到期日
人力资源服务中心	开始 → 通知员工经理，是否决定续签合同 → 决定续签 → 向员工发出劳动合同续签通知书；决定不续签 → 向员工发出劳动合同到期终止通知书并需员工签署			
经理	经理决定是否续签合同			
员工		员工是否同意续签 是 / 否	员工同意续签；员工不同意续签	双方续签劳动合同；员工签署回执并完成离职手续；员工办理完成离职手续

（2）工作说明。工作说明通常以文字的形式来记录流程，是一本详尽的操作说明书。不同的流程可以集成工作运营手册或服务条例。将流程从抽象的图表转换成文字，可以更加清楚地描述操作过程，尽量将相关操作步骤进行细化和量化。与工作流程图相比，工作说明最大的不同就是细节描述。工作说明包含了每一个分步骤的详细操作过程，而以图形符号为主的流程图在一定程度上限制了操作细节的描述。工作说明还可以详细说明流程的目标，清晰指明每一项工作任务的交接标准与过程、流程的输出和输入结果、质量标准、所使用的工具、KPI 要求等，还可以注明相关的控制机制。

在人力资源服务的日常工作中，工作流程图和工作说明起到的作用不一样。因此，在设计人力资源服务工作流程时，建议要同时制定工作流程图和工作说明。按照顺序，可以先绘制工作流程图，再撰写工作说明。

具体来说，一个标准的工作说明主要包含制定目的、制定依据、职责概述、分步流程（含程序、标准、时限、工具等）、相关资料和附件等几个方面。其中，"详细流程"一般需按顺序列出任务的名称、次任务的名称、任务描述、完成时间、验收标准、任务执行者、所使用的系统工具等。表 3-2 就是一个工作说明的示例。

表 3-2　工作说明示例

XXX 工作说明

1.1　目的

1.2　依据

1.3　职责概述

角色	职责

1.4　版本历史

版本号	时间	修改描述	审批人

1.5　步骤

序号	任务名称	任务描述	完成时限	任务执行者	系统工具	相关文档
示例						
1.	启动离职手续	人事专员发出离职通知、离职说明并在离职审批系统中启动离职程序	1 个工作日内	人力资源部	电子邮件、离职审批系统	离职通知离职说明离职流转单

1.6　验收标准

4. 人力资源服务流程输出的质量标准

在制定人力资源服务流程的过程中，还需要明确对流程输出结果的要求。通过建立服务水平协议（Service Level Agreement，SLA）和 KPI，明确服务使用者的期望和服务提供者的职责。SLA 主要规定服务交付的时间，KPI 则是衡量流程绩效的一种目标式量化管理指标，从质量、效率、投诉率等方面进行规定。例如，回答员工的问询时，需要在接到工单后 24 小时内回复，这个服务者要完成的动作以及完成的时间要求就是一个 SLA。员工投诉率要低于 0.5%，数据录入准确率高于 99.5%，这就是两个典型的 KPI。

在对服务交付和质量控制进行测量与考评时，SLA、KPI 是很好的工具和手段，可以协助人力资源共享服务中心管理和控制员工雇佣旅程周期人力资源服务交付的质量。建立 SLA 和 KPI 也是人力资源共享服务中心将员工当作客户的一种体现，说明企业开始关注员工的服务感受和服务评价。

一般来说，人力资源服务中心的主要评估指标有：

（1）服务响应时间；

（2）客户满意度；

（3）员工信息录入的准确性和完备度；

（4）员工投诉率；

（5）人事材料、档案的完整度；

（6）员工数据隐私和数据安全事故率；

（7）员工自助服务平台的使用率；

（8）日常事务处理的效率（平均员工服务人数）等。

一般来说，KPI 的制定不宜过多，但要能反映关键流程，同时契合企业和员工的需求，还要考虑可操作性。人力资源共享服务中心不仅是流程中心、执行中心，还是服务质量和内控管理中心，注重人力资源服务质量管控与合规。除了针对员工雇佣旅程周期人力资源的各项服务制定一套详细的流程管理标准外，人力资源共享服务中心还应该重视质量管理，制定完善的质量内控的流程，定期盘点服务的交付质量，筛查重点绩效指标，及时发现问题并进行优化。一些在人力资源管理方面做的比较超前的企业在人力资源服务交付管理中，引入了质量管理体系理念，通过质量保证（Quality Assurance，QA）体系来检查人力资源服务日常任务运行情况，提升服务质量。

（四）人力资源服务工作流程的优化

人力资源服务流程的持续优化和改进是人力资源共享服务中心的一个永恒的话题。对人力资源服务流程的评估和考核并不是工作的终点，更不是为了考核而考核，而是通过考核和评估找出人力资源服务流程中存在的问题和出现问题的根本原因，进行流程改善和优化。流程优化的最终目的是通过分析当前绩效值与客户期望值，以及与竞争对手标杆值的差距，找出原因并制定相应的措施进行调整和改善，最终提升人力资源服务流程绩效，提高人力资源服务效率和员工体验。

在目前的人力资源服务实践中，比较流行的流程优化方法主要有标杆瞄准法、DMAIC 模型和 ECRS 分析法等，下面将对这三种优化流程的方法进行简要介绍。

1. 标杆瞄准法

标杆瞄准法 / 基准化分析法（Benchmarking），是将本企业各项活动与该项活动做得非常优秀的企业进行比较，从而提出行动方法，改进自己的经营策略，不间断精益求精的过程。

2.DMAIC 模型

DMAIC 模型（如图 3-4 所示）是实施六西格玛（6 Sigma，6σ）的一套操作方法。DMAIC 是 6σ 管理中最重要、最经典的管理模型，主要侧重于已有流程的质量改善。如图 3-4 所示，DMAIC 模型中的每一个字母代表流程改善的一个阶段，即项目定义阶段、数据测量阶段、数据分析阶段、项目改善阶段和项目控制阶段。

D（Define）即定义阶段：主要是明确需要改进的目标，如流程或产品等。

M（Measure）即衡量阶段：以灵活有效的衡量标准测量和权衡现存的流程，根据数据了解现有质量水平，发现并确定问题。

A（Analysis）即分析阶段：利用统计学工具如逻辑分析法、观察法、访谈法等方法，找到导致问题产生和影响质量的关键因素。

I（Improve）即改善阶段：运用项目管理和其他管理工具，针对关键因素确定最佳的改进方案并付诸实施。

C（Control）即控制阶段：在改进方案的实施过程中，及时解决出现的各种问题，以维持改进的结果并保证整个流程充分发挥功效。

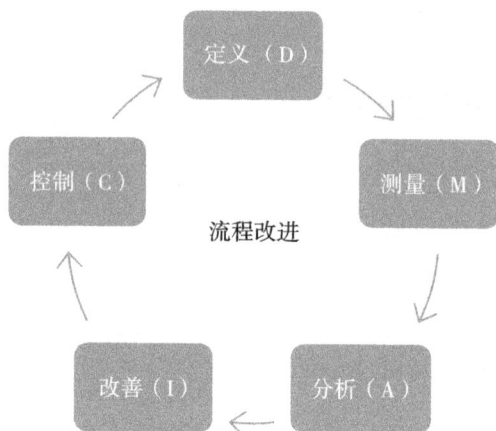

图 3-4 DMAIC 模型

3. ECRS 分析法

ECRS 分析法，即由取消（Eliminate）、合并（Combine）、重排（Rearrange）、简化（Simplify）四个工作环节组成，是指在现有工作方法的基础上，通过"取消 - 合并 - 重排 - 简化"四个方法对现有工作流程、操作规程以及工作方法等进行持续改进。

（1）取消：即重新审查现有流程，是否有不必要的工作环节和内容。如果可以取消，应当予以取消，这也是改善工作程序、提高工作效率的有效途径之一。

（2）合并：即每个流程由众多工作环节组合而成，可以审查多个工作环节是否有重复，如果有可以考虑合并，防止资源的浪费或出现人浮于事和忙闲不均的情况。

（3）程序重排：即取消和合并以后，还要将所有程序按照合理的逻辑重排顺序。在这一过程中还可能会进一步发现可以取消或合并的内容，使流程更有条理，工作效率更高。

（4）简化：除去可取消和合并的工作环节和内容之外，还可对保留下来的流程步骤进行更深入的分析研究，对工作内容进行进一步简化，以最大限度地缩短处理时间，提高工作效率。

三、员工雇佣旅程周期人力资源服务流程设计的新思路

在新时代，在注重员工体验、以员工为中心的人力资源管理发展的大趋势下，人力资源的服务流程设计，特别是员工雇佣旅程周期人力资源服务流程的设计，需

要从以企业为中心的角度转变成从员工的角度进行设计。

新时代人力资源数字化转型正在重塑人力资源服务流程的设计方式。在以往设计人力资源服务流程时，通常将人力资源服务流程分模块作为单独孤立的项目进行设计，每一个服务流程都有一个独立的人力资源负责人、一套独立的执行步骤和工具。在人力资源数字化这个大背景下，人力资源服务流程设计者必须要有全局观，需要进行跨职能合作，用人力资源数字化平台来呈现人力资源服务流程，打通流程、系统和数据信息，打造一个以客户为中心的端到端的、闭环的人力资源运营服务流程。

最近几年，随着企业数字化转型，特别是人力资源的数字化转型，在人力资源管理领域出现了一些非常有趣的人力资源服务流程设计的新方案和新思路。这些新的流程设计方案和思路主要有通过人力资源骇客马拉松（HR Hackathon）重新构思人力资源服务流程、人力资源创新实验室、人力资源服务流程游戏化以及人力资源服务流程设计新思维等。

（一）通过人力资源骇客马拉松重新构思人力资源服务流程

曾经被技术部门广泛使用的骇客马拉松创新工作方法现在正在"飞入寻常百姓家"，通过被重新改造和融入人力资源管理元素，形成了人力资源骇客马拉松。人力资源骇客马拉松将人力资源从业者与业务领导、设计思维辅导员、软件设计师、产品研究人员、用户体验设计师等联合起来，为组织的人力资源工作提供新的突破性的解决方案，建立新的应用程序、产品或服务，重塑人力资源的管理流程。这种开放的协作方法使员工能够有机会直接参与设计与自身体验密切相关的人力资源服务流程。人力资源骇客马拉松这种创新工作模式，最突出的优势就是能够帮助人力资源领导者走出人力资源孤岛和突破传统的人力资源服务流程思维方式，掌握更深层次的跨职能的新技能，从而真正实现人力资源管理创新。

（二）人力资源创新实验室

目前，很多企业通过设立"人力资源创新实验室"，增强新技术在人力资源管理中的应用，或进行新的创新人力资源解决方案的试验。很多国外公司已经加大了自身在人力资源创新和技术方面的投入，并组建了相应的新型人力资源团队。也有一些国内企业如平安银行成立了自己的人力资源创新实验室，对人力资源管理在技术和工作模式等方面进行新的尝试。毋庸置疑，这是一个非常积极有益的探索和发展，表明企业的人力资源管理正在顺应潮流，不断进行着数字化转型。这些探索正在帮助人力资源部改变着原有的形象。

（三）人力资源服务流程游戏化

在如今这个流行"跨界"的时代，游戏开始融入人力资源服务流程。根据盖洛普 2018 年的研究成果，越来越多的公司开始倡导工作游戏化。

很多公司还在尝试将游戏化概念融入到员工招聘、学习和发展以及其他员工参与度高的人力资源服务流程中。例如，普华永道的招聘游戏化探索。普华永道通过游戏化方式，展示了普华永道咨询顾问"生活中的一天"。这个游戏化场景使普华永道的求职者增加了 190%，完成这个游戏的候选人中有 78% 对普华永道的工作有了更高的兴趣。

此外，沃尔玛公司对安全培训的游戏化尝试，使得 8 个沃尔玛配送中心的事故减少了 54%，这种寓教于乐的方式增加了员工的参与度，并使员工对很多枯燥的理论知识产生了情感上的认知和共鸣。

（四）人力资源服务流程设计思维

无论是人力资源骇客马拉松还是人力资源创新工作室等新型的人力资源服务流程设计的新方案和新思路，其核心都是设计思维的应用。

设计思维是一种方法论，它颠覆了传统的企业管理思维、产品开发等传统流程。设计思维不从问题本身出发来解决问题，而是从人的需求开始，找到问题的利益相关者，从人的需求和体验中获得洞察、灵感和想法。通过以人为中心的方式重新构建问题，在头脑风暴会议中创建许多想法，并采用实际操作方法进行原型设计和测试。

1. 设计思维的内容

斯坦福大学提出的设计思维模型（如图 3-5 所示），将设计思维分成如下五个阶段：移情（Empathize）、定义问题（Define）、创意（Ideate）、原型设计（Prototype）和测试（Test）。

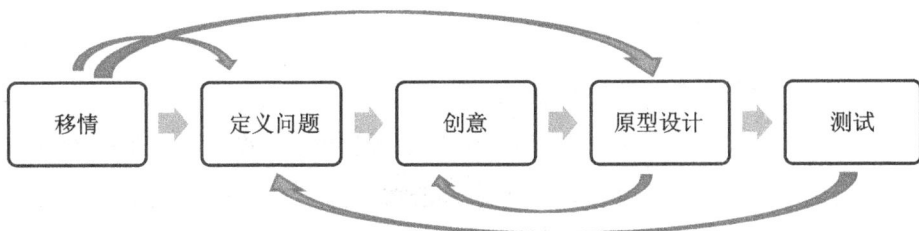

图3-5 设计思维模型

（1）移情/同理心。设计思维过程的第一个步骤是对想要解决的问题有一个共情的理解。通过观察、参与和移情的方式来了解人们的经历和动机，以及让自己沉浸在这个环境中，以便更深入地了解所涉及的问题。移情对于以人为本的设计过程非常重要，同理心可以让设计者放弃自己对问题的假设，以深入了解用户及其需求。在此阶段可以收集大量信息以便了解用户。

（2）定义问题。在"定义问题"阶段，将第一阶段创建和收集到的信息放在一起，然后分析观察结果并确定核心问题。在定义问题的时候应该以人为中心来陈述问题。

要把"我们认为客户需要的"和"他们实际需要的"区分开。例如，你认为老年人需要广场舞，需要外出旅游。但是他们实际需要的是伙伴和陪伴，他们不喜欢孤独。要避免将问题定义为自己的愿望或公司的需求，如"我们需要将青少年的食品产品市场份额提高5%"，用更好的方法来定义问题是"青少年需要摄入营养丰富的食物才能健康成长。"

（3）创意。在移情阶段了解了用户及其需求，在定义问题阶段分析和综合了观察结果，最终得到了一个以人为中心的问题陈述。在设计思维的第三阶段，应跳出思维框架来确定新的解决方案。头脑风暴、脑电图等方法可以激发自由思考。在构思阶段要尽可能多地获得想法或问题解决方案。

（4）原型设计。设计团队可以先选取一些成本较低或拆分产品中的某些功能，先制作一部分问题的解决方案。这是一个实验阶段，测试、改进和重新检查，或者直接否定这个方案。在此阶段结束时，设计团队将更好地了解产品存在的问题，并更清楚地了解真实用户在与终端交互时的行为、思考和感受。

（5）测试。在最后一个阶段，设计师使用原型设计阶段确定的最佳解决方案测试整个产品。即使在此阶段，也会进行更改和改进，以排除不适用的问题解决方案，并尽可能深入了解产品及其用户。

2. 设计思维的非线性特征

上述设计思维的五个阶段一环扣一环，但是设计思维并不是一个线性的设计思维过程。在实践中，该过程可以以更灵活和非线性的方式进行。例如，设计团队中的不同团队可以同时处于多个阶段，或者设计人员可以在整个项目期间收集信息和原型，将想法变为可视化问题解决方案。此外，测试阶段的结果可能会揭示有关用户的一些见解，这反过来可能导致另一个头脑风暴会议或新原型的开发。另外，这五个阶段不必遵循任何特定的顺序，它们通常可以并行发生并反复重复。因此，这五个阶段应该被理解为有助于项目的不同模式，而不是顺序步骤。

3. 设计思维和人力资源服务管理的连接

从用户出发是设计思维之下的重要维度，人力资源管理者工作的出发点是员工的痛点，只有深入了解他们的痛点和欲望，贴近员工的需求思考与解决问题，才能激发员工的热情与自驱力。

德勤公司在其发布的《2016 全球人力资源管理趋势》中也明确提到设计思维。德勤调查显示，79% 的管理者将设计思维列为高度优先的工作。仅 12% 的调研对象认为设计思维在他们目前的人才项目中十分流行，50% 的管理者表示采用设计思维后，人才管理项目得到了极大改善，高绩效的组织更习惯在管理员工中采用设计思维。设计思维将人力资源的重点从建立计划和流程转移到新的目标：通过引人注目、愉快和简单的解决方案为员工提供高效且有意义的员工体验。

很明显，设计思维可以转变人力资源部的工作方式。通过设计思维，人力资源部可以形成一种全新的理念和工作方式。"从一端到另一端，员工的体验是什么样的？如何促进协作和学习？如何提高人们的工作效率？如何为员工提供一些易于理解的选择，以便他们能够更快地做出决策？"

澳大利亚 Telstra 公司是澳大利亚领先的电信和信息服务公司，为客户提供全方位的通信服务。与所有电信公司一样，Telstra 每年聘用一千余名新员工，这些新员工入职后要学习繁杂的系统、产品、定价方案和工作方式，所以员工的离职率和敬业度一直是公司头疼的问题。为应对这一挑战，Telstra 利用设计思维为所有员工开发了一套 90 天新员工入职体验以及个性化的高管入职培训计划。从以下五个方面开展计划。

（1）聚焦问题：进行"探索访谈"以确定员工的痛点和面临的挑战并设定目标。

（2）访谈研究：与员工和管理层进行访谈和焦点小组（Focus Group）会议，探讨员工在入职 90 天内遇到的挑战和需求。

（3）综合：将员工的反馈和人力资源的统计数据与离职率等进行比较，以确定可以提升员工体验的关键点和工作任务。

（4）原型设计：开发测试改进的解决方案，并整合经验教训。

（5）可视化：以员工的方式描述入职旅程，提高设计参与度。

通过从研究中获得的洞察，Telstra 选择从以下四个方面重新设计了入职流程。

（1）参与：使体验变得个性化，让员工的参与变得更加容易，利于新员工更快地融入组织。

（2）学习：提供员工所需的时间、空间和资源，以便快速开展关键学习。

（3）贡献：提供指导、支持、教练，以提高生产力。

（4）成长：不吝惜认可，及时奖励员工，以激励员工持续的成长和发展。

通过设计思维过程，Telstra 获得了 90 天入职流程的关键痛点、需求和挑战。研究结果表明，90 天新员工入职体验使生产力得到了提高，员工变得更加投入和忠诚，新员工能够更快地融入组织。在 90 天内取得成功的员工在整个工作周期里比原来员工的工作效率要高得多。

第二节　员工雇佣旅程周期人力资源服务交付实践

戴维·尤里奇曾说人力资源管理者的任务正在从"以过程为导向"转变成"以人为导向"，"以执行日常任务为导向"转变成"以未来战略为导向"，所以人力资源从业者要通过关注员工的雇佣旅程了解员工的思想与行为、经历与需求，以员工为中心设计和优化流程，为员工打造卓越的工作体验。下面，我们将从实践操作的视角，详细了解员工应聘、入职、在职和离职阶段人力资源服务交付过程中的实操步骤、程序、技巧和建议。

一、应聘阶段服务管理

应聘阶段是候选人全面了解企业、决定是否加入企业的重要阶段。因此，从某种意义上说，众多候选人应聘企业的过程，也是企业展示良好形象的过程。明智的企业会充分利用人才招聘的时机，树立良好的企业形象，为企业吸引更多的人才打下坚实的基础。

（一）应聘阶段人力资源服务的主要内容

此阶段包括候选人查阅招聘简章，参加宣讲会，了解应聘公司的基本情况、企业文化等，然后投递简历，参加面试，获得应聘通知书，参加体检，接受背景调查等。

人力资源部在这个阶段的作用是招聘支持，首先是用人部门发出招聘需求，人力资源部根据需求发布招聘广告，筛选简历，甄选候选人，进行面试、评估，发放聘用书，启动入职前审查，如背景调查、入职体检以及其他入职前准备工作（如图3-6所示）。由于本书主要讲述人力资源共享服务中心的服务内容，所以重点描述人员录用以及之后的服务流程。

提出用人要求 → 发布招聘广告 → 面试与评估 → 人员录用 → 入职前审查 → 候选人信息采集

图3-6　应聘服务步骤

（二）应聘阶段人力资源服务实践

在候选人应聘阶段，特别是在候选人通过了面试、签署了"聘用意向书"后但还未入职之前的阶段，企业人力资源服务人员良好的工作效率、顺畅的沟通以及周到的入职前安排，不仅会给候选人留下美好印象，而且会为他们今后顺利入职和适应未来的工作打下良好的基础。

1. 应聘流程的透明化

以乘坐飞机为例，当你安装了一个航空公司或机场的App后，你就会收到实时推送的航班信息、晚点信息、所在登机口、交运行李的状态等，这样的服务既可以消除乘客的焦虑，也可以提高航空公司、机场的工作效率。那么，对于应聘流程呢？候选人最关心的是什么——投递的简历收到了吗？什么时候安排面试？面试后几个工作日知道结果？背景调查进行到哪个阶段了？什么时候可以入职？不要小看这一系列的问题，对于候选人来说，从投递简历开始一直到入职，往往要经过好几个月的时间，尤其在现在竞争如此激烈的人才市场，复杂的申请流程很有可能会吓退候选人，不及时的反馈会让公司错过心仪的候选人。因此从投递简历到拿到"聘用意向书"，再到入职的每一个环节，公司可以通过诸如"聘用 App"等智能工具实时给候选人及时、完整、充分的反馈，实时告知候选人相关的进度，让候选人与企业接触时感受到充分的尊重，同时消除候选人的顾虑，减少他们转向其他公司的可能性。

2. 人员录用

通过电子文件向面试合格的候选人发放"录用通知书"以及"岗位说明书"和"任职资格"，并且要求候选人签字确认，减少劳动争议。

3. 拟录用人员的入职前审查

入职前审查主要包含对候选人的背景调查和对候选人身体状况的审查，用人单位对劳动者的基本情况有知情权，通过这些审查为企业把好关，防范日后可能产生的用工法律风险。背景调查包括对员工身份、年龄、犯罪记录、学历资质和劳动关系状态的审查。目前大多数公司采取外包的方式进行背景调查。

4. 入职前信息采集与新员工信息创建

对新员工基本信息的采集和录入是人力资源服务中心的基础工作。虽然是基础工作，但绝对是最重要的一个环节，这一阶段采集的信息（包括员工的个人信息和聘用信息）都是员工入职后企业开展一系列人力资源工作的基础，信息采集的完整性、准确性、有效性都至关重要，任何一个环节信息缺失或发生问题都会对员工产生深刻影响。

目前大多数公司仍然是在员工入职当日或之后让员工填写大量的表格，以此种方式采集员工信息。在收集数据时，员工常常会抱怨收到的表格太多，如今天收到 A 部门一个邮件填写某表单，明天收到 B 部门一个邮件要求提供某些信息，每天都在填表。有时，同样的信息被不同部门重复收集了很多次，导致效率低下、员工不满。

人力资源服务中心一定要和人力资源内部、外部的部门做好沟通，通盘考虑需要收集的信息。

首先，确认好需要收集的信息，保证信息采集的完整性。不要等到需要用某个信息时才发现根本没有收集过该项信息，临时收集某个信息不仅要投入大量的人力物力调取员工档案，而且忽忙采集会影响到数据的质量。

其次，有条件的企业尽量将信息采集工作做到线上流程化。如果在系统中没有记录数据，完全靠不同的人事专员进行数据的存储和传递，如招聘专员通知入职团队，入职团队通知薪酬团队等，这就像传话游戏，经过多轮传递，第一个人描述的信息和最后一个人描述的信息往往有很大出入，如果内控机制不完善，人工录入就会错误百出。另外，由于数据存储在不同的地方，容易使数据无法整合，形成"数据孤岛"，企业无法高效利用数据进行统计分析并形成数据洞察力。

再次，一定要和相关联的部门对话，跨部门的协调很重要，有哪些信息是不同部门共同需要的，只需向员工收集一次这些信息，然后在各部门之间共享即可。如果公司已经有很多不同的系统，就要考虑系统之间的数据传输，尽可能让系统间完全对接，实现信息传输的自动化，摆脱依赖人工制表后再上传的局面。另外，在系统对接之后，一定要规定清楚数据更新的流向，毕竟是独立的系统，经常会出现某一个系统的数据错误，在对接之后覆盖了下一个系统中的正确数据。

近年来，随着电子商务和人工智能技术的日益成熟，e入职逐渐成为企业新员工入职的潮流，并逐渐消除了上述新员工入职的各种弊端，大大提高了新员工入职的效率和满意度。

综上所述，一个好的人力资源服务系统是必不可少的，从企业决定录用一个候选人开始，人力资源部就可以在系统中为员工建立个人账户，员工从这个账户端口提供相关信息，人力资源部在这个系统中制作"录用通知书"，一站式的数据采集平台就保证了各部门数据来源的一致性。

二、入职阶段服务管理

入职阶段是员工在企业工作与生活的起点。大量事实表明，员工在入职阶段对企业的第一印象及其入职体验，对其今后的工作业绩和稳定性有着重要影响。

（一）入职阶段人力资源服务的主要内容

在录用工作全部完成后，通过了背景调查、符合入职条件的候选人将会正式成为公司的一员。每个企业都会根据实际情况制定一套新员工入职流程。有些公司的入职流程可能非常简单，如签署一些文件表格、领取办公设备、参观公司等；有的公司非常重视员工入职体验，入职流程不仅包括办理报到手续，而且会设计一套完善的入职程序，把新员工快速地整合到企业人才队伍中，使其快速履行自己的新职责，推动企业长期发展。

一般来说，新员工入职需要各部门的通力协作，特别是人力资源部门和用人部门的协作。

1. 人力资源服务部门的服务职责与流程

人力资源服务部门承担着管理新员工入职的主要职责，是影响新员工入职体验的关键部门。在新员工入职方面，人力资源服务部门的主要服务职责与流程如下。

（1）通知候选人到企业报到的日期、地点以及需携带的入职材料。

（2）完成新员工的入职准备，包括新员工入职后工作与生活所需的工作条件、设备、信息等。例如，人力资源部要及时通知 IT、行政后勤部门、保安部门、财务部等各相关职能部门为新员工开通账户邮箱、准备工卡、电话、电脑、办公用具、工作信用卡等，及时通知用人部门安排好工位等。

（3）在入职当天，要求新员工签署所有相关法律文件，如劳动合同、保密协议、员工手册等。

（4）核查新员工提交的材料是否完备、签署的文件是否规范等，完成新员工入职登记，为员工创建个人档案。

（5）为新员工办理社保、工资以及其他福利项目。人力资源部要将新员工添加到必要的公司系统中，设置福利和工资项目等。

（6）简要介绍公司的基本情况，带领新员工参观公司。

（7）将新员工移交给用人部门，完成人力资源服务部门的所有入职手续。

2. 用人部门的职责与流程

一般来说，用人部门的主要服务职责与流程如下。

（1）欢迎新员工入职，并将新员工介绍给部门的所有同事，让其熟悉工作环境。

（2）为新员工介绍部门的组织结构，让其熟悉用人部门的管理团队。

（3）为新员工安排入职工作，让新员工熟悉相关的工作系统和工作流程。有条件的话，用人部门可为新员工指派入职导师。

（4）安排新员工完成入职培训。

（二）入职阶段人力资源服务实务

为了能够帮助新员工尽快熟悉和适应公司的工作环境，接受并认可企业的愿景、使命和企业文化，企业一般会从以下几个方面做好新员工的入职服务。

1. 做好新员工入职准备工作

人力资源服务部门要在新员工入职前的 1 至 2 周采用电话的方式告知新员工明确的入职时间、地点以及需携带的材料。最好是通过系统在入职前要求新员工提交材料，如果一些员工无法提供相关材料或提交的材料有问题，人力资源部要提前了解，有效预防用工风险。当然，越来越多的企业正在通过新技术完成新员工的入职准备工作。

2. 为新员工准备一份入职指南

为了给新员工提供良好的入职体验，人力资源部可以向新员工提供一份员工入职指南，包括员工档案、组织关系转移流程、社保公积金转移、工作居住证转移说明，可以在候选人还没有离开上家公司时做好相关的转移准备，以保证其在新公司入职流程的顺利开展。如果公司聘用外籍员工，还可以为其准备在中国生活工作的指南。

3. 多部门协同完成新员工入职工作

新员工入职只是人力资源部一个部门的工作，这是很多公司的一个认知误区。其实，员工的入职、离职、调转岗位涉及公司的众多部门，除了人力资源部，还需要员工入职的业务部门、IT 部门、财务部、税务部、行政部以及后勤保安部等各部门的协同工作。例如，当新员工在人力资源部签署完劳动合同以及其他各类表格后，人力资源服务人员需要清楚地告诉他们去哪儿领取电脑，怎样领取工作识别证，去哪儿领取办公用品，怎样申请工作名片等。如果在入职之前没有各部门的协调统一，新员工在入职后没有电脑、没有系统账号，他们将无法工作；没有识别证，他们将无法或不方便进入公司办公场所等。因此，人力资源部需要在新员工入职前和各部门做好协调，制定一份详细的新员工入职计划表（如表 3-3 所示），把入职手续流程化，不仅人力资源部要严格遵守，其他部门也要按章办事。

表 3-3　某公司新员工入职计划表

入职第一天		
9：00-10：00	到公司人力资源部报到并办理相关入职手续	公司某层综合服务区
10：00-11：00	领取计算机或笔记本电脑	公司某层 IT 部
	领取柜子钥匙	公司某层后勤部
	领取餐卡	公司某层后勤部
11：00-12：00	到部门向部门助理或直接经理报到，在部门助理的陪同下参观公司	公司某层业务部门
12：00-13：00	与经理和同事共进午餐	公司某层员工餐厅
入职第一周		
名片印制	向前台领取"名片请印单"，填写并请经理签字，交还前台后 3 至 7 个工作日可取	公司某层前台
入职第一月		
一月内完成工作目标设定	请和你的经理讨论并保证在公司绩效管理系统中完成	直接经理

4. 标准化、简化和数字化入职流程

一般来说，无论是什么性质的公司，新员工的入职流程都非常"烦琐"。毕竟来自于其他公司的员工要纳入本公司的组织体系，又有一系列国家法律规定的必须履行的手续，无论是新员工、经理还是人力资源入职服务团队，在新员工入职当日或之前都要经过多重考验，才能完成一个新员工和企业的融合。因此，新员工入职手续的标准化就变得十分必要，而且在流程标准化的基础上还要不断地化繁为简。为此，很多公司都建立了数字化的一站式服务平台，候选人可以在入职前通过下载员工服务 App 或通过 PC 端登陆员工服务的个人账户，直接签署"聘用意向书"，提前了解公司文化、办理入职流程、提交个人信息等。简化流程，减少文书工作，这样既提高了人力资源从业者的工作效率，也为员工带来了便利快捷的入职服务。

5. 把新员工介绍给老员工，帮助他们熟悉工作环境

新员工一开始肯定不熟悉公司同事和环境。同样，公司的老员工也不熟悉新同事。所以，用人部门一定要在新员工入职后做好入职介绍，一方面将新员工以及新员工的工作岗位介绍给老员工们，另一方面要将公司的同事以及公司部门架构、环境等简单地介绍给新员工。有条件的话，还要为新员工指派一位导师，帮助新员工更快地熟悉和适应工作环境。

6. 新员工入职培训

新员工入职培训是员工入职环节中最为重要的一个部分，通过各种欢迎活动可以让新员工产生归属感。培训环节包括详细介绍公司的历史、现状及未来，公司品牌与经营理念、公司文化、组织架构、各部门的功能和业务范围，帮助新员工建立对公司发展理念和文化的认同感，树立良好的企业形象；使新员工明白自己的工作职责、工作任务和工作指标，以及当工作上遇到困难时解决问题的途径及寻求帮助的通道；还要介绍公司的学习资源、工具，帮助新员工获取正确的知识和技能。最后，还要介绍人事管理制度，如薪酬福利政策、考勤制度、绩效管理方法等，解答新员工关心的问题。

三、在职阶段服务管理

在员工整个雇佣旅程周期管理中，在职阶段是员工在一家企业工作与生活的主要阶段，也是员工体验人力资源服务的主要方面。做好员工在职阶段的人力资源服务，对提升员工对人力资源服务的满意度、激发员工工作的积极性和创造性、留住企业的核心人才等都具有非常重要的意义。

（一）在职阶段人力资源服务的主要内容

这一阶段包括员工在一家企业里工作与生活的全部内容，包括工作执行与评估、晋升、工作调动、涨薪、表彰、在职学习、日常考勤、休假申请、健康和安全等。这个阶段企业的主要任务就是"服务员工需求"，了解员工的工作动机和职业发展目标，帮助员工不断成长，留住优秀的员工。

（二）在职阶段人力资源服务实践

由于本书主要讲述人力资源共享服务中心的服务内容，所以重点叙述员工的工作调动、试用期管理、劳动合同续签、相关证明信等服务流程。

1.员工内部工作调动服务的基本过程和实务

员工调动有多种情况，按调动范围划分，有跨部门调动、部门内部调动、跨城市调动、跨分公司调动等；按照申请人区分，有员工提出来的调动，有用人部门提出的调动，或因组织结构调整导致的人员调配等。

如果是员工提出的调动，要征得调出方和调入方部门经理的同意，人力资源部方可开始准备"调动通知书"，明确调岗后的职位、薪酬和工作地点，同时要换签劳动合同（如需要）。如果是用人部门或组织机构调整发起的调动，根据《中华人民共和国劳动合同法》的规定，这类调岗需要企业和员工协商一致，不经员工同意不能变更劳动合同，如果员工同意变更合同，一定要采取书面形式。在调岗过程中要明确岗位职责说明，需要员工书面签字。随后方可启动调动手续，调动人员完成工作交接，归还前部门的资产等。人力资源部在系统中更改员工的人事信息，如级别、职务名称、工作地、薪酬等信息。

在调动时不仅要关注调入方的情况，还要注意调离方的情况，相比入职、离职需要关注的细节更多。

第一，不同城市间调动要考虑各地社保、公积金每月的截止日，如果调转日超过当地截止日，就会出现一家公司为一个员工在不同城市重复缴纳社保的问题。

第二，确定工作调动的时间，切记不要追溯。例如，员工工作调动确定的时间是 7 月 1 日，但是相关部门 7 月 10 日才启动相关工作调动流程。这种情况会给企业带来一系列的问题。例如，如果需要变更劳动合同但未能及时签署，就会给企业带来一定的法律风险。此外，人事调动通常会涉及薪酬调整，追溯到以前的某个日期，就会导致员工少则几日多则几个月的工资没有及时调整，会对员工个税税率、税费产生一定的影响。如果员工工作调动有工作城市的变动，员工报税地也会受到影响，因为员工应该在新工作的城市缴纳。由于追溯的时间只能在原来的城市缴纳，就会对外地员工落户、购房购车产生影响等。

第三，如果有外籍员工，一定要确保其在拿到了新城市的就业许可证和居留许可证后才可以启动工作调动流程，而且工作调动日期一定要晚于就业许可证的生效日期。

第四，如果是跨国公司，涉及跨国家的工作调动，还应当参考当地的法律法规，保证工作调转符合双方的法律要求。

2.员工试用期服务的过程和实务

《中华人民共和国劳动合同法》规定用人单位与劳动者可以协商一致确定试用期期限，但是试用期不超过规定试用期的最长期限6个月，同一用人单位与同一劳动者只能约定一次试用期。

在试用期阶段，用人部门可全面考察被录用员工是否符合聘用条件，是否能够满足岗位需求。同时，被录用者可进一步了解公司的工作条件及环境，自己能否胜任这份工作，从而决定是否继续保持劳动关系。人力资源部可根据企业的试用期服务管理制度，定期提醒经理对新员工的表现进行考核，并记录每次考核的结果、评价等信息，并在试用期结束前请用人部门反馈试用期通过与否的结果并做好记录。

如果劳动者在试用期内被证明不符合录用条件，用人单位是可以解除劳动合同的。但需要注意的是，由于用人单位对劳动者试用期内不符合录用条件负有举证责任，所以用人部门必须在入职时有合理的、有效的录用条件，员工签过字或进行过公示。还要有明确的考核办法和标准以及完整客观的考核记录，不能凭借主观感受来判断试用期是否通过。同时要注意解除劳动合同的时间点，需要在试用期届满前解除劳动合同，否则，一旦届满，就代表员工已经通过考核，用人单位无法以不符合录用条件为由解除劳动合同。

3.固定期限劳动合同续签和终止过程与实务

对于第一次固定期限劳动合同即将到期的情况进行标注，至少提前1.5个月通知用人部门对是否与员工续签劳动合同做出决定。

如果公司决定续签，应至少提前1个月向员工发出"劳动合同续签通知书"及回执，要求员工反馈是否同意续签。如果员工决定续签，要在第一次合同到期前完成新合同的续签手续。在聘用条件不变的前提下，如果员工不同意续签，需要填写不同意续签回执，然后启动员工的离职手续，公司无需支付经济补偿金。

如果公司决定不续签，应至少提前1个月向员工发出公司签章的"劳动合同到期终止通知书"并要求员工填写回执或签收，如果员工没有填写回执，要留存邮寄证据，或通过短信、微信等多种方式送达。然后启动员工离职手续，要求员工办理手续，公司需要支付经济补偿。

4. 证明信开具和人事章使用管理实务

证明信开具和人事章管理是人力资源服务中心的常规业务之一。人力资源部出具的信件类型中除了在职证明、收入证明、休假证明外，还有各种信函需要申请人事章。我们无法穷尽证明的种类，但是只要能够把握证明信开具和人事章使用的原则，就可以有效避免因为不当使用而给公司带来的法律风险。

第一，人事章的使用范围需要是和人事相关的内容，如果涉及公司业务或其他和人事无关的内容，一般不能使用人事章。

第二，非常规的证明信出具，需要员工提供申请盖章的依据。例如，大使馆的要求（如申请签证）、学校要求（申请在读学历时）等，人力资源部在核实验证无误后才能出具相关证明和盖章。

第三，对于证明信的内容，要确保是公司能够证明的内容。例如，员工家属的信息、个人住房信息、在其他公司的表现、发明获奖情况、犯罪情况等，这些是人事部无法确定的信息，也无法核实内容的真实性。这类内容应该建议员工联系正确的所属部门或机构进行确认或出具相应证明信。

四、离职阶段服务管理

离职服务在人力资源管理中往往是被忽视的一个内容，其实，离职服务和选育留用这些步骤同等重要，离职的员工也是企业的宝贵财富，在雇主品牌建设中离职员工也起到了非常重要的作用，他们对前雇主的企业形象和企业文化的评价是至关重要的。

（一）离职阶段人力资源服务的主要内容

离职是指员工因获得新工作、退休、裁员或其他原因终止或解除劳动关系。离职阶段包括员工归还公司资产、完成离职交接等工作。企业要协助员工办理离职手续，结算离职薪酬福利，从系统和福利系统中移除员工，执行离职面谈、保密协议和竞业限制协议等工作，最后将离职员工加入到离职员工社群中等。

按照员工离职原因划分，离职可以包含员工主动辞职、公司与员工终止劳动合同、公司单方面解除劳动合同、协商一致解除劳动合同等几种类型。由于员工及其经理并不是人力资源专业人员，不管是哪种离职类型，从员工提出离职或一方依法决定解除劳动关系开始，都要有书面的、可追溯的文件和标准化的操作流程，将离职过程按操作步骤记录清楚，这样才能有效避免离职环节中可能产生的劳资纠纷。

一般来说，如果是员工辞职，其操作步骤大致如下。

1. 辞职申请（员工主动离职）。员工至少提前三十天向部门提出书面离职申请，即提交书面辞职信，实习期员工应提前三天向部门负责人提出书面离职申请。

2. 启动离职手续。人力资源部收到离职申请后启动离职流程，通知各相关部门。

3. 工作移交。员工、继任者和用人部门完成工作交接，填写"工作移交单"等。

4. 物品归还。离职员工归还电脑、工牌、钥匙、产品资料等属于公司的资产。

5. 权限移除。将员工从各类系统权限中移除。

6. 离职面谈。人力资源部与离职员工进行离职面谈以了解其离职的真正原因。

7. 财务结算和发放。人力资源部／财务部进行工资、福利、报销等事宜的结算，经济补偿金和赔偿金的发放等。

8. 社保档案等转移手续。

9. 出具离职证明。

如果是企业单方面解除劳动合同，无论是经济性裁员还是因医疗期满、不胜任工作和客观情况发生重大变化而导致劳动合同无法履行，都应尽量通过协商解除劳动合同并签订书面的"解除劳动合同协议"；如果协商不成，则需要向员工发出"劳动合同解除通知书"。人力资源部在收到签署的解除协议或单方解除通知后可以启动离职手续。

如果员工因劳动合同到期不续签或者达到国家法定退休年龄等原因而终止劳动合同的，特别是办理退休手续的，需要按照国家有关职工退休的相关政策和流程为员工及时办理退休手续。

（二）离职阶段人力资源服务实务

在离职服务操作流程中，人力资源部首先要通过建立完善的离职规范将离职的风险降到最低，同时要树立正确的意识，尊重员工的选择，祝福员工有更好的职业发展，积极挖掘离职员工的价值，促进优秀人才回归，在员工离职后也可以实现企业和员工的双赢。

1. 员工辞职信管理

主动离职的员工应该提前三十日以书面形式通知用人单位解除劳动合同；试用期内的员工提前三日通知用人单位解除劳动合同。员工依法单方解除劳动合同，是无需用人单位的批复或同意作为解除行为的生效条件的，这一点尤其需要员工和经理有清晰的认识，经理不能以不批准辞职为理由拖延或阻止员工离职。但是员工必须向用人单位提交书面通知，书面通知即辞职信。不能以电子邮件等方式，可以是手写也可以是打印的形式，但是必须有员工的手写签名，同时辞职信上还要有离职原因和离职日期，离职原因建议注明个人原因。

2. 离职手续的办理

首先，不管员工基于什么原因离职，企业与员工都要及时办理离职手续。尤其是企业一方，不应该以不开具离职证明、不转移档案社保、克扣工资、拖延发工资等为手段拖延办理离职手续。根据《中华人民共和国劳动合同法》第五十条规定，如果员工不按企业规定办理工作交接，企业可以暂缓支付经济补偿金。

其次，离职流程也不是人力资源部一个部门的工作，是需要各部门协同工作才能顺利完成的。人力资源部需要带头和各部门做好协调工作，制定一份详细的离职说明和"离职流转单"，包括详细的离职归还物品明细、离职月的工资计算方法、发放时间、年假结算、未报销事项、各类福利的终止、欠款的归还问题等。

第三，离职员工应按照"离职清单"的要求返还公司资产和相关文档，交接单上必须明确记录各项交接的情况，并由交接人与员工签字。"离职清单"上尽量不要留某个负责人的联系方式，最好提供一个固定地点和一个群组的联系方式，例如，某楼层 IT 部门，而不是张三（工位为某某号）。不要因为某一个具体的负责人不在而让员工白跑一趟或延迟办理手续。尽量简化"离职流转单"，应把各个部门需要员工在离职办结的项目整合在一张表里。最好能够利用系统，实现电子化的离职流程。流程的电子化和系统化，可以实现无纸化的离职流程，员工在线提交离职申请，经理在线审批；员工再也不用拿着流转单到处签字，可以利用电子签轻松搞定，流转单上还可以清晰记录每项离职项目的签署人和签署时间，减少离职风险，保证离职手续合法合规。

3. 离职员工档案管理

所有与离职相关的文档，包括但不限于离职通知、辞职信、离职流转单、保密协议、竞业限制相关的文件、协商一致解除劳动合同协议书、劳动合同终止书、员工纪律处分报告、个人绩效改进计划表、劳动能力鉴定书。有条件的公司，如果已经执行电子离职流程，相关离职材料也可以在系统中直接存储，非常利于日后查找，节约了人力资源从业者的时间。对于已经解除或终止的劳动合同文本等资料，至少应保存两年备查。

4. 竞业禁止和保密义务的处理

不管员工是否签署了竞业禁止条款，员工在离职时都具有保密义务，用人单位可以在员工离职时对知识产权、保密信息以及禁止招揽等相关政策进行提醒和告知，并需要取得员工的书面签字，以免将来损害企业的利益。对已经签署了竞业禁止条款的员工，用人单位可以选择是否让员工履行竞业禁止义务，如果员工愿意承担竞业禁止义务，企业需要依法支付竞业限制补偿金。如果劳动者违反竞业限制义务，应当按照约定向企业支付违约金。

5. 员工离职面谈

离职面谈是离职过程中非常关键的一个步骤，但是很多企业在离职面谈时只是走走过场。通过离职面谈，企业可以获得关于员工离职的更深刻的原因，通过员工离职发现企业管理中存在的问题，真诚地希望员工给予建议，及时改善问题，降低离职率，给企业发展带来长远的正面影响。

离职访谈最好以面对面的形式进行，这有利于双方的沟通和理解。如果无法进行面对面的离职访谈，也可以发放离职调查问卷。离职人员有权决定是否参加离职面谈，公司不可以强迫员工参加。如果公司提供离职调查问卷，员工也有权决定是否接受。

6. 经济性裁员管理

《中华人民共和国劳动合同法》和《企业经济性裁减人员规定》对于经济性裁员的适用条件、裁员对象、程序做出了较为严格的规定。如果企业经过评估一定要进行经济性裁员，就要遵守相关的法律规定，尤其是程序上的要求。有条件的企业一般会向被裁员工提供一定的员工援助计划，如心理健康咨询、职业生涯再规划等。在办理手续时，企业要将离职补偿金的计算方法、发放时间及剩余年假计算、报销等事宜清晰明确地告知员工，要及时足额发放补偿金，避免因拖延、遗漏等带来不必要的劳动争议。

下面我们将简要介绍一下对经济性裁员方案的评估。首先需要评估一下此次经济性裁员的合法性，这是评估裁员方案的基础。合法性的判断包括裁员方案中的裁员原因、裁员程序，以及确定的被裁减人员是否合法等。

经济性裁员是否可以通过单个预告辞退替代呢？也就是选择裁员对企业有利还是选择分别预告辞退对企业有利呢？这一问题需要从以下几个方面进行利弊分析：首先，将裁员和预告辞退的法定许可性条件及禁止性条件进行比较，分析一下使用哪一个更利于企业实施；其次，从程序来看，使用哪一个对企业更为便利；第三，从可能产生的后果来看，使用哪一个对企业的负面影响最小。只有从上述三个方面进行权衡之后，才能决定使用经济性裁员还是使用单个预告辞退。

在综合考虑经济性裁员对用人单位的影响时，企业一般需要考虑如下几个问题：第一，裁员是否有利于增效？第二，裁员是否有利提高员工的积极性？要预先评估对留用员工的正负面影响。正面影响可能会提升留用员工的工作效率，负面影响可能是留用员工由于受企业裁员信息的影响和压力而选择主动离职。第三，裁员花费的成本有多少？评估裁员成本包括经济补偿的支付、企业的社会责任、企业形象的损失等，特别要注意裁员引起的市场对于企业信心的影响，如果是上市公司还需要考虑对股价的冲击。

此外，企业需要评估经济性裁员对劳动力市场的影响，以及对被裁减人员进入外部劳动力市场后的再就业评估等。

7. 员工退休与延退管理

一旦员工在企业达到法定退休年龄，企业就需要依法帮助员工办理退休手续。其中，对于那些对企业具有重要价值的员工在达到退休年龄时，企业仍然需要继续聘用他们，这就出现了一个延退问题。

（1）退休管理。一般来说，员工达到法定退休年龄后，不需申请即可退休。但是企业最好要提前至少6个月启动员工的退休手续。首先是告知经理，为后续接替人员的招募、知识转移、工作交接做好准备；其次，退休手续比较繁琐，要提前预审档案，档案中是否缺少必备材料、是否有社保漏交，如有，还会涉及社保补缴，流程较长，为了员工能够顺利退休、按时领取养老金，企业要提前做好准备。

（2）退休后再聘用。若员工已经到达或超过法定退休年龄并开始享受养老保险待遇，用人单位与这类人员继续保持聘用关系，应当理解为劳务关系而不再是劳动关系。用人单位可以和退休人员签署劳务协议，一方承担提供劳务的义务，另外一方支付相应的劳务费，代表双方债务已经按约定履行。聘用协议可以明确工作内容、报酬、医疗、劳动保护待遇等权利、义务。但是需要企业注意的是，在劳务关系中，企业无法为已经退休的人员缴纳工伤保险，因此一旦返聘人员因工作造成人身伤害，由此产生的损害费用赔偿会给企业带来一定的风险、纠纷和争议。

（3）延迟退休。延迟退休，主要指员工符合按月领取基本养老金条件，因工作需要继续留用的，可以向相关机构申请延迟退休，进行延期退休备案。延迟退休同样会推迟领取基本养老金和享受养老待遇，延迟退休期间，企业和员工仍然属于劳动关系。具体可以延退的年龄上限和可以缴纳社会保险的条件以相关机构的最后审批结果为准。

8. 离职后管理与再次雇佣

在员工离职之后，大多数企业的做法是不再与员工联络，甚至呈现敌对状态。其实企业应该用发展的眼光看问题，重新认识企业和离职员工的关系，企业应该将离职员工当作潜在的人力资源来经营，建立和完善离职后管理策略，提升企业品牌形象，完善人才回聘制度。

在实践中，越来越多的企业通过建立优秀离职员工资料库或以企业"校友会"的形式，定期与离职员工保持联络和沟通，通过举办"校友论坛"等方式开展互动活动。企业对离职后员工的管理形式主要包括以下几种方式。

（1）邀请离职员工参加公司的各种活动，如游园会、年末聚餐、家庭日。在员工生日、重要传统节日给离职员工发去祝福，增进双方感情，加强沟通交流。

（2）定期与离职员工分享公司大事件、未来发展计划，通过校友会给企业做广告。

（3）定期分享校友们的个人业绩。邀请他们回公司与在职员工沟通交流，分享行业动态。

（4）为离职员工打造孵化器。互联网公司或一些高科技企业的很多优秀员工离职其实是选择创业。与其等到离职员工的公司做大做强之后投资占股，不如考虑为想要创业的员工提供条件和机遇。例如，2016年4月，谷歌公司在内部建立创业公司孵化器Area 120，允许员工全职研究喜欢的项目。员工可以申请加入孵化器，全职工作几个月，提交具体的商业计划；之后，他们有机会收到谷歌的投资意向书，建立一家新公司，谷歌成为投资者。

　　企业始终需要面对人才流动的问题，与其用固执的心态、僵化的态度面对，不如让人才流动起来，用开放的态度和制度激活离职员工这笔隐形资产。

第三节　赋能员工，激活组织

　　过去，人力资源服务部门通常围绕组织自上而下地设计所有技术、流程和工具。在这样一个信息爆炸、体验至上，大数据、云计算、区块链等颠覆传统的新生事物层出不穷的新时代，我们不难发现时代已经对员工雇佣旅程周期的服务管理提出了新的要求。企业要思考的是如何为"个体价值崛起"创造平台，"赋能员工"以激励员工创造更大的价值，进而提升组织效率，从激活个人到激活组织。那么，人力资源服务中心要如何"赋能员工"，如何"激活组织"呢？人力资源的数字化转型是一个很好的切入点，根据德勤公司2018年的一份调研发现，降低成本提高效率已经不是企业建立人力资源服务中心的首要目的，而是通过建立人力资源服务中心，推动人力资源的数字化转型，通过新技术的不断投入提升服务价值和满足个性化需求。同时，调整组织文化和结构，以平衡效率和创新，并在不断变革的过程中对组织产生影响，因为转型真正的障碍不是技术问题和环境问题，而是组织自身和文化跟不上变化。另外，新技术、新工具、新方法也给人力资源从业者带来了新实践，启发人力资源部思考如何创造出超越传统人事职能的新能力，提供更深刻、更透彻的洞察和见解。数据驱动型的人力资源服务管理正在兴起，人力资源部在转型过程中要发挥自己的作用，要学会用数据说话，通过数据获得分析结果，支撑更加科学、客观的决策，为员工雇佣旅程周期赋能，为组织增值。

一、科技赋能员工雇佣旅程周期管理

　　近几年企业的"数字化转型"在全球范围内都是热门话题之一。提到"数字化人力资源"，大多数人的认知还停留在告别手工时代，通过线上系统实现自助化和自动化。技术革新和新技术的应用确实是数字化人力资源的一个非常重要的方面，但这只是数字化人力资源的一部分。"数字化转型"是个多层次、多维度的概念，同时也是一个持续迭代、不断进化的动态的概念。数字化人力资源通过流程优化，利用社交平台、移动端、数据分析和云端技术提高人力资源管理的效率。同时，数字化人力资源还应调整组织文化和结构，以平衡效率和创新，并在不断变革的过程中对组织产生影响。这是一场针对人力资源运作方式的架构转变。

（一）新技术推动人力资源系统平台的建设和升级

从技术层面上讲，单纯的新技术应用并不是人力资源数字化，但是技术是实现数字化的基础。人力资源服务中心的进化演变过程中，肉眼可见的变化体现在人力资源服务系统平台的建设和升级上。概括来说，人力资源管理信息系统主要经历了如下三个发展阶段。

第一阶段，主要是对以记录人事数据为主的人事信息系统进行了升级。早期，大多数企业的人力资源从业者的工作都是依靠 Excel 表格，尤其是共享服务中心的人事专员经常被称作"表哥""表姐"，每天通过表格管理薪资、考勤、花名册等。随后，这些线下的工作逐渐被移到线上，企业在不同阶段基于不同的需求，采购或开发出各类单机人力资源软件，如考勤系统、档案管理系统。从线下转变到线上的主要目标是降低错误率，关注系统数据质量。这些软件通常是独立的用户交互端、管理模块、报表模块和数据库，彼此之间信息和数据基本不能共享。

第二阶段，主要是将企业原有的各人力资源系统进行整合，建立协同工作的观念，打通业务流程和数据端到端，实现真正的闭环管理和有效协同，实现更多的自动化支持前线人力资源的工作，如薪酬类、档案类的工作。人们一般把这个阶段称为 E-HR（Electronic HR）阶段。这个阶段关注流程与执行，将人事专员操作的流程服务延伸至终端上，建立架构清晰的服务标准流程，简化终端人员操作，实现更多的自动化来提升工作效率。

第三阶段，随着移动互联网、云计算、大数据、人工智能、物联网、区块链等新一代数字化技术对人类的生产和生活方式的颠覆，人力资源也从 E-HR 转向 D-HR（Digital HR）阶段，两者的具体区别如表 3-4 所示。从 E-HR 升级到 D-HR 主要建立在新技术的应用上，新技术主要指移动技术（如 App、企业微信号、微信小程序等），自然语言处理（如语音与文本互转、声纹、情绪、文本挖掘等），人脸识别（如微表情、情绪等），其他 AI 技术（如 OCR、爬虫、RPA、VR、AR 等），DevOps 和微服务框架等。新的底层框架技术让人力资源管理系统有了更多的想象空间，增加了自动化和智能化的可能性。在支持人力资源业务处理的同时，有效连接经理、员工，让他们享受触手可及、简单易用、方便快捷的人力资源服务，让人力资源的业务处理过程更加透明。

表 3-4　E-HR 与 D-HR 的区别

传统人力资源服务交付模式（E-HR）	数字化人力资源服务交付模式（D-HR）
执行与流程	整合的人力资源服务平台
以网络浏览器为接口的系统	以移动端应用为主
从纸质版至网页版	数字化设计
基于流程	以人为本，体验至上
通过 SLA（服务水平协议）评价	实时评价
定期提供报告	实时交互的信息监控
单独的数据分析，缺乏体系与联系	整合分析与信息监控

（二）新技术打造数字化的工作场所

未来组织将拥有组织架构扁平化、层级逐渐消解的特点，并且随着多种用工方式、人工智能的兴起，在未来组织中，固定的工作场所、传统的聘用关系都可能消失，取而代之的是员工分散工作，所以企业需要改变传统的运营模式以适应未来组织。

在这个背景下，企业要利用现代移动通信工具将企业与员工、员工与员工联系起来，打造一个高透明度、能够促进员工参与、提高协同效率、提升员工敬业度、提高团队生产力的线上工作环境。例如，建立一站式服务门户入口（PC 端 / 移动端），打破组织边界，通过电话会议、视频直播、工作群组，把分散的员工通过网络会议连接起来，可以随时沟通、跟踪项目和任务进展，形成的结论和成果也可以及时传播。微软的 Teams、用友的 DiWork、阿里巴巴的钉钉都是旨在帮助企业解决办公协同问题，帮助企业实现移动智能办公，高效组织会议，提高沟通效率。

另外，工作场所的灵活性已成为新常态，思科公司在其《互联世界技术报告》

中指出，在薪酬之后，工作的灵活性已成为员工评价工作机会时第二个考虑的因素。灵活和数字化的工作场所是企业寻找最佳人才、为人才提供提高生产力的机会的关键途径。

（三）新技术赋能员工雇佣旅程周期

前面我们提到员工对工作场所的体验期望正在迅速变化，员工期待能在工作场所获得其在公司外面获得的相同体验。例如，员工总是希望能够迅速方便地找到人力资源相关的信息，他们可能花了很多时间也不确定是否检索到了正确的信息；如果员工有人力资源相关问题，他们希望能够快速得到答复。候选人非常希望尽快听到他们是否已进入下一轮面试。易用性、速度和透明度对员工体验来说至关重要。

越来越多的企业开始将数字化技术融入员工的雇佣旅程周期管理，充分考虑员工服务场景，借助数字化技术让员工服务变得更加自动化和智能化。下面我们就员工雇佣旅程周期服务管理中的几个典型场景来深入理解新技术是如何赋能员工、提升员工体验的。

（一）"背景调查"场景

相对来说，目前区块链在金融服务领域的应用最多，在共享服务中心和人力资源领域的应用则刚刚起步。在人力资源服务领域，区块链应用相对成熟的场景就是候选人的背景调查。基于区块链的教育、技能、职业经历信息的认证，相关信息以不可篡改的形式记录在区块链上，为企业提供了完全可信的信息。区块链是用分布式数据库识别、传播和记载信息的智能化对等网络，大量不同地点的不同设备同时负责信息的识别、传播和记录。区块链的特点就是去中心化、透明、开放、可靠等。

（二）"新员工入职"场景

新员工入职是每一家公司都非常重视的工作。分析公司 Aberdeen Group 的一项研究发现，86% 的新员工是否会长期留在公司的决定都是在其入职 6 个月内做出的。传统的入职流程需要经过多个步骤和手续，员工和人力资源专员都要花费大量的时间，签署一个接一个的纸质化的合同、福利登记、档案表格等。除此之外，新员工还要前往不同的部门办理各种手续，如领取工卡、电脑，办理餐卡、停车位申请等。新员工在入职的喜悦心情之外也增加了很多烦恼。然而，各类新技术的引入极大地改善了员工的入职体验。

1. 一站式自助服务平台

为了给员工带来更好的入职体验，很多公司建立起一站式的服务平台，其直接体现移动化的就是手机端服务、自助化的终端服务以及 AI 互动。

候选人可以在入职前通过下载员工服务 App，或通过 PC 端登陆员工服务平台中的个人账户，签署"聘用意向书"，提前了解公司文化、办理入职流程、提交个人信息等。还有些公司利用 VR、AR 技术，让求职者或新员工更加身临其境地了解公司和职位，甚至利用这种技术邀请公司高管欢迎新员工入职。

入职前一天，数字化员工服务平台会主动向候选人手机推送公司地址、乘车路线的短信 / 邮件。人力资源工作人员确认入职手续办理完成后，数字化平台可以向员工工作邮箱推送入职指引。新员工被引导到工位，来到工位后电脑、办公文具等早已准备就绪。平台同时推送公司各部门的资源、链接，以便员工最快地了解公司。智能机器人可以随时与新员工交谈，帮助他们熟悉工作环境。SuccessFactor、Workday、PeopleSoft、SAP、用友 E-HR 等都是被广泛运用的人力资源信息管理系统。

入职当日，在智能金融服务领域被广泛应用的 KOS 图像识别技术也可以应用在人力资源场景中，无需提前采集人脸图像，只需要提前导入新入职员工的身份证号，该设备就能够自动识别证件信息并读取身份证上的照片，根据证件照片的骨骼特征进行人脸匹配，入职当日即可实现刷脸签到，新员工便可自由出入公司大楼。此外，该图像识别技术还可以应用于门禁、考勤管理等场景。

2. 电子合同签署以及入职材料的无纸化

随着国家对电子签名、电子印章的法律效力的确认，电子合同的广泛应用也成为趋势。首先，与传统的纸质合同相比，从公司和人力资源部的角度看，电子合同可以节约成本，更加环保，节省了耗材和印刷的成本。其次，减少了人力资源部在合同印刷、分发、签署、审查、后期的保存和管理工作，大大降低了在合同管理过程中的人力消耗。第三，由于所有的合同签署都在线上进行，系统会有详细的合同签署、印章使用日志，使合同管理更加合规，减少人为的错误及其可能造成的法律风险。从员工的角度看，电子合同大大缩短了入职当日签署大量纸质文件的时间，员工也可以通过手机端 /PC 端随时查看签署过的文件，非常便捷。

市场上已有很多做电子合同的公司，如上上签、e 签宝、法大大、DocuSign 等，但由于电子合同和电子印章的法律效力与各城市的立法密切相关，所以每家公司在实施电子合同部署之前，必须结合当地的规定，确保在司法鉴定和法院仲裁时的合法性认定。

3. 电子档案

除了电子合同之外，还有数字化电子档案，员工可以通过员工服务 App 或一站式服务平台，用手机拍下部分纸质文件，然后一键上传，系统后台就可以对文件进行电子化存档。同时利用在智能金融中常用的 OCR 光学字符识别技术，应用于提取纸质文档中的字符或提取和转换各种介质中的手写内容，如可以自动识别和抓取员工证件、银行卡信息，直接录入到 HR 系统中。文档的电子化大大降低了纸质文档的存储风险、遗失风险，并提高了查找档案的效率。

（三）"员工服务与员工咨询"场景

员工在入职之后，在职期间的日常信息查询和咨询是近年来人力资源共享服务中心实施数字化转型的一个重要领域。如今，越来越多的企业对在职员工日常信息的更新和查询、各项审批流程、问题咨询、业务办理等，都提供 Web 门户、移动 App、微信公众号、自助终端机和呼叫中心等服务渠道，并运用智能机器人、语义分析等技术，给员工带来数字化体验。

通过员工自助服务端口，员工可以查看个人信息、薪酬信息等，更新自己的通信录、学历信息、银行卡信息等，使自己的相关信息可以与数据库、工资系统同步更新。

经理则可以通过经理自助服务端口，查看部门基本信息、部门员工的休假考勤记录、试用期考核等情况，同时将众多工作流程嵌入一站式自助服务平台，如假期审批、报销审批等。经理自助平台大大降低了人力资源部的工作量，更提高了经理们的满意度。

员工每个月都会花费很多时间查询公司的基本规章制度、流程、业务办理等，员工在查询或咨询时，最大的诉求就是"快速"和"准确"。然而在现实中我们经常发现，员工往往找不到服务接口，有问题也不知道应该问谁。智能聊天机器人的应用，可以实现 24 小时不间断地与员工互动，快速地为员工提供答案，大大提高了工作效率。智能机器人还可根据反馈不断学习，改进问题的答案。

智能机器人能否真正回答好员工的问题以及是否能够给员工带来良好的体验，其难点主要有两个。一是回答问题的"准确性"。要提高智能机器人回答员工问题的能力和水平，首先需要不断地完善人力资源知识库。人力资源知识库支持基于场景上下文的复杂应答模式，机器人在经过逐步训练和深度学习后，才可以越来越多地、准确地回答员工的问题。另一个难点是问题的识别，即智能机器人是否能够准确地识别出问题的真正含义。如今，许多公司如施耐德的人工智能机器人"撩大白"、京东的Jimi人工智能客服系统、IBM借助Waston开发的CHIP智能机器人等，都活跃在回答员工问题的第一线上。

（四）"员工自助证明打印机和自提柜"场景

员工的自助证明打印机与银行的自助柜员机、医院的报告打印机的功能非常类似。

当人力资源服务人员在系统中完成证明信的出具后，这份证明信就会从系统后台推送至智能机器，智能机器可以给员工发送邮件或短信，员工只需要在机器上扫一下身份证或员工卡，便可在60秒内轻松打印出加盖了人事章或公章的证明。员工通过一台自助打印机，就可以轻松完成从打印、盖章、通知、发放到领取等所有步骤。

目前，百度、阿里、滴滴、戴姆勒、施耐德等公司都引入了自助证明打印机，员工对此评价极高，员工的满意度也有了很大的提高。

（五）"薪酬福利"场景

传统的薪酬福利管理模式也受到了数字化时代的深刻影响。人力资源工作人员每个月需要收集各部门的考勤、入离职基本信息、社保等数据，并对不同类型的数据表格进行反复整合校对。仅仅是计算工资一项，就要耗费人力资源工作人员大量的时间和精力。

随着数字化进程的推进，市场上出现了众多的智能薪酬平台，员工可以通过这些一站式平台进行打卡、请假、查考勤、报加班、查工资，这些信息都可以同步到智能薪酬平台，自动计算员工的病事假扣款、考勤工资以及加班费等。会话式机器人还会引导员工进行福利登记，由机器人代填简单的业务表单等。

目前，RPA（机器人流程自动化技术）正广泛应用于高标准、强规则、低异常、交易量大的业务场景，如薪资计算及核查、个税申报、学历验真、发票验真等。

在智能化和个性化的浪潮下，我们还看到了企业在福利采购方面的变化，由过去的统一采购发放模式到卡券兑换模式，再到智能福利员工平台模式。例如，京东于2018年4月上线的智能福利平台——"京东京喜"，通过智能选品与员工进行自主选择兑换，充分满足员工的个性化差异需求。京东京喜针对企业特点和需求建设的内购商城应用模块——"酷兜"，通过整合品牌资源，连同品牌线下渠道以内购的方式为企业客户打造"0预算"员工专属福利特权平台。中智的"给到"2.0平台推出了电商购物、餐饮美食、交通出行、休闲娱乐、教育培训、轻松生活六大板块，全面覆盖员工福利应用的各大场景。清晰的个人福利账户、便捷频繁的福利使用，让员工在成长的每个阶段都享受到高度适配的、个性化的福利体验。平台集成了人事、产品、数据、预算、结算等七大中心，助力HR实现一站式操作管理。在数据中心，HR可以自动生成数据报表，随时了解员工的消费数据，掌握福利传递情况，及时调整福利策略，满足员工的个性偏好。

另外，员工或经理的自助平台还可以实时同步社保、公积金、税务局等官方网站，第一时间获取官方更新信息并同步企业的知识库。

（六）"学习与发展"场景

在员工学习与发展方面，传统的基于流程与职能的学习管理系统，如现场培训和在线授课，已经不再是唯一的培训方式，而是向基于员工社交化和知识管理的学习管理平台转变，或者转向混合学习模式。员工的学习模式也正在由以老师为中心的培训模式向以员工自主学习模式转变，员工的学习已经呈现出移动化、碎片化、个性化和社交化的特点。如今，很多公司都在积极倡导大型开放式网络课程（MOOC）和小型私人在线课程（SPOC），大大改变了过去企业固定场所的培训模式，员工可以通过笔记本电脑、手机，从PC端、移动端和微信端随时随地进行学习。例如，领英公司创建了小型私人在线课程，以自主学习为主，同时创造互动学习体验的新方式，如知识社群、同行评审、小组合作、问答互动等，这也与标准化的E-learning线上学习课程完全不同。在碎片化学习的时代，越来越多的企业正在积极引进微课，以顺应年轻一代的学习习惯，将过去"整时间"变成"碎时间"，扩大了学习的时间和空间范围，激发了新生代员工学习的积极性。由于学习课程的平台化，企业可以更加方便和直观地了解员工的学习情况，掌握企业整体的学习进程。

通过对员工学习档案、学习行为等数据进行分析，大数据技术可以帮助企业了解员工的兴趣和偏好，为员工量身定制个性化学习方案。这样，企业可以更有针对性地帮助员工学习和成长。企业学习与发展部门可以充分利用数字化平台的特点，打造学习型组织，通过赋能员工，提升人力资本的回报率和贡献率。

员工培训还可以运用VR（虚拟现实）和AR（增强现实）技术，再现某些特定的工作场景，打造全真的虚拟空间，尤其是虚拟危险性行业的场景，极大地提高了员工学习的参与度，提升了员工学习的效果。

（七）"离职和离职后管理"场景

离职往往是员工雇佣旅程周期中容易被人们忽略的部分。事实上，离职流程与员工体验也是密切相关的。自动化和数字化的平台实现了无纸化的离职流程，员工在线提交离职申请，经理在线审批。员工再也不用拿着"离职流转单"到处签字了，而是通过电子签轻松搞定，这种方式不仅绿色环保，还可以清晰记录每项离职项目的签署人、签署时间，大大降低了企业在员工离职过程中的法律风险，确保了离职手续合法合规。由于相关离职材料可以在系统中直接存储，不仅有利于日后查找，还节省了人力资源从业者的大量时间。

离职流程里还嵌入了离职员工社区的概念，新老员工可以通过这一社交平台随时交流，不仅可以帮助公司与优秀的离职员工保持长期联系，建立良性的互动，而且能够促进人才的回归。

二、数据驱动员工雇佣旅程周期管理

流程事务处理中心是人力资源共享服务中心的基础业务。随着人力资源数字化转型的不断深入，新一代数字化技术（移动互联网、云计算、大数据、人工智能等）在人力资源管理实践中被不断应用。今天，在日常的人力资源服务过程中，人力资源管理者通过智能技术和平台能够获得比以往任何时候都更多的员工数据，人力资源共享服务中心收集和分析员工数据的能力也在不断提升。

人力资源共享服务中心的角色正在发生变化，数据驱动型的人力资源服务管理正在兴起，人力资源部可以为员工雇佣旅程周期管理提供更为科学、全面的信息与数据，通过提供数据分析和数据决策为组织增值。通过数据分析可以协助企业在人才管理方面做出更加科学、客观的决策。所谓的数据驱动型的人力资源管理，是指以一种智能的方式利用员工数据并从中获取洞察力，利用员工数据进行决策并产生价值的一种管理方式。事实上，在大数据这个概念出现之前，人力资源部已经拥有了很多员工数据，如员工个人数据、招聘数据、考勤数据、评估数据、人员流动数据等，但是这些数据仅仅是数字而已，没有被很好地利用起来，更没有产生"洞察力"。但是随着人力资源数字化的转型、数据平台的出现以及数据分析技术的兴起，人力资源管理者利用数据的方式被彻底改变了。

概括来说，企业利用员工数据主要有三个目的：一是做出更好的人力资源管理决策；二是深入了解员工及其需求，利用数据了解他们的行为、偏好和满意度，分析他们的的反馈，如员工为什么会出现这样的行为？他们接下来要做什么？通过相关数据，可以帮助 HR 改进工作和服务水平；三是改进人力资源运营水平。数据可以帮助人力资源管理者更好地审视已有的服务流程，如都为员工提供了哪些服务？在哪些方面投入的比较多，在哪里投入的还不够？可见，数据分析可以帮助人力资源部确定需要改进的领域，从而改善人力资源运营水平，提高工作效率。

（一）数据收集和数据治理

虽然大数据、人工智能等概念在人力资源管理领域曾被热烈地讨论过，但是真正做到基于数据分析、用数据形成人力资源管理决策，人力资源服务从业者还有很长的路要走。为了运用好大数据，首先要做好数据的沉淀与积累工作，构建数据库。人力资源数据库一般包括人力资源业务系统的数据、数字化工作场所产生的员工行为数据、财务数据、业务内部运营数据等。目前数据的量级还远远没有达到真正意义上的"大数据"的体量；其次是要保证数据的质量，数据完整性和准确性是进行数据分析的重要前提。

数据来源是数据生命周期的起点。过去，人力资源管理者收集了众多的员工数据，如线下 Excel 表格的数据或人力资源信息系统数据库里面的数据，这些都是结构化的数据，比较方便查找和使用。除此之外，还有很多非结构化的数据。非结构化的数据是指那些无法整齐地按格式列入表格或数据库的数据，如纸质的书面档案、文本、录音、视频等。这类非结构化的数据由于太复杂，在过去很难进行系统处理，单凭人脑是很难从中获得洞察力的。但是，随着存储和计算能力的不断进步，这些非结构化数据也可以为企业提供很好的洞察力。人力资源服务业务的场景化是一个很好的切入点，先从场景入手，员工入职、离职、升职、调转这些行为都会产生相关数据。通过数字化平台把这些数据收集起来并进行累积，就形成了最基础的大数据。在数据整合之后，通过智能化的算法进行挖掘，就可以获得更深入的具有洞察力的数据，从而为企业对人才的选、用、育、留、辞这些决策场景服务。

很多公司在进行数字化转型之前都会先进行数据收集与整理，这是第一步也是基础和关键的一步。数据来源是决定数据治理策略的基础。数据治理是指从使用零散数据变为使用统一的主数据、从具有很少或没有组织和流程治理到企业范围内的综合数据治理、从尝试处理主数据混乱状况到主数据井井有条的一个过程。数据治理是一种数据管理概念，涉及使组织能够确保在数据的整个生命周期中存在高质量数据的能力。

数据治理需要制定策略来管理数据采集，控制数据的路径和生命周期。通常来说，数据源一般都是非常庞大且多样的，因此数据验证变得十分重要。

从范围来讲，数据治理过程涵盖了从前端事务处理系统、后端业务数据库再到终端的数据分析，从源头到终端再回到源头形成一个闭环负反馈系统（控制理论中趋稳的系统）。从目的来讲，数据治理就是要对数据的获取、处理和使用进行监管。

例如，百度公司是应用大数据等新技术比较早的公司之一。百度最初也有很多独立的系统，随后对公司的全部系统的流程与数据进行了重新梳理、提炼和沉淀，重新打造了核心人力资源主数据。基于数据化流程建设，在流程中设点收集数据，通过"入离升降调"这些人力资源管理场景收集员工关系型数据和非结构化的数据。例如，通过面试评价、评论、论坛吐槽、360度的评估、行为数据、图片等方式收集员工的相关数据。百度的整个系统可以将不同的文化、不同的业务、不同的规则纳入其中，在数据层面也是端到端的流转，这样就打造了一个员工全生命周期的数据管理。

（二）数据治理与流程再造

数据是基于系统产生和获得的，而系统要和公司的流程紧密结合。但是在数字化/智能化人力资源的转型过程中，绝对不是简单地将现有的业务流程原封不动地转移到系统中。我们可以认为数字化人力资源是对人力资源运营服务流程的再造和重新设计，通过系统来规范流程的执行，实现标准化和统一化。为了数据的积累，企业必须打通流程、系统和数据信息，打造端到端的、闭环的运营服务流程。

1. 流程的标准化

在结合系统之前，要梳理人力资源服务中心的各项政策、流程、执行标准，简化和统一标准，如精简流程、集中化管理等。

2. 流程的整体化

大公司的业务流程一般分工都比较细，每一个模块、每一个部门都有自己的一套流程标准，在数字化转型和用户体验的思维下，企业必须要把各业务部门的繁杂流程看成一个整体，流程再造时一定要解决流程之间的关联和衔接问题。整个人力资源业务流程对经理和员工来说是一个黑箱，他们无需了解其背后复杂的业务逻辑，能够体验到的只是"反馈问题——问题解决"。在遇到某一问题时，员工和经理仅仅通过网上平台在线自助申请或提问，后台经过一系列跨部门协同处理操作，将最终结果反馈给员工和经理。

3. 流程的适应性

重新梳理流程，扩大流程的适应性和弹性，可以让流程更好的服务于人力资源业务变化和新增需求。

4. 流程设计转向产品设计

流程再造的基本原则是以用户体验为主要驱动力，以往做流程只关注流程设计、持续改进的能力。在数字化转型的背景下，人力资源从业者还应该具备用户思维和产品设计的能力，了解客户是谁、实现什么样的服务、如何将这个产品和服务落地等。

数据的治理与流程的梳理和优化分不开，在流程梳理和优化的过程中，应该充分理解数字化技术能为运营服务管理带来的价值，通过业务流程化的数字平台将其融入到战略制定、业务运营及员工管理的方方面面。例如，根据管理需要定期向管理者推送或在线实时查询组织效能、员工效能等仪表盘；发现异常数据及时预警，数字化平台通过指标间关系智能分析判断可能存在的原因，将信息推送给业务负责人。业务中嵌入数据分析，让管理者在招聘、员工请假审批等日常业务决策中，做到信息透明、有据可依。如审批招聘需求时，管理者可实时参考行业内、公司内同岗位人员薪资情况和部门人员结构情况。

（三）数据分析与洞察力

在进行数据分析和形成洞察力之前，需要先拟定数据战略，不是说数据越多越好，要收集真正有效的数据，要明晰进行数据分析需要解决什么问题？要给谁看分析报告？采取什么样的分析方法？采用什么样的分析工具？只有明确了这些问题，才可以开始数据分析。系统搭建和数据治理是进行数据分析的前提和基础。数据分析和数据智能又是以数据驱动进行决策的依据。从数据中获取洞察力，利用数据进行更好的人力资源决策，是数字化和智能化人力资源管理的重要特征。实际上，目前的国内外企业，真正做到了数据驱动型人力资源管理的并不多，但这确是未来发展的趋势，尤其是互联网、IT 这些拥有先天数字化基因的公司，在数据决策上已经有了很大的进展。

数据分析与洞察力的前提，是企业要搭建大数据分析平台，现在很多大数据平台已经可以使管理者和人力资源部自助查看涵盖员工整个雇佣旅程的仪表盘，下载月度或季度报告。有些企业还开始研究自助商业智能（BI），管理者和 HR 可以自主选择自己要分析的数据，随意组合数据要素，进行分析和对标，不局限于仅仅使用平台发布的报表等。越来越多的企业还开始关注员工行为数据、心理数据、过程数据，还有企业已经开始尝试在招聘、员工画像、离职预测、高潜盘点等领域实现真正的大数据分析。

下面，我们将通过一些实践案例简要说明如何将数据转化为企业所需的洞察力。

1. 在招聘方面的应用

在招聘方面，企业可以充分利用候选人和员工数据，精确实现为人择业和为业择人的目标。例如，Evolv 公司的一些针对招聘的在线测试，从候选人面试到新员工录用、培训、考核，再到员工晋升，将员工的绩效和其个人背景相结合，精确定位具有哪些特质的人能够胜任某一个职位。例如，通过数据分析我们发现，并不是所有毕业于名校的学生都更胜任工作，员工的经验也不是高绩效的必要因素，员工家与公司的距离是留住员工和维持员工敬业度的重要因素之一等。

2. 在人才画像方面的应用

企业可以将员工的简历要素、人才测评结果（如性格、能力、价值观等）、试用期通过率、淘汰原因、在职的绩效、离职原因等数据进行统计分析，画出人才画像，反过来用于制定人才招聘标准，可以有效地促进和改善组织的人才战略发展。例如，百度公司在数据分析方面做了很多指标，有人才管理、运营管理、组织效能、文化活力、舆情分析等指标，做了相应的指标体系建设和相应的建模，在此基础上完成了很多的人力资源场景应用。BIEE、个人全景、用户画像等能够为企业管理层的人才决策提供重要的参考与建议。

3. 在员工离职风险管理方面的应用

企业可以将多年积累的员工离职等数据进行统计分析，确定员工离职的关键影响因素，为人才保留提供依据。例如，IBM公司利用其专利技术预测关键岗位的员工离职风险。每年IBM公司都会从公司所在地、薪酬、员工留恋度等方面，分别开展岗位分析，计算出关键岗位人员跳槽的可能性，并采取干预措施避免他们主动离职。

4. 在员工心理健康方面的应用

企业可以充分利用员工数据分析和预测员工的心理健康状况，采取适当的措施缓解员工的工作压力。例如，微软公司宣布其开发出一种方法可以识别推特（Twitter）用户是否有患上抑郁症的风险，这种对非结构化数据的分析方法，可以协助负责员工福利的人力资源团队及时了解员工的身心健康水平。

总之，为了能够更好地进行统计分析与预测，企业需要做好数据的表达和呈现，真正站在用户的角度做好数据全面的、结构化的呈现。数据驱动的人力资源管理就是要将数据转化成为企业带来价值的洞察力。数据沟通虽然有很多方式，但是数据的可视化使数据更加具有吸引力，并被人理解与接受。因此，数据的可视化工具就变得尤其重要，可以凸显最重要的数据与结果并解释数据背后的含义、趋势等。现在市场上有很多优秀的数据可视化工具，如微软公司的Power BI，它是微软最新的商业智能（Business Intelligence）概念，Power BI是一种业务分析服务，将数据转换为令人赞叹的视觉对象，并在任何设备上与同事共享。在一个视图中直观浏览和分析本地数据及云端数据，协作并共享自定义仪表板和交互式报表。类似的数据分析软件还有Tableau、Qlik、Analytics 360等。

（四）数据隐私与数据安全

在数字化和智能化的时代，"得数据者得天下"一说应该毫不夸张。但是，我们在看到员工数据给企业带来巨大红利的同时，还要看到员工数据给企业带来的独特风险和挑战。由于员工数据会说话，人力资源从业者在使用员工数据之前，必须要认真考虑员工数据的安全问题，不能对员工数据隐私等问题视而不见。

数据安全和数据保护其实是"数据治理"的一个重要方面，任何企业在收集和使用个人数据时都要遵守所在国家的法律规定。欧盟在数据隐私法方面的规定是最严苛的。2018 年 5 月欧盟颁布了《通用数据保护规范》(GDPR)，根据这个法律规定，如果您的公司聘用了来自欧盟国家的员工，除了要严格遵守本国的规定之外，还需要遵守 GDPR 的相关规定。在 GDPR 的框架下，一旦发现有滥用个人信息的行为，公司将面临高达 2 000 万欧元或全球年营收总额的 4% 的高额罚款。

可见，在数据驱动的人力资源战略转型前，企业确立一套完备的数据安全的方案十分必要。一般来说，数据安全治理方案应该包含以下几个方面。

1. 明确员工数据应该从哪里来。

2. 员工数据的使用者。谁会使用员工数据，是组织内部的人还是第三方？对于人力资源部来说这一点尤为重要，因为很多人力资源的业务是通过外包的形式来实现的。

3. 员工数据使用的目的。企业一定要公开透明地使用员工数据。如果没有明确的业务理由，企业就不应该收集和使用员工数据。

4. 员工数据授权。在使用员工数据之前，企业必须得到员工明确的授权许可，并需要告知员工他们的哪些数据会被收集、用于什么目的、数据会被如何使用等。例如，如果公司有呼叫中心，公司可能会通过电话录音收集员工相关数据，用于评估和改进员工的绩效。正确的做法是，在录音之前必须征得员工的授权和允许。

5. 员工数据存储方案和删除。员工数据的存储方案是否安全，收集的员工数据多长时间之后需要删除等，企业必须对这些问题有一个明确的规定。员工数据泄露的风险可以说是具有破坏性的，企业若无法保护员工的隐私，不仅会失去员工的信任，还会面临法律诉讼费和巨额的赔偿费，公司声誉也会受到巨大影响。

6. 员工数据维护和访问权限。员工数据的监管是重中之重。企业需要严格控制员工数据的访问权限，并定期进行数据维护。

总之，完善的数据治理方案、合理的操作流程以及人力资源从业者良好的职业道德是确保员工数据安全的重要保证。正确收集、使用、保留和删除员工数据，让员工数据能够真正地为企业创造财富，而不是变成企业的掣肘和麻烦。

三、人力资源数字升级与转型的挑战

前面我们从技术层面、数据层面了解了人力资源服务的数字化转型，了解了组织如何利用大量的技术改变传统的人力资源服务交付方式，如何利用数据做出更有说服力和前瞻性的决策等。由此，人们已经深刻认识到，人力资源管理者还需要将"人力资源管理思维"转变为"员工体验思维"，这意味着人力资源将从"管理"转型到"服务"。

无论是技术转型，还是交付方式、决策方式的转变其实折射出的是企业整体环境、企业战略、企业文化等一系列要素的变化。没有企业高层管理者的理解与支持，没有企业文化和思维方式的转变，仅凭人力资源管理者是无法为企业带来实质性变化的。TM Forum 公司的一项研究指出，75% 的参调者认为组织文化是企业转型过程中较为严峻的挑战。企业或人力资源部转型的驱动前提是整个企业要形成支持以员工为中心、以客户为中心、用数据决策的企业文化。

在转型实践中，人力资源管理者面临着诸多的挑战，需要人力资源从业者进行深入思考。

第一，许多公司尚未将员工经验、数字化转型作为重要优先级选项，这类转型在互联网、金融企业、服务型企业中会比较容易快速推进，但在一些传统行业中发展会缓慢一些。

第二，缺少领导层的支持，这不是一场技术改革，人力资源部仅靠自身很难推进变革所需的全部资源。公司的领导层是否具有用户思维，他们对数字化的重视和认同程度如何，决定了企业是否愿意投入成本和精力在内部进行变革。

第三，虽然人力资源部在人力资源数字化转型中需要发挥主导作用，但也需要业务部门、技术部门的支持和配合，尤其是很多业务部门在技术方面和客户体验方面已经有了较长时间的实践，或者已经有部分产品可以协助人力资源部快速达成目标。这一点也和领导层的支持密切相关。

第四，真正的创新必须在组织中由上而下推行。在现实中，很多公司都开设了设计思维培训课程，并以科普的方式讲述设计思维的流程、工具与方法，讨论一个个开放的假设性问题。然而，由于人们往往把设计思维工作坊当作是一次思维训练或是一场欢乐的培训体验，当工作中真正需要用设计思维做出重要决策时，又跳回了固有的思维模式，缺乏学以致用的意识，更缺乏管理层的强力推行和支持。可见，创新在组织中更需要自上而下推动。

第五，从员工的角度来看，当公司开始上线新的信息系统，需要员工改变原有的工作习惯时，员工的接受程度在很大程度上影响着人力资源数字化的进程。如果强力推行，短期内可能会导致员工满意度下降，或在数据积累等方面遇到困难和阻力。但是从长期来看，人力资源服务人员需要一个能够兼容所有人力资源服务流程和工具的信息系统，一旦坚持下来就有利于用户习惯的形成和建立，最终完成人力资源的数字化转型。

为了能够正确应对这些挑战，人力资源管理者需要做好哪些准备工作呢？

首先，企业的领导层要给予人力资源数字化转型充分的支持和重视，人力资源部要在决策、运营和服务上以客户为中心、以数字化为基础，让高管和员工看到数字化的巨大价值，从而获得领导和员工的认同。

其次，真正的变革一定要树立全局观，而不是仅依靠人力资源部。只有举全公司之力才能让人力资源乃至整个公司快速迭代，快速实现数字化转型。

再次，人力资源部应当加大数字技术和企业文化氛围的营造与宣传，这是形成员工认同、扩大影响力和提高员工参与率的重要手段。例如，HR可以通过企业微信公众号推送各类新工具、组织有奖问答、设立人力资源开放日等方式让员工了解和使用新的人力资源管理平台工具。

最后，对于人力资源服务从业者来讲，人力资源数字化转型是一场巨大的变革，需要人力资源服务从业者做好变革管理、文化转型、产品升级换代的各种准备工作。

第四章

员工工作时间及福利服务管理

工作时间、休息休假、福利制度在企业薪酬体系中扮演着非常重要的角色。工作时间、休息休假和福利制度在薪酬体系中的定位如图 4-1 所示。

在新时代，企业的人力资源管理如何顺应科技的发展要求，为企业创新和人才开发创造价值已经成为企业人力资源变革与转型的目标和推动力。企业的人力资源管理不仅要依法进行人力资源实践，更要转变职能，变管理为服务，更加注重员工体验。越来越多的企业开始探索如何通过工作时间、休息休假、基本福利等来改善员工体验，从而实现激励员工、赋能员工的目的。

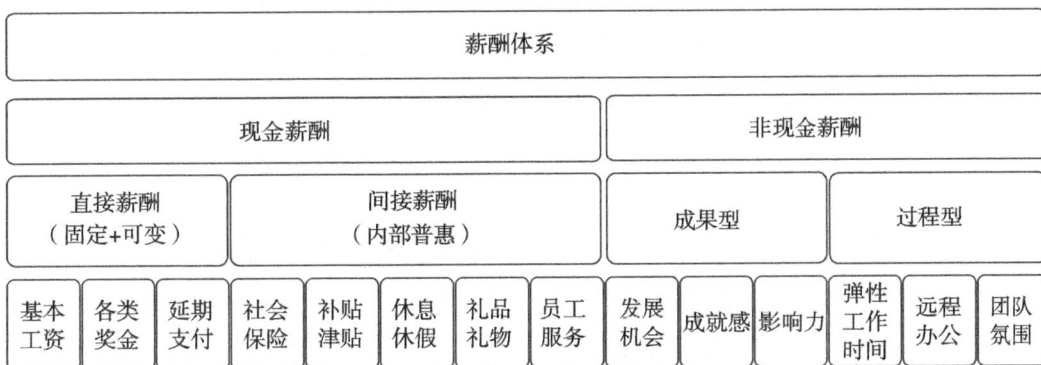

薪酬体系													
现金薪酬								非现金薪酬					
直接薪酬 （固定+可变）			间接薪酬 （内部普惠）					成果型			过程型		
基本工资	各类奖金	延期支付	社会保险	补贴津贴	休息休假	礼品礼物	员工服务	发展机会	成就感	影响力	弹性工作时间	远程办公	团队氛围

图 4-1　薪酬体系

第一节　工作时间的人性化管理

一、工时制度的常见类型

在我国，现行的劳动法规中的工时制度可以分为标准工时制和特殊工时制。特殊工时制是相对标准工时制而言的，受到工作性质或生产特点的限制，不能实行标准工时制度的，可采取缩短工时制、综合计算工时制、不定时工时制、计件工时制等特殊工时制度。但特殊工时制不能离开标准工时制所制定的基本标准，标准工时制仍然是特殊工时制度的计算依据和参照标准。

（一）标准工时制

标准工时制度也称为标准工作制度，是国家确定的一般日工作的时间长度和周工作的工作日宽度的基本工时制度。任何单位和个人不得擅自延长员工的日工作时间和周工作天数。

目前我国实行的是每日工作 8 小时、每周工作 40 小时和每周至少休息一天的标准工时制。

（二）不定时工时制

不定时工时制是一种受到工作性质和工作职责的限制，劳动者的工作时间不能受固定时数限制而直接确定劳动者劳动量的工时制度。

对于实行不定时工作制的劳动者，用人单位应按照劳动法的规定，参照标准工时制核定工作量并采用弹性工作时间等适当方式，既保证了员工的休息休假权利，也确保了员工能够完成生产工作任务。

（三）综合工时制

综合工时制的全称为综合计算工时工作制，是指企业因工作情况特殊或受季节和自然条件限制，需要安排员工连续作业，无法实行标准工时制度，采用以周、月、季、年等为周期综合计算工作时间的工时制度。

根据企业的性质和工作的需要，综合工时制可以分别以周、月、季、年等为周期，综合计算劳动者的工作时间，但其平均工作时间和平均周工作时间应与法定标准工作时间基本相同。

执行综合工时制的劳动者的工作时间超过法定时数的，企业需要向劳动者支付加班费。综合工时制加班费一般是以总工时为计算依据的，要看企业审批下来的是按季度还是按半年或按照其他时间。一般情形下，不支持休息日的加班费，只有延时加班费和法定节假日加班费，也就是加班费没有休息日的概念，以审批周期来确定总的加班时间。

二、新时代对工时制度的新要求

在新时代，一方面，随着科技的发展，特别是移动互联网的兴起，人们的工作与生活方式正在发生深刻的变化；另一方面，随着新生代进入职场并成为职场的主力军，他们的工作动机和人生追求也在发生着重大变化。工作已经不再是他们谋生的手段，而是在谋生的同时追求工作与生活的平衡，追求个人价值的实现。

基于这样的变化，普华永道对工作方式进行了重塑。

2018 年 8 月，普华永道英国公司全面落实弹性工作制度，即不定时工作制。2018 年 11 月，普华永道中国公司开始试行弹性工作制。2019 年 2 月，普华永道亚太区正式落实弹性工作制。普华永道全面实现弹性工作制，正是顺应了新时代对工时制度的要求。

（一）突飞猛进的科技发展与工时制度

在新时代，科技几乎渗透到了每一个人的日常生活之中，令人们的生活与工作的界线愈来愈模糊，也为实现弹性工作制提供了必要而强大的技术支持。

1. 网络

从二十世纪末开始，网络便以加速度的形式迅猛发展。以前，人们离开办公室就无法工作和联络，工作所需的资源和资料都在公司，公司必须为员工提供办公空间，员工都被局限在固定的空间里工作。现在，通过互联网，特别是移动互联网，一方面企业与员工之间的联系和沟通可以越来越便利，另一方面终端可以远程快速登录和访问企业的资源，越来越多的工作岗位不再被局限在固定的时间、固定的地点。因此，员工可以根据自己的时间和意愿灵活安排自己的工作，并保证在规定的交付期内保质保量地完成工作。

如今，移动互联网已经发展到了 5G 时代，并给人们实现居家办公或弹性办公提供了更加强大的技术支持。不久后，在家里或在社会的共享办公区域，人们只要有一部移动设备，在办公时间打开摄像头，其仿真效果基本与在固定的办公室工作一样。

2. 沟通渠道

从电子邮件、电话、寻呼机、大哥大、普通手机到智能手机，只用了短短几年时间，移动智能终端就已经成为了大众普及性的通信工具。如今，只要有网络，人们 24 小时都可以进行顺畅沟通与联络。随着移动智能终端上应用软件的不断丰富与成熟，给企业实现虚拟办公提供了必要的工作环境。企业管理者通过微信、钉钉或 WhatsApp 上的信息，可以快速地将工作安排下去，在虚拟办公平台建立群组，随时召开工作会议，跟踪工作进度。

3. 云计算技术

如果说互联网技术铺设的是"路"、移动智能终端是"车"的话，那么实现随时随地工作就差"货"了。云计算技术的发展很好地解决了这一问题，为企业用户提供了数据的存储、提取、处理的随行模式。通过云计算技术，企业一方面可以将工作所需资源放到云端上供员工随时取用，另一方面，员工也可随时将工作交付发送到云端。这样的工作模式，我们不妨形象地称其为"云端办公"。

从上述三个方面技术的发展与应用，我们不难看出，新技术使人们工作时间的弹性化不仅成为可能，而且会在越来越多的企业中得到大力推广和广泛应用。

（二）人文回归的时代与工时制度

人类社会在经历了炮火纷飞的战争、宁静的和平与发展后，如今迎来了人文回归时代。人文回归意味着对人类个体更多的理解与尊重，意味着对家庭和社会更多的支持。现代社会生活节奏的加快、大城市交通拥堵以及独生子女教育等问题，使很多人承受着巨大的经济与精神压力，这些接踵而来的现代问题使人们对工作时间灵活性的要求越来越高。

1. 城市节奏与工时制度

随着经济的发展，城市的规模在不断扩大，通勤时间长就成了生活在大城市的人们的一个巨大痛点。如果员工因工作地点变化导致通勤时间加长，这种感受往往如同降薪。

英国一项最新的调查结果显示，人们在上下班的路上花费时间过长，会降低他们对工作和休闲时间的满意度。如果某人税前月薪为 1 800 英镑（约合 2 376 美元），每天单程通勤时间增加 10 分钟的感觉相当于月薪减少 340 英镑（449 美元）；通勤时间增加 20 分钟如同降薪 19%。较长的通勤路程对人们的幸福感会产生不利影响。研究发现，长时间乘坐公交车对工作满意度的负面影响最大，步行上班或在家上班则会增加人们对工作的满意度，骑车上班有利于通勤一族进一步了解自己的健康状况。目前在我国的一线城市，员工每天上下班的时间大多在一个小时以上。

反之，减少通勤时间能提高员工的工作和生活质量。企业通过错峰上班或居家办公，不仅可以帮助员工节省大量的通勤时间，使员工能够有更多的时间兼顾家庭生活，而且对整个城市交通环境的改善做出了巨大贡献。

例如，科兴中维公司适时推行了弹性工作制，除了行政岗位需要"朝九晚五"外，所有项目组都可以根据研发需要协调上下班时间，只要干满 8 小时即可。研发人员可以根据工作性质与自己的主管共同确定上下班时间，以避免上下班高峰期交通拥堵。科兴中维公司的这一工时制度，使员工上班的效率显著提高，公司实验室的利用效率也更高了。

2. 家庭压力与工时制度

在人文回归时代，人们日益重视家庭，尤其重视对子女的教育和培养。越来越多的人将家庭问题与选择公司联系起来，他们可能会因此选择跳槽或放弃跳槽、选择搬家或放弃搬家甚至放弃升迁机会。

对女性员工而言，她们需要承担更多的家庭责任，而缺乏灵活性的工作安排常常给职场女性带来各种困难。企业提供的弹性工作方式，能够在一定程度上缩小员工的性别差距，也给处于不同人生阶段的员工承担不同的家庭责任提供了工作的平等空间。

可见，通过实行弹性工作制，企业可以实现其社会责任中所承担的人性化因素，其意义不仅能够促进社会化的人性关怀回归，而且能够在整个社会打造家庭友好文化（Family-friendly Culture）的氛围，共创和谐社会。

3. 个体自由与工时制度

人文回归时代意味着尊重个性、倡导包容。大量事实表明，在传统的管理模式下，在新时代成长起来的人才与企业的各种碰撞和不契合越来越明显，这种糟糕的职场体验正成为新生代慢就业和闪辞的主要原因之一。

中智公司近期对青年职场满意度的调研结果显示，企业中的新生代员工在职场中的自我意识强，他们期待在工作形式和内容等方面有更多的选择。弹性工作制被视为时下最具创新力的一种"考勤"方式，尤其受到年轻人、海归人士和创业公司人员等群体的青睐。

三、不定时工作与企业运营

在政府对工时制度的规范下，企业可根据自己的业务特性采用不同的工时制度。选择不同的工时制度与企业的运营特点密不可分。从工时制度发展历史的进程来看，特别是在新时代的经济环境下，虽然标准工时制度依然是我国企业目前采用的最广泛的工时制度，但这个传统的固定时间的工作方式正在逐步走下时代的舞台，而工作时间的不定时化将成为企业未来的主要工时制度。究其根源，主要是因为不定时工作制不仅顺应人性，而且更契合新时代人才的内在需求，从而为企业在新时代吸引和保留人才奠定坚实的基础。

（一）不定时工作与企业的使命和价值

从长远发展来看，企业除了要追求高额利润和经济效益之外，还要追求其社会价值。企业的社会属性决定了现代企业的最终目的是要为整个人类社会服务，需要关注回归人性的需求。大量的事实证明，只有从经济目标上升到了人类社会责任的企业，才能够从根本上具有长期发展的自驱力，才能够实现基业长青。

2014年接棒微软首席执行官的萨提亚·纳德拉以其高度的社会责任感打造了微软新的使命。"予以全球，成就非凡"的企业使命不仅赋能了团队，激励了员工，而且给微软带来了无限活力和生机，使微软重新回到了全球企业市值第一的位置。

工作时间的不定时化是满足员工工作与生活平衡的一种重要方式。工作时间的不定时化可以有效帮助企业提高员工工作的愉悦感和满意度，从而提升工作的质量。事实上，员工工作质量的提升也间接地满足了企业的客户需求，提高了客户的愉悦感和满意度，从而助力企业的成功。

随着社会经济的不断发展，越来越多的企业在经历初创和发展阶段并实现效益后，其已经不再满足于仅仅追求经济效益，而更注重构建更高的企业格局，提升企业的社会责任感，致力于打造神圣而有价值的、具有企业家个性和魄力的企业使命，尊重并赋能员工，并与全体员工一起践行使命，为社会创造价值。

（二）不定时工作与企业的战略发展

企业进行战略布局时，我们可以清楚地看到工作时间的不定时化对企业战略发展产生的影响。

1. 创新战略。创新来自于人们在特定环境下具备的技能和投入的潜能。创新可以给企业带来活力和先机，带动企业发展。在以创新为战略的企业，企业除了需要为人才提供基本的办公工具外，更需要着力于为人才创造友好而灵活的工作环境。不定时工时制可以使员工不受固定工作时间的约束，从工作时间的角度充分起到了赋能员工进行创新的作用。

2. 速度领先战略。如果没有抢到创新先机，企业就需要依靠速度来弥补，这就是速度领先战略。速度快所导致资源的汇聚，本质上是一种速度上产生的裹胁效应，速度领先战略的副作用就是有限度的混乱。

在企业的速度领先战略中，体现在工作时间方面，就是速度领先必然打破"朝九晚五"的固定工时模式，带来工作时间管理方面的一定混乱，这种混乱在"度"的控制下，实质上就是一种不定时工作模式。

（三）不定时工作与企业的人才计划

企业实现经济利益与使命价值离不开人才。在脑力经济时代，高级尖端人才甚至被称为"一个人就是一支队伍"，工作时间的不定时化能够帮助企业吸引和留住这些高级人才。

1. 人才吸引。最近，一些招聘专家对不定时工作进行了一次调查，调查范围覆盖了亚洲的五个主要就业市场，调查结果显示，所有地区的求职者都对不定时工时制表现出了强烈的偏好。在马来西亚的受访者中，96%的人表示不定时工时制很重要，在中国香港地区这一比例为94%，日本的比例是95%，新加坡的比例则高达97%。在受访的中国大陆求职者中，76%的人表示灵活性是他们衡量潜在新雇主的工作邀约时考虑的首要因素。瀚纳仕最新的调查结果显示，在中国大陆求职者中，只有16%的人不确定弹性工作对他们选择雇主有何影响。

瀚纳仕中国执行总监兰·西蒙表示，调查结果显示了代际变化，这些变化将影响求职者未来的理想工作方式。"求职者想要更灵活的工作时间，他们对工作与生活的平衡有更高的期望。他们希望雇主能够实施不定时工时制，或者允许他们在家办公。"西蒙说道。不定时工时制正越来越受欢迎，因为它不仅使组织能够保留关键技能人才，而且可以扩大潜在人才库，将需要这种灵活性的求职者纳入员工队伍之中。西蒙补充道："通过新技术创建现代工作环境，在吸引对灵活性有更高需求的求职者方面正变得越来越重要。这类求职者将被那些能够满足他们对多样化和现代技术的需求的雇主所吸引，因为这些技术将更有利于不定时工时制的实施。"

2. 人才保留。在人才保留方面的研究发现，工作及工作时间安排缺乏灵活性，是高级人才离开组织的首要原因。过去，员工与经理的关系是员工选择离职的首要原因；而现在，工作时间缺乏灵活则变成了首要原因。

员工流失的成本包括招揽人才的成本、培训成本以及由于新员工的工作效率不佳而带来的成本。如果把它与员工享受不定时工时制而带来的积极效应加起来，我们会惊讶地发现不定时工时制实际上是实现企业与员工双赢的一种制度。

例如，百思买公司曾推出过一次不定时工作的实验方案。首次参加实验的共有 300 名员工，项目实施三个月后，员工流失率从 14% 降为 0，工作满意度提高了 10%，团队绩效评估得分增加了 13%，一些原本考虑离职的员工说他们不想离开了。许多员工都说这个项目正在"改变他们的生活"。通过这个方案，百思买公司深刻地认识到，不定时工时制能够有效帮助企业留住员工，从而帮助企业保持竞争力。

（四）不定时工作与企业的绩效管理

随着企业管理水平的不断提升，绩效管理也开始"以终为始"进行聚焦，关注企业对这个岗位以及员工期望的是什么。例如，对一个设计策划人员关注的是其创意能力，对一个销售人员关注的是其产品销售的业绩。大量的事实表明，有效的绩效管理都是将关注点放到了激发员工的内在工作动力和催化员工的潜能方面，从而为企业带来预期甚至超出预期的结果。

企业绩效管理成熟度的提高为不定时工作提供了良好的土壤，可以从根本上让员工控制自己的工作效率。几年前，《哈佛管理时讯》上刊登过一个调查报告，调查对象是美国和加拿大 20 家公司的 88 名中层经理及高管。这个调查结果表明，让员工自己选择工作量和工作时间的公司都取得了重大的工作成果，高绩效员工的流失率下降，工作效率提高，团队合作更顺畅，组织内的轮岗培训和员工发展计划都进行得非常顺利。

四、工作时间不定时化管理实践

工作时间的不定时化在企业落地不仅需要关注政府的工时政策环境，同时还要在办公环境的创新发展方面发力，使员工和企业可以在工作时间的不定时化中实现双赢。

（一）不定时工作时间的模式

企业对不定时工作时间主要存在下列两种常见的管理模式。

1. 基于标准工时的不定时工作时间管理

基于标准工时的不定时工作时间管理模式是指比照标准工作时间，将 8 小时切割成两部分，一部分是核心工作时间，一部分是不定时工作时间区间。在核心工作时间内，员工必须处于工作状态；核心工作时间外围的某个范围为不定时工作时间区间，员工可以根据自己的情况自主决定上下班时间。

企业大多选择固定标准上班时间前后的半小时到两小时作为不定时工作时间浮动区间，也就是上班时间在 8 点至 10 点之间自由选择。在这个时间内，员工可以自由选择上班时间，只要工作满 8 小时即可下班。

基于标准工时的不定时工作时间管理，本质上还是在标准工时制的范畴，所以不需要政府额外审核与批复，企业可根据本企业的运营情况自行安排。在这个工作时间管理模式下，超过标准工时时间额度的，企业将按照标准工时制的加班政策执行，予以员工加班补偿。

2. 完全不定时的工作时间管理

从工作的性质来看，特别是那些难以用固定时间衡量工作业绩或产出的工作，如脑力劳动者从事的研发、管理、销售、创意等工作，其脑力工作可随时随地进行，并非离开了办公场所其脑力工作就会中断。此外，不同的人完成同一项工作，其脑力劳动所花费的时间可能是千差万别的。对于在工厂工作的体力劳动者来说，生产线上操作每一个工作环节的时间一般是固定、可计量的，与从事这个操作环节的工人关系不太大，而脑力劳动与从事这项工作的人的关系就太紧密了，同样的工作，有些人很快就可以完成，而有些人却需要投入更多的时间和精力才能完成。理论上，某些工作一旦实施不定时工时制，就意味着对从事这些工作的员工的绩效评价，已经从时间和行为导向转到了结果导向。也就是说，实行不定时工时制的员工通常都是以业绩目标为导向的，员工只需定期汇报工作进展、按时提交工作结果即可。

在现行的有关劳动政策中，不定时工时制特指企业因生产特点不能实行标准工时制，经劳动行政部门审批，对需要机动作业职工实行的每日没有固定工作时数的工时制度。也就是说，企业要实行完全不定时的工作时间管理，是需要履行必要的政府审批手续的。以下是企业实行完全不定时工时制需要注意的几个方面。

1. 适用工种有限

根据《关于企业实行不定时工作制和综合计算工时工作制的审批办法》，不定时工作制仅适用如下工作岗位：

（1）企业中的高级管理人员、外勤人员、推销人员、部分值班人员和其他因工作无法按标准工作时间衡量的职工；

（2）企业中的长途运输人员、出租汽车司机和铁路、港口、仓库的部分装卸人员以及因工作性质特殊，需机动作业的职工；

（3）其他因生产特点、工作特殊需要或职责范围的关系，适合实行不定时工作制的职工。

可见，企业要根据岗位特点确定本企业是否适用于完全不定时工作时间管理模式，不定时工时制适用的工种必须符合法律规定，具体工种应以劳动行政部门审批的范围为准。

2. 不计工时无加班

对不定时工时制岗位的员工，根据《关于企业实行不定时工作制和综合计算工时工作制的审批办法》规定，用人单位可以在保障职工身体健康并充分听取职工意见的基础上，采用集中工作、集中休息、轮休调休、弹性工作时间等适当方式，保证职工的休息休假权利。因此，对实行不定时工时制的员工，用人单位安排员工的工作时间可以不受标准工时制的限制。也就是说，除了个别城市有特别规定外，实行不定时工时制的员工在日常工作超过8小时或在法定节假日工作的，企业无须向其支付加班工资。

3. 履行审批程序

除了适用范围外，劳动部《关于企业实行不定时工作制和综合计算工时工作制的审批办法》中还规定企业实行不定时工作制应当办理审批手续。企业需要按照政府的审批程序申请实施不定时工作制。未经劳动行政部门批准，企业不能擅自实行不定时工作制，不能以合同约定代替行政许可。

在实践中，企业在申请不定时工时制时，需要提交的申请材料特别多，而且一些材料获取的难度也比较大，如"员工同意书"等。政府对不定时工时制的审批也比较严格，即使材料齐全也不一定能够通过审批。必要时，劳动行政部门还会到企业进行现场调查和员工访问，了解员工对实施不定时工时制的意见。所以，实行完全不定时工时制的企业，一定要严格管理工作时间，既要确保工作任务的顺利完成，又要保证员工的身心健康。人力资源部要重视与员工的沟通，有工会组织的企业还可以充分利用工会这个平台增强与员工的相互理解和信任。

需要指出的是，在经过劳动行政部门审批后，企业应在与员工签订的劳动合同中明确约定实行不定时工时制，确保企业实行不定时工时制已经征得员工的同意，做到执行和程序都合法合规。

4. 实施时间有限

企业在得到劳动行政部门的批准和许可后，施行不定时工时制并非是一劳永逸的。法律法规对企业实施不定时工时制有明确的时间限制，具体期限由各地劳动行政部门审批确定，通常是一年，有效时间结束后如企业仍需要延续不定时工时制，须履行申请手续报劳动行政部门重新审批。否则，这些工作岗位就自动恢复成标准工时制了。

（二）不定时工作时间的管理与服务

由于完全不定时工作时间管理有政策范围的限制，多数企业在不定时工作时间管理的实际操作中，通常都会实行完全不定时与基于标准工时的不定时两者相结合的方式。目前在公司中推行不定时工时制比较顺畅的企业主要集中于大型企业和跨国企业，因为不定时工时制对一家企业的管理成熟度是一个很大的挑战。因此，除了了解不定时工时制的具体形式和履行必要的政府手续以外，人力资源部必须要在企业内部建立或完善相应的规章制度和工作环境，以有效支持不定时工作时间的顺利实施。

1. 工作量与产出的衡量

在有些企业的传统文化中，员工在办公室工作被视为一个重要组成部分。但是，不定时工作意味着，只要提供合理支持，员工不一定需要在办公室工作。顺应这一发展趋势，一个重要而关键的变化是，对员工工作业绩的评价和考核不应以其在办公室上班时间的长短决定，而应以其业绩、贡献和影响力来衡量。

微软公司及其绩效管理方法的变化为我们提供了一个很好的例证。为了建立一个多样性和包容性的、相互信任的工作环境，鼓励员工通力合作，激发员工的积极性和创造力，微软公司在前些年毅然取消了业内颇有异议的以"末位淘汰制"为特点的传统的绩效管理模式，取而代之的是以"联接"为特色的更加契合不定时工时制的绩效管理模式，以激发员工不断创新，进而对公司业务、对工作团队以及对他人的成功产生积极的影响力。这样的绩效管理非常注重沟通，员工和经理会讨论短期和长期能够对业务、团队和他人成功产生巨大影响力的工作，根据过往的工作交付、贡献和影响力考察、评估和确定员工的工作绩效。

2. 办公模式的创新与选择

在新时代，随着互联网、移动互联网、物联网、云计算、大数据的蓬勃发展，技术的革新已影响甚至改变了人们的工作与生活方式。当前，移动技术发展迅速，工作已经不再受地点、时间约束，移动办公、远程办公模式日益普及。

美国运通公司工作场所的变革就是一个很典型的例证。美国运通公司通过调查发现，实行不定时工作模式的员工有50%的时间不在办公室，办公空间利用率极低。此外，一些兼职或辅助岗位的人才由于流动性很大，专门为他们预留的办公空间的利用率也非常低。因此，在首席财务官的支持下，聘请第三方咨询公司做顾问，运通公司开启了工作场所改造战略，最终极大地提高了生产效能，同时也提升了雇主品牌。

下面，我们将结合美国运通公司工作场所的改造与变革，简要介绍一下"中心办公""远程办公""俱乐部办公"和"居家办公"四种不同的办公模式。

（1）**中心办公**。中心办公模式即是每个员工在办公场所都有一个工位，这也是目前大多数企业采取的办公方式。这种办公方式的好处是，便于管理人员对员工进行管理。一进入办公区域，谁在谁不在一目了然；如果需要团队开会，一招呼大家就能快速组织起来，工作效率比较高；对员工来说，这种办公模式可以让员工学到本职工作以外更多的东西，有问题可以随时请教相关同事，也有机会观察和学习他人的工作思路、工作方法，甚至可以直接参与到他人的工作中去。

相比于国内企业传统的做法，美国运通公司在改善中心办公环境方面下足了功夫。基于咨询公司对员工办公喜好的调查结果，美国运通公司为员工打造了令人满意的工作场所，与此同时，还邀请了专业的设计公司，为员工设计了适合人体工程学的空间结构、办公设施等。

（2）**远程办公**。远程办公指的是公司仅在办公场所预留一些流动的、可共享的公共办公场所，员工的主要工作需要在公司办公场所之外的场所完成，如客户的办公室等。目前国内很多行业都在采用这种办公形式。以广告公司为例，广告业务人员去甲方驻场，当需要向经理汇报工作、参加公司重要会议的时候才回公司办公。

在这样的办公模式下，企业需要向员工提供移动办公设备、远程访问通道和移动沟通平台，方便员工及时与公司管理层联系和沟通。

（3）**俱乐部办公**。近年来，俱乐部办公逐渐流行起来，其原因是俱乐部拥有开放、自由的氛围。在这种办公模式下，员工可以根据工作性质和需要自主选择办公地点。例如，如果员工想一个人仔细修改工作方案，可以选择在一个安静的角落办公；如果员工想召集同事召开一个重要的会议，可以选择一间宽敞的会议室；如果员工与他人进行小组讨论，舒适的沙发区就是最佳选择。

一般来说，在俱乐部环境下办公的员工，每个人都会在公司的固定办公场所拥有一个储物柜，以便员工存放一些个人的物品和文件资料，这是一个很人性化的配置。为了避免这类员工与团队的其他成员有疏离感，俱乐部一般距离公司的固定办公场所不会太远。

（4）**居家办公**。如果员工居住的地方距离公司较远，或者家里有些事情脱不开身，可以选择居家办公的模式。采用居家办公形式的企业会为员工配备终端电脑、提供远程访问通道、安装会议以及视频设备等。员工只有在必须出席的情况下才会来公司的办公场所。

居家办公的员工也被形象地称为"家庭雇员"。现在越来越多的国家，特别是那些人口密度比较大、交通拥堵严重的大城市更青睐这种办公模式。一般来说，经济越发达、城市的人口密度越大、交通越拥堵，家庭雇员人数的占比就越高。例如，新加坡的家庭雇员的比例还不到本地员工总数的 5%，而澳大利亚则高达 30%。

居家办公的好处毋庸赘述，但其也存在许多的不足。由于长期居家办公，员工可能仅仅与有工作交集的同事交往，对整个团队乃至整个企业缺乏归属感。为了减少居家办公员工的孤立感，美国运通公司的做法是建立社交社区，无论是居家办公的员工还是在公司办公的员工，甚至在国外工作的员工都能在这里进行充分的沟通与交流，这对增进全体员工的感情和企业凝聚力必将大有裨益。

3. 办公工具的完善

随着科技的不断发展，技术革新正在影响甚至改变着人们的工作与生活方式，应用得当的技术甚至可以改变企业员工的工作地点。通过先进的降噪技术和不断提升的内容共享技术，使员工的不定时工作模式越来越不受到设备、地点或规模的限制，甚至可以实现自由协作与通信。员工在这样的工作环境和办公工具的支持下，依然能够使客户获得与员工在公司办公模式下同等的用户体验。

"工欲善其事，必先利其器。"实行不定时工时制的员工需要相应的技术工具和终端来进行有效的工作，如网路、云、企业系统、笔记本电脑和手机等终端，以保持与团队的密切联系，有效管理和追踪员工的工作绩效。视频协作技术对于企业管理非公司办公的员工至关重要，因为视频交流是构建员工关系的一个重要加速器。

4. 内部沟通的实现

不定时工作时间管理的成功离不开高质量的沟通。为了服务好员工的不定时工作模式，人力资源部需要在沟通上下足功夫。

（1）高管的支持。不定时工作时间管理的实施必须得到企业高管的支持。企业的任何一个大项目，如果没有 CEO 和高管团队的大力支持，就无法持续进行下去。高管们对不定时工作模式的支持，向员工传递着一个非常重要的信号，即企业关注员工的工作与生活的平衡，企业注重为员工打造一个宽松、自由、信任和高效的工作氛围，同时企业更关注员工是否高效地完成了工作任务，是否有创新，是否对企业产生了积极的影响，而非员工是否每天都按时上下班，是否每年都出满勤等。更为重要的是，如果得到了高管团队的授权，中层的经理们将更愿意采纳和实施不定时工作计划。

（2）经理的执行。员工和经理必须对不定时工作的安排有深刻而清晰的认识，这一点对于实施不定时工时制的效果非常重要。经理必须要认真听取员工对不定时工时制的真实期望：是想提高工作效率还是想拥有更多的与家人在一起的时间？是想有更多的时间追寻工作之外的兴趣还是想减少上下班路上的时间以减轻压力？等等。在实施不定时工时制之前，员工和经理还应就如何进行日常沟通、联络和交流达成一致意见。经理需要清楚地告诉员工他期望什么时候能找到他，与此同时，还要确保员工的工作与生活的平衡，合理安排员工的工作与休息休假；经理必须尊重员工，不能因为不定时工作就要求员工 24 小时随时保持联络，按照美国奥马哈第一国民银行的经验，他们成功实施不定时工时制的关键原因，就是致力于经理和员工之间诚实、双向的反馈。

（3）团队的协作。不定时工作时间的实施，往往会出现团队成员不能同时在岗的情况。这时团队成员之间的沟通、交流将会产生障碍，对团队的管理、工作分配、工作协同、企业文化建设等都将是一个挑战。因此，企业在实施不定时工作时，如何实现有效的团队协作与沟通显得非常重要。

因此，无论是业务部门还是职能部门，都需要为执行不定时工时制的员工创造团队协作与沟通的良好环境，发挥不定时工时制的最大优势，促进企业不断创新发展。

（4）调查与反馈。与推出其他新的人力资源管理项目一样，企业实行不定时工时制时也特别需要倾听员工的声音，并根据员工的反馈不断做出调整和修改，帮助员工逐步适应新的工时制度。在打造一个成功的项目之后，企业还要持续不断地进行完善，使之能同时满足企业和员工的需求。为了与员工保持良好的沟通，很多企业都会定期对员工进行满意度调查，有些企业管理者还与员工进行一对一的面谈。在这些面谈中，经理和员工会一起回顾不定时工时制的优缺点，提炼出新的工作目标，以确保不定时工时制能持续让员工和企业受益。

（三）不定时工时制管理的难点与潜在问题

回顾整个企业管理的发展历史，我们不难发现，迄今为止还没有哪种管理制度或管理模式是万能的。不定时工时制虽然顺应了时代发展的要求，也能够给员工和企业带来双赢的局面，但是不定时工时制并非是完美无缺的，在不定时工时制管理上同样存在着诸多的难点和潜在问题，需要人力资源服务者和管理者根据企业的实际情况认真研究并加以关注。

1. 不定时工时制与个体员工管理

管理学中著名的 Y 理论认为，"人都有良心和自觉性，不能仅靠苛刻的管理制度和惩罚措施"，这是不定时工作时间的理论依据。不定时工作时间脱离了固定工作时间和工作场所的束缚，员工的个人素质、自动自发的意识和能力就显得格外重要。不定时工作适合于自律性强的员工，不定时工作给员工的自主和自由是为了尊重和方便员工个人，但不是对员工的纵容。

企业必须根据实行不定时工时制员工的特点，制定一套切实有效的管理制度与方法，最大化地发挥不定时工时制的积极作用。例如，武田制药北美公司在为员工提供弹性工作安排时，要求申请相关职位的员工必须向经理证明自己能够做好时间管理。武田公司的这个申请不定时工时制的附加条件，可以很好地识别员工是否可以管理好自己的工作时间，保证了在不定时工时制下员工的工作效率。

"弹性工作制不是权利，而是优待。"美国奥马哈第一国民银行的工作生活协调员帕尔说。不是每个职位都适合不定时工时制，也不是每个人都适合采用不定时工时制，有些人的习惯或性格决定了他们可能无法处理好不定时工作。

2. 不定时工时制与加班界定

对员工来说，脱离了朝九晚五的工作并不一定是一种解脱——这常常会成为员工持续压力的来源。按照英国肯特大学教授社会学和社会政策学的一位高级讲师的观点："可以自主支配自己工作时间的员工，通常他们的加班时间也最长。"这位高级讲师发现那些工作时间灵活的人比那些工作时间固定的人要多花几乎 4 小时的加班时间。

按照国家的相关规定，企业中实行完全不定时工时制的员工，其工作是没有"加班"概念的，他们自然也就没有了"加班费"。一些企业不时推出一些所谓的"不定时工作模式"，其实就是利用国家完全不定时工时制的概念，加上一些噱头，让员工在入职时签订一些诸如"个人职业发展计划""个人承诺"等文件，里边写着员工为了个人职业发展自愿加班、自觉奉献等约定。这些"看上去很美、很华丽"的包装，其实质是以自愿、合法的外衣，让员工无私奉献更多的工作时间。

3. 不定时工时制与工伤认定

不定时工时制由于工作时间、工作地点的非指定性，一旦发生因公伤害，在工伤认定过程中需要员工和企业提供额外的说明。即便如此，按照国家现有的工伤政策，很有可能无法认定甚至无法受理。例如，工作场所的认定、工作时间的确认等，从而给企业和员工带来一定的法律风险。

4. 不定时工时制与违纪问题

在企业实践中，在实施不定时工作模式后，企业很难对员工的消极怠工的事实进行举证，员工利用工作时间进行兼职或从事第二职业等情况也是很难控制的，这些都需要企业在设计制度时进行规范和预防。

第二节　员工福利及其弹性化管理

从整体薪酬的角度来说，福利是企业向员工支付的、不以员工向企业提供工作时间为代价计算的、有别于工资奖金的一种间接性薪酬，是员工所有报酬的一部分。福利的给付形式一般包括现金、实物、带薪假期以及各种服务等方式。

一家企业的员工福利水平受到诸多因素的影响，如国家的法律和政策、公司的企业文化和企业战略以及员工个人的工作绩效、工作年限和需求等（如图 4-2 所示）。具体来说，国家相关的法律和政策直接决定着员工的法定福利，如基本社会保险、住房公积金、工作时间、休息休假、劳动保护、最低工资标准、就业稳定补助、人才退税等。

公司的企业文化和企业战略是影响员工福利较为宏观的因素。企业不同的文化价值观和战略会影响到企业的福利制度。一般来说，如果企业倡导"以人为本"的价值理念，就会重视员工的价值，更关注员工的身心健康，通过对员工的个性关怀留住人才。此外，企业的薪酬战略更是影响员工福利的一个重要因素。由于员工福利属于总体薪酬的范畴，包括薪酬策略和薪酬横向结构策略，是员工福利水平最为重要的决定性因素之一，决定着企业愿意为员工支付福利水平的高低。当然，企业中工会的态度和力量也会对员工福利产生影响。企业工会一般都扮演着员工福利的具体实施者和法定福利的具体监督者的角色。正是有了企业工会的监督和执行，企业才能将员工福利真正落到实处。

```
                        ┌──────────┐
                        │  员工福利  │
                        │  影响因素  │
                        └──────────┘
          ┌────────────────┼────────────────┐
      ┌────────┐       ┌────────┐       ┌────────┐
      │  国家   │       │  企业   │       │  员工   │
      └────────┘       └────────┘       └────────┘
```

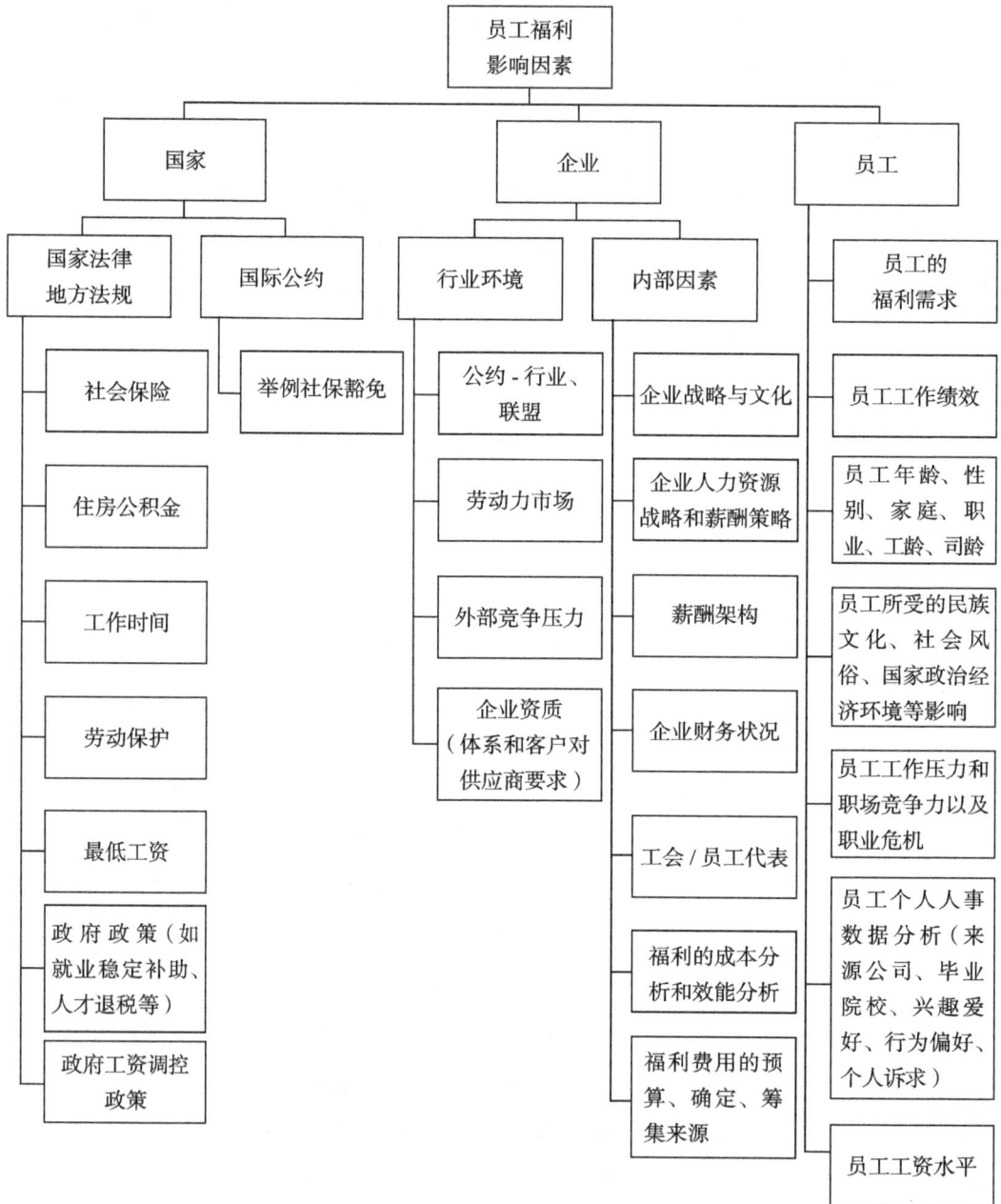

图 4-2　影响员工福利的因素

从员工的角度看，员工的工作绩效影响着企业福利项目的设置。工作绩效优秀的员工可能会享受某些特殊的福利项目，而绩效一般的员工可能没有资格享受某些福利项目。其次，员工的工作年限影响着员工个人福利水平。一般来说，工龄越长的员工，企业为其提供的福利水平也就越高。当然，员工福利的需求也是影响福利制度的一个重要因素。企业提供的福利项目要满足员工的福利需求，只有这样，员工才能对企业的福利感到满意，企业提供的福利才能起到激励员工的作用。

早期，对企业提供的福利，员工基本上没有选择权，企业提供什么福利员工就享受什么福利。随着时代的发展，特别是福利的激励作用被发掘出来以后，越来越多的企业开始给员工提供选择福利的机会，福利对于人才的吸引和保留的作用凸显。因此，企业不仅愿意在员工福利方面投入更多的资金，而且在不断改进福利的呈现方式和管理模式，福利的组合更加多样化、灵活化和个性化，员工还拥有了更多的选择权和自主权。于是，弹性福利应运而生并被越来越多的企业采纳。弹性福利的价值在于满足员工及其家人的多元化需求，提升了员工对福利的满意度，有利于企业打造良好的雇主品牌，提高人力资源管理的效率。

一、弹性福利的起源与发展

弹性福利制度于二十世纪七十年代产生于美国。最初的弹性福利制度的设计是为了解决美国因社会及产业环境转变而导致的美国传统家庭和工作形态发生变化、劳动力的组成复杂化、托儿需求不断增加、企业的人性化管理日益盛行以及福利成本的减少等问题。之后，随着知识经济时代的来临，企业开始越来越重视人力资本对组织的功能与价值，并通过提供更具竞争力的福利达到网罗人才、激励员工士气的目的。随着企业人力成本的不断增加，企业对福利支出成本的增加虽倍感压力却又不能贸然减少，考虑到员工多样化的福利需求，弹性福利就成了解决这些问题的一个最佳方案，它既能很好地平衡企业福利成本，又能兼顾员工实际需求，深受企业和员工的欢迎。正因如此，弹性福利在二十世纪八十年代的许多发达国家都得到了蓬勃发展。

弹性福利制度进入中国的时间比较晚。据不完全统计，西门子于 2008 年在中国推出的弹性福利制度可能是中国最早出现的弹性福利制度。由于当时弹性福利制度在中国是一个新生事物，国内几乎没有人知道它是如何运作的，西门子公司专门从香港请来了一个知名顾问帮助设计了这个具有历史性意义的西门子中国弹性福利计划。当时设计的弹性福利计划带有很多的"香港元素"，如灵活报销账户等。从总体上而言，这个弹性福利计划的核心主要是围绕员工的保险计划展开的，其他福利项目非常有限，员工可选择的范围非常小，弹性也不足。尽管如此，这个弹性福利计划还是成为了当时"高大上"企业的代名词，成为企业招聘人才的一个"金字招牌"。这个弹性福利的管理方式，让企业深切感受到了在控制总成本的前提下，扩大每一分预算的效用。在同等的福利投入下，弹性福利的灵活性和便利性为员工福利提供了更大的价值，特别是让员工有了自主选择福利的权利，使员工能够得到定制化的"照顾"。这一制度不仅可以帮助企业实现福利成本与员工满意度之间的平衡，而且大大提升了员工对企业的认可度和忠诚度。

2008 年之后，跨国公司在中国开始进行成本控制，无法在弹性福利方面有更大的作为。国内本土的民营企业和私营企业抓住这个机遇，迎来了中国弹性福利制度快速发展的春天，并逐渐成为了弹性福利制度设计和实施的后起之秀。更为重要的是，这些本土企业对弹性福利制度的认知，已经不是出于运营管理的考虑，更是希望把弹性福利做成企业的一张靓丽的名片，通过差异化的创新大打温情牌，在外部人才市场吸引着所需人才。如今，国内几家知名的大型民营企业开始将弹性福利设计用于打造雇主品牌。为此，他们在弹性福利制度方面进行了许多大胆的创新，例如，除了国家法定的福利之外，这些企业普遍采取的福利品类主要有年节福利、年度体检、年休假、补充住房计划、健康项目等，其中，弹性报销、补充住房计划和健康项目的占比最高，而传统上的商业保险、年度体检以及现金补助等福利项目的占比则有所下降。

二、新时代对福利管理的新要求

在新时代，企业的弹性福利项目几乎可以覆盖员工各方面的福利需求，弹性福利的理念日益普及和深入人心。为了让员工福利能够保持更大的"弹性"，为了能够更好地吸引和保留企业的核心人才资源，一方面，企业采用人工智能等新技术管理员工的弹性福利，使员工能够随时随地享受便捷的福利；另一方面，企业会根据新时代员工的特点和需求进一步拓展及丰富福利项目，未来可能会出现关注员工心理健康、家庭教育、技能培训等人性化的福利项目，并利用物联网、云计算、大数据等新技术，通过福利平台收集的员工数据分析和预测员工的福利偏好与未来需求，为员工推出定制化的福利项目，从而不断提高员工对福利项目的满意度，极大地改善企业人力资源管理的工作效率，有效地降低企业的人力资源成本。在大力倡导创新创业的今天，跨界合作与颠覆逐渐成为了商业发展的一个普遍现象。据有关专家预测，行业之间的相互影响以及跨行业的合作，极有可能会产生指数级增长的积极效果。我们不难想象，如果一个福利平台与某个金融机构合作，以低利息贷款为企业提供"赊账"服务，信用度好的企业还可提升信用额度，这样的两者碰撞会产生什么样的火花呢？也许在房价居高不下的大城市，年轻人贷款购房就不再遥远了。未来，弹性福利制度不只是人力资源管理的一个手段，甚至可能会成为企业经营发展的一个重要战略。

（一）员工福利的多样化

从总体上讲，新生代劳动力的个性化需求虽然会越来越强，但不同人群有着自己不同的个性化需求。一般来说，在外企工作的员工希望增加更多的时尚类福利产品，而民企的员工则更看重健康类福利项目。从年龄段来看，家庭事业稳定的"60后""70后"一般偏爱家庭实用型福利产品，而年轻的"80后""90后"则更注重休闲性和趣味性的福利项目，他们希望增加更多游乐、时尚类福利产品。从性别来看，男性更关注福利的质量，女性更希望福利"好玩"又"好看"，她们比较偏爱游乐和时尚类福利产品。

从福利项目涉及的范围来看，由于新生代员工对生活品质追求的不断提高，"健康""精致""潮流""时尚"等潮流构成了今天年轻人的生活元素，于是，电影通兑、音乐演出等时尚体验类福利项目也应运而生。可见，弹性福利项目的构成范围早已突破基本的保险计划项目，正在以不可阻挡的势头拓展到员工生活的方方面面，无论是衣食住行、柴米油盐、水电煤气，还是休闲娱乐、探险游览、健身运动，到处可见弹性福利项目的影子。

（二）福利平台成熟化

移动互联网、物联网、大数据、云计算以及人工智能等新技术的日益应用和普及，不仅改变了人们的生活与思维方式，更改变了人们工作的模式。在线商城的日益普及和成熟，深刻改变着人们的消费习惯；数字化企业和数字化人力资源转型势不可挡，基于SaaS的数字化人力资源管理信息平台正在"飞入寻常百姓家"。如今，随着弹性福利制度的日益流行，特别是福利项目的多元化和个性化，迫切需要与之相适应的人力资源福利服务平台能够帮助企业实现多元化的弹性福利项目。

随着网上商城及其技术的不断成熟，顺应企业弹性福利管理的需求，"电商"弹性福利平台应运而生。很多企业推出了以在线商城为基础的弹性福利管理模式，通过在线弹性福利平台为员工提供福利服务。员工在福利选择开放期间，通过定制化的独立账户、菜单式的自助服务在线挑选自己需要的福利商品。在线商城丰富的商品资源使员工在选择福利商品时，无论是在种类上还是在范围上都被"无限"扩大了，与此同时，企业也省去了确定福利方案、挑选福利商品以及发放福利的时间和成本，而且能够实现异地同步发放和实时发放数据统计与分析，大大提高了企业发放福利的效率，提高了员工对福利的满意度。

如今，专业化的福利管理平台已经成为弹性福利服务的一个重要发展方向。专业化的弹性福利管理平台借助 SaaS 技术，将管理软件与福利服务有机地结合起来，通过打通福利服务商的自有系统 API，完成企业员工信息数据的交互，实现数据信息的同步。例如，东方福利网将福利模块直接嵌入到 SaaS 平台中，极大地方便了企业对员工信息的统一管理以及对福利发放情况的实时监控。东方福利网的弹性福利管理平台由众多的前后端系统组成，包括员工端、企业端、员工与企业管理端、供应商端、运营端等，主要是为企业和员工提供所需的各种各样的福利服务和不同的福利解决方案，包括 PC 端和移动端。弹性福利管理平台的功能主要有福利管理、激励管理、公告、商城、统计分析、账户管理、问卷调查、权限设置、组织架构等。员工通过平台注册可以进入专属的个性化页面，可以随时了解和查看自己拥有的福利项目的使用情况，随时对福利管理提出自己的意见和建议，完成对福利管理的满意度调查等。

再如，京东推出了一个名为"企业购"的弹性福利管理平台。由于京东的在线商城发展时间长，供应的商品类别非常丰富，其品牌的影响力则较大。"企业购"弹性福利管理平台通过与微信进行战略合作，极大地方便了企业的福利管理。企业客户注册企业微信号后，就可以通过企业微信号进行福利采购与管理。京东在后台系统中录入员工信息，再给每个员工进行积分充值，然后由企业发放给员工使用。员工在收到京东的福利充值信息和账号后，就可以通过微信选择自己所需的福利项目和商品了。员工选择的福利商品由京东负责配送，享受京东的配送服务与商品退换等售后服务。这样，企业就将员工福利外包给京东来实施了，省时省力又有效。

（三）福利大数据

随着员工福利信息的不断积累，基于云计算的弹性福利管理平台通过数据分析功能，可以为企业提供员工福利发放、员工福利偏好、员工福利与员工保留等方面的统计分析数据，甚至基于员工的福利偏好等信息能够预测未来员工福利的需求，为企业制定员工福利项目提供科学依据。因此，福利大数据的不断丰富以及大数据技术的不断应用，使得企业的员工福利管理逐渐实现了数字化转型，为企业向员工提供更加弹性化、个性化的精准福利服务打下了良好的基础。

三、福利管理与企业运营

随着新一代员工逐渐成为职场的主力军，基于他们追求高品质生活的特点，企业更加重视员工福利的设计与实施，以期通过合理的员工福利制度来吸引和留住所需人才，打造良好的企业品牌。

（一）福利弹性化与企业品牌

企业的弹性福利作为一种新型的福利解决方案，以人性化管理为指导思想，在企业薪酬体系的总体框架内，为员工提供了多种多样的福利组合，将员工福利的效用发挥到了极致，真正实现了薪酬管理的激励功能。企业的弹性福利有效地解决了企业成本控制和员工福利满意度之间的矛盾，有利于企业吸引和保留关键人才，提升企业的雇主品牌。

目前，某专业机构对国内一些大中型企业的福利制度的调查结果显示，有47%的企业通过弹性福利项目让员工提升了福利价值感受，更有42%的企业通过实施弹性福利制度，达到了吸引人才、塑造良好的雇主形象的目的。

（二）福利弹性化与企业成本预算

弹性福利计划对企业的运营，特别是对企业的成本预算控制发挥着独特的作用。企业的年度福利预算因弹性变得既能满足员工多样化的需求，又可以有效地控制企业成本，能够把员工福利成本的效能发挥到极致。

1.企业的年度福利预算不仅可以明确列编，而且可以根据企业经营绩效的好坏灵活调整总预算。这样，只要有了确定的年度人力资源需求计划，乘以每一个员工的福利预算金额，就是企业全年的福利预算金额。

2.在企业员工福利总预算不变的情况下，通过弹性福利制度，可以根据需求确定员工福利项目。尤其对于国企来说，国家对企业薪酬福利总额的控制非常严格，几乎没有什么提升空间。通过弹性福利制度，企业就可以在有限的福利额度内，最大限度地满足员工的需求。

3.企业可以将一些福利项目外包给外部的专业公司，专业公司通过其专业化和规模化的福利服务，既可以帮助企业降低单位成本，又可以为员工提供物超所值的福利服务。

4.一般来说，福利成本的不断增加会加重企业的经济负担，弹性福利制度的实施可以帮助企业有效控制甚至节省成本。在弹性福利制度的实施过程中，企业通过在每个福利项目后面注明金额，让员工清楚地了解每项福利的成本，提醒员工一定要珍惜所得。当然，这种方法也便于企业有效管理福利成本。例如，美国克莱斯勒汽车公司让退休员工参与弹性福利计划，由员工自行选择医疗项目。结果发现，这种做法有效地降低了公司的福利成本，让公司节省了一笔非常可观的支出。

（三）福利弹性化与人才吸引和保留

近年来，随着物质水平的不断提升，人们的工作动机正在悄然发生变化。越来越多的职场人跳槽不只看"钱"，被认可、发展空间、自我实现等精神需求越来越被新生代职场人看重。因此，如何有效留住多元化的人才，已经成为企业目前面临的最大挑战。

大量的市场调研结果显示，一个人的薪酬水平和职位晋升机会等因素是影响员工跳槽的最主要原因，而企业发展的前景以及员工福利待遇的水平则是促使人才流动的最为关键的环境因素。企业完善的福利制度不仅能间接对员工产生激励作用，增加其对企业的归属感和认同感，而且能提高员工的工作积极性。福利作为人才在流动时考虑的重要因素之一，企业必须要将福利制度归入人才吸引和保留的重要因素，让福利制度和管理模式充分发挥作用，帮助企业留住核心人才，降低员工的流失率。

四、员工福利弹性化管理实践

鉴于员工福利在企业人才吸引与保留乃至打造雇主品牌工作中的重要作用，企业人力资源服务团队必须以员工为中心，通过现代信息技术和人性化的服务流程，为员工提供高质量的福利服务，使员工福利能够真正发挥出其应有的作用。

（一）福利的常见形式

员工福利作为企业薪酬管理体系的重要组成部分之一，除了包括法定福利如基本社会保险等外，还包括企业自主提供的福利项目。

1. 国家法定福利

国家法定福利是《中华人民共和国劳动合同法》等法律明确规定的企业必须为员工缴纳的福利，属于企业的法定责任和义务。法定福利主要包括如养老保险、医疗保险、工伤保险、失业保险和生育保险等基本社会保险、住房公积金以及带薪年休假等。

（1）养老保险。养老保险制度是国家和社会根据一定的法律法规，为解决劳动者在达到国家规定的终止劳动义务的劳动年龄界限，或者因年老丧失劳动能力退出劳动岗位后能够维持基本生活而建立的一种社会保险制度。国家法定养老保险具有强制性、互济性、储备性、社会性等特点。目前世界上实行养老保险制度的国家可分为三种类型，即投保资助型（也叫传统型）养老保险、强制储蓄型养老保险（也称公积金模式）和国家统筹型养老保险。

（2）医疗保险。医疗保险是指国家立法规定并强制实施的、在人们生病或受伤后由国家或社会给予一定的物质帮助，即提供医疗服务或经济补偿的一种社会保险制度。医疗保险具有与劳动者的关系最为密切、和其他人身保险相互交织、存在独特的第三方付费制以及享受待遇与缴费水平不是正相关等特点。

（3）工伤保险。工伤保险又被称为职业伤害保险或伤害赔偿保险，是指依法为在生产工作中遭受事故伤害和患职业性疾病的劳动者及其亲属提供医疗救治、生活保障、经济补偿、医疗和职业康复等物质帮助的一种社会保险制度。我国工伤保险制度随着《工伤保险条例》于2004年1月1日的实施和《中华人民共和国社会保险法》于2011年7月1日的实施日臻完善。工伤保险制度有几条实施原则，即无过失补偿原则、风险分担、互助互济原则和个人不缴费原则。

（4）失业保险。失业保险又称待业保险，是指劳动者因失业而暂时中断生活来源时，在法定期间从国家和社会获得物质帮助的一种社会保险制度。失业保险制度的类型主要有国家强制性失业保险制度、非强制性失业保险、失业补助制度和综合性失业保险制度等。

（5）生育保险。生育保险是指女性劳动者因怀孕、分娩而暂时中断劳动时，获得生活保障和物质帮助的一种社会保险制度。实行生育保险制度，对于保证生育女职工和婴儿的身体健康，促进优生优育具有重大意义。国家实行生育保险是对女性劳动者生育价值的认可，有利于促进和实现男女平等。近年来，生育保险有与医疗保险合并的趋势。

（6）住房公积金。住房公积金是国家机关、国有企业、城镇集体企业、外商投资企业、城镇私营企业及其他城镇企业、事业单位、民办非企业单位、社会团体及其在职职工依法缴存的长期住房储金。住房公积金是国家推行的一项住房保障制度，它实质上是劳动报酬的一部分，是归属员工个人所有的、专项用于解决员工住房问题的保障性资金。

（7）带薪年休假。实行职工带薪年休假（简称年休假）制度，是世界各国劳动制度的普遍做法。休息权是中国宪法规定的公民权利，劳动者应当平等享有。随着《职工带薪年休假条例》和《带薪年休假条例实施办法》等法律法规的颁布实施，国家对职工带薪年休假做出了更加明确的规定。按照相关规定，机关、团体、企业、事业单位、民办非企业单位、有雇工的个体工商户等单位的员工连续工作1年以上的，享受带薪年休假。单位应当保证员工享受年休假。

2. 公司福利

除了国家法律规定的福利之外，企业还会向员工提供一些额外福利，由企业根据自身情况自主决定。这些公司提供的福利构成了弹性福利的基础。一般来讲，弹性福利可以分为经济性福利、设施性福利、共时性福利、娱乐性与辅导性福利四大类。

目前，企业对弹性福利的管理方式主要有附加式、套餐式、"固定＋可选"式、积分式等。不同的企业可根据自身情况和员工需求，确定符合企业自身特点的弹性福利实施模式。

（1）附加式。附加式就是在企业现有福利体系的基础上，供员工选择额外的福利项目。企业一般会为员工提供诸如通信补贴、交通补贴、住房津贴、人身意外险、带薪年休假等福利项目。近年来，越来越多有条件的企业会在此基础上根据员工的需求，额外提供其他不同的福利项目，如企业年金、团体医疗保险、国外休假补助等。当然，出于吸引与保留人才的目的，企业会根据员工的工资标准、工龄、级别或家庭人数等因素，对这些福利项目确定一个限额标准，员工在此限额内"选购"自己需要的额外福利项目或商品。如果员工到了年底没有用完自己的限额，企业可以将余额折现以工资的形式发放给员工。但是，如果员工购买的额外福利超过了限额，他们可以选择自己支付或从自己的税后薪资中抵扣。

（2）套餐式。弹性福利制度的核心是让员工根据自己的需求从企业提供的福利项目中进行自主选择。为此，很多企业根据福利预算和员工需求，与福利服务商合作，事先确定一定种类的福利项目或商品，供员工自由组合和选择。这样员工可以根据自己的需要，选择一套属于自己的福利"套餐"。在实践中，企业既可以让员工从企业提供的各种福利项目或商品"菜单"中自由选择，也可以给员工一定数额的购物自主权，自己购买后企业予以报销。

（3）"固定＋可选"式。"固定＋可选"式既可以确保员工获得最基础的福利保障，又可以使员工选择自己心仪的福利项目或商品。一般来说，"固定"部分的福利设置主要是为了保证所有员工都能够享受到企业提供的基础性福利，为员工的工作与生活提供最基本的保障。"可选"部分则是为了满足员工个性化的福利需求，目的是不断提高员工工作与生活的品质。

（4）积分式。积分式就是将每一个员工可享受的弹性福利额度转化成一定的弹性福利积分，如1元人民币等同于1个积分，每一位员工获得的积分总额等于其全部福利的总预算额。很明显，积分式可以让员工清楚地感受到企业在其身上投入的福利，企业福利成本的透明度高。通过弹性福利计划，企业还引入了成本共担的概念，在给予员工福利选择权的同时，也明确了员工福利成本的上限，超出部分由员工自理，但员工能够享受企业的议价优势。这样，既能够满足员工的福利需求，又能够有效控制企业成本，还能使企业的福利投入变得更加透明。积分的形式将原本看不见的福利金额直接呈现到员工的面前，使员工清晰地了解到企业的福利投入有多少。

在积分式下，即时奖励与积分福利的结合已经成为激励员工的一种有效结合。过去企业比较关注结果，特别是需要经过长期努力才能达成业务目标的奖励，对员工来说很多时候看起来更像是"画饼充饥"。因此，企业越来越推崇即时奖励。即时奖励与积分福利的结合，表明企业将更加强调对员工值得鼓励的行为的即时奖励。把对员工行为的认可和激励作为一种公开的形式，能够使员工清楚地意识到，这就是公司想要的，这就是公司倡导的行为。为此，很多企业都把文化拆分成许多细小的具体行为和奖励项目，只要员工完成了这些项目，就可以获得激励或奖励，员工将朝着企业期望的方向继续前进和成长。

（二）弹性福利的管理和服务

人们越来越深刻地认识到，好的企业福利不仅反映了企业对员工的长期关怀，而且会起到激励员工的作用。弹性福利制度由传统福利制度发展而来，一经推出就受到了越来越多企业的广泛认可。

1. 从传统福利到弹性福利

随着企业人才吸引与保留力度的不断加大，人力资源服务团队需要转变观念，在设计和执行员工福利制度时必须要考虑员工对福利的感受，使企业的弹性福利制度的功能效用实现最大化，最终实现薪酬管理的支持和激励功能。

一般来说，企业设计弹性福利制度时需要考虑以下几个因素。

（1）员工福利制度一定要符合国家的法律规定。对于员工福利费的提取与使用，企业需要按照国家规定的比例在税前列支，企业需要将非税前列支福利项目纳入到员工个人的收入中，按照国家相关规定依法缴纳个人所得税。

（2）企业需要进行精确的福利预算和福利成本控制。在实施弹性福利制度之前，企业需要对整体的员工福利项目进行精确的年度预算，包括绝对数值和所占的百分比，如占工资总额、销售额、利润的比例等，从而为企业高层管理者进行决策提供数据支持，为有效控制福利成本奠定基础。

（3）企业需要摸清员工真正的福利需求。来自不同行业、不同规模企业的员工以及岗位不同、级别不同、学历不同、年龄不同的员工，其福利需求也不尽相同。企业可通过问卷调查或团体访谈的方式了解员工的想法和需求，并据此设计出能够真正满足员工需求的福利项目。

（4）企业需要定期更新福利"菜单"。在有效控制福利成本的前提下，企业需要不断调整自己的福利制度以适应市场环境条件的不断变化，与此同时，还需注意避免与直接报酬相抵触，为员工设计和提供有吸引力的福利制度。

（5）企业需要不断与员工加强沟通，塑造福利文化。一项好的福利制度不仅可以让员工明白自己得到了什么，而且能让员工明白企业为什么提供这些福利。如果员工不了解企业的好意，甚至认为弹性福利制度只是换汤不换药，他们就无法意识到自己已经从被动接受转为拥有主动选择权，大大降低了弹性福利制度的激励作用。因此，企业在福利文化与制度的转变过程中，需要与员工进行全面且持续的沟通，使员工真正了解并理解企业福利制度设计的出发点和目的。具体来说，企业在从传统福利制度向弹性福利制度转变时，可以按照以下步骤来实施。

第一步，对现行的福利项目进行系统整理，根据员工需求搭建弹性福利框架。企业在搭建弹性福利框架之时，需要清楚地知道企业在员工福利方面的总预算有多少。企业需要把现有的福利项目系统地整理出来，制作一份福利项目清单，列清楚现在有多少个福利项目、涉及多少员工、什么时间发放、计划的福利项目预算有多少等，做到心中有数。只有这样，企业才能搭建一个合适的弹性福利框架。企业在搭建弹性福利框架时，最初框架可以相对精简，然后把原有福利项目按需整合到所搭建的弹性福利框架内，既能为员工提供最根本的保障，也给未来丰富弹性福利内容留出了必要的空间。

第二步，开展市场调查，初步拟订弹性福利计划与预算。弹性福利制度的市场调查分为两个方面，一个是人才市场调查，一个是供应商市场调查。人才市场调查的主要目的是，看竞争对手给员工提供了哪些弹性福利。供应商市场调查的目的是，对能够提供相关福利服务的福利平台及供应商，如保险公司、体检公司、购物卡供应商、旅行社、培训机构等，深入了解它们能够提供的福利项目和价格。根据调研结果初步确定入选的福利项目，然后填充到弹性福利框架之中，与此同时，对其进行成本与管理模式分析。

第三步，制定符合预算且具有激励性的弹性福利政策。在确定了具体的福利项目以后，企业可将各个福利项目的费用标示出来，以便于员工在自己的福利限额范围内进行选择。如果出现员工选择的福利项目总费用超出规定的员工福利额度的情况，可以在一定限额下允许员工自行支付。

企业可以从激励的角度设计弹性福利政策。一般来说，企业往往会将基本保障性福利以外的弹性福利项目与员工在本企业的服务年限或绩效挂钩。例如，绩效考评为优秀的员工可以选择1万元以内的弹性福利项目，绩效考评为良好的员工可以选择7千元以内的弹性福利项目，以此类推。对弹性福利制度进行差异化设计，可以发挥员工福利制度的激励作用。

第四步，与企业管理层沟通并确定弹性福利项目及预算。明确了具体的方案后，人力资源部要与企业高层管理者进行充分沟通以获得他们的认同及支持。弹性福利相对于传统福利，一般覆盖范围比较有限，但因为单项支出额度较大，所以人力资源部在与企业高层沟通时需要格外关注预算问题。

第五步，开展员工沟通。在完成了弹性福利制度的前期设计工作之后，企业需要通过宣传沟通，帮助所有员工对弹性福利有一个清晰的概念，让他们知道弹性福利制度的优势，争取员工的认同感。一般来说，制定弹性福利项目的目标是吸引所有员工进行注册，接受弹性福利制度，解除他们的种种疑虑，然后逐步推进弹性福利制度。

第六步，定期回顾。制定好弹性福利制度以后也不是一劳永逸的，企业需要特别关注员工的反馈，按照员工的真正需要进行不断调整以适应环境条件的变化。只有这样，员工才会感觉到"弹性福利"越来越符合自己的内在需求。

2. 沟通与持续改进

从心理学的角度看，弹性福利的实施过程就是对员工福利感知度的动态管理过程。企业投入一定的资金和人力为员工提供弹性福利计划以增加福利的适用性和灵活性，其目的是提升员工对福利的感知度进而发挥员工福利的激励作用。可见，在弹性福利计划设计完成之后，如何与员工进行有效的沟通就成了弹性福利管理和服务中的一个关键环节。

在推出弹性福利计划初期，人力资源服务团队可以通过宣讲、视频、张贴海报、宣传手册、电子邮件等多种渠道，向员工全面介绍弹性福利计划的目的、特点、与传统福利计划的不同与优势、使用方法等，指导员工注册和使用。

在日常管理弹性福利计划的过程中，人力资源服务团队需要对其进行动态管理，不仅要持续吸引员工的关注，而且要通过问卷调查、走访等方式不断收集员工的反馈，听取员工的使用心得和意见，以不断调整和改进弹性福利计划的适用性与灵活性。弹性福利最终是发给员工的，所以员工的意见非常重要，切不可闭门造车，凭自己的理解和想象构想弹性福利的项目及内容。

总之，为了不断提升员工对弹性福利计划的感知度，赢得他们的认可，人力资源服务团队需要根据不同年龄阶段或处于不同人生阶段的员工福利需求的不同，采取他们喜闻乐见的方式进行沟通，以增强沟通的效果。例如，随着微信的日益普及，通过微信平台进行沟通不仅增加了员工获取信息的便利性，而且员工可以随时随地阅读微信信息，大大提高了沟通效果。但是，如果企业一味地采取传统的电子邮件或通过企业内网进行沟通，这类信息很容易被员工漏掉，达不到充分沟通的目的。

由于福利弹性化的终极目的是用定额的福利支出实现员工最大的满意度，企业需要通过对弹性福利计划及其服务的不断改进来达到此目的。因此，人力资源服务团队定期对弹性福利计划进行专项调研就显得格外重要。一般来说，调研的主要内容通常由三部分组成：第一部分主要调查员工对现有福利制度的了解程度，如果企业过去没有就弹性福利计划与员工进行过充分沟通，部分员工并不完全知晓企业的弹性福利计划，人力资源服务团队就可以借此机会进行宣传和普及；第二部分主要了解员工对现有弹性福利计划的满意度；第三部分主要是对未来弹性福利计划的展望，主要想了解员工期待企业未来提供哪些福利项目、如何提供福利项目，是让员工自主选择还是企业"打包式"套餐等。需要特别注意的是，企业在做这样的沟通和调查时，需要表达出清晰的导向性，避免员工误解企业在问卷中调研的福利项目就是即将推出的福利等。

企业除了定期进行内部调研之外，还需要定期考察外部市场情况，保证企业的整体福利制度更具市场竞争力，合理调整弹性福利计划，陆续增设新的福利项目。例如，对于时下比较热门的补充住房补贴、补充养老保险、年休假等福利项目，企业可以根据员工需求情况，考虑适时加入到现有的弹性福利框架之中。此外，采用菜单式福利管理平台的企业也可以将平台作为员工沟通反馈的渠道，能够实时了解员工的反馈等信息。这样，企业就可以根据员工需求和偏好对弹性福利项目进行动态调整，逐渐丰富弹性福利菜单，最大化地满足员工的福利需求，平衡好员工福利需求和企业成本控制需要之间的关系。

因此，人力资源服务团队一定要与时俱进，不断更新服务理念，不断优化服务流程，不断更新弹性福利项目，以使弹性福利计划发挥其最大的效能。人力资源服务团队每年可以分析年度需求调研情况、员工弹性福利计划的选择结果、使用情况、使用满意度以及相关意见和建议等，深刻理解和预测员工对弹性福利项目的需求、偏好，及时增加或删减相关福利项目或覆盖范围，洞察弹性福利计划激励作用的效果等。只有这样，才能保持员工对弹性福利计划的新鲜感，不断提升员工对弹性福利计划的满意度。换句话说，弹性福利计划的动态管理不仅满足了员工多样化的福利需求，而且使员工对弹性福利项目能够持续保持新鲜感和认可度，充分发挥弹性福利计划的激励作用。

（三）弹性福利的管理难点与潜在问题

基于员工对福利需求的不断变化，弹性福利计划的管理存在着很多的挑战。其中，企业提供的弹性福利项目选择与员工福利需求之间的匹配度以及一些福利项目的个税适用等问题是企业福利管理中面临的主要挑战。

1. 福利供需匹配问题

当前，国内很多企业的"弹性福利制度"大多只是把原来统一购买的补充医疗保险变成了可供员工选择的补充医疗保险套餐。员工福利的根本目的不是实现保险保障的最大化，而是实现员工健康（包括身体健康、心理健康、财务健康等）和快乐生活的最大化。在这方面，我国企业还有很长的路要走。

从众多企业目前的实践来看，企业在员工福利方面虽然投入的资金越来越多，采购的福利商品的品类也在不断增加，但似乎还是无法满足员工多元化的福利需求，仍然对企业的福利管理构成较大的挑战。例如，一些专业机构的调查发现，多数企业在福利执行过程中都遭遇了"员工福利需求结构多元，福利项目无法满足不同人群需求"等挑战。由于福利制度执行的巨大压力，企业的福利采购人员对员工满意度的预估也缺乏自信。从员工的角度来看，大多数员工之所以对福利满意程度不高，其主要原因是福利品类太少。此外，一些福利产品还存在着质量较差的问题。

调查发现，如果将企业目前提供的弹性福利项目和商品种类与员工的福利需求相匹配的话，在企业提供的福利品类中，与员工期待比较吻合的主要有年休假、年度体检、年节福利和团建活动等，其他的福利项目则在不同程度上低于员工的福利期待值。其中，与员工福利期待落差最大的三个福利项目分别是补充住房计划、企业年金或储蓄计划以及现金补助。由此可见，员工更关心基本的物质生活福利补助，这一点从企业福利设计和发放的实际情况来看，基本上很难让员工完全满意。

2. 税优政策的局限

从企业的角度出发，员工福利的价值之一是部分福利可以从企业的税前列支。按照《企业所得税法实施条例》的相关规定，企业发生的职工福利费支出，不超过工资薪金总额 14% 的部分准予扣除。但是从员工的角度出发，国家目前的税优政策在员工享受福利方面存在一定的适用性和适用范围。虽然员工对正常的工资薪金所得需要缴纳个人所得税并由企业代扣代缴已经有了基本的意识，但对于日常工资薪金之外的福利项目也需要缴纳个人所得税缺乏意识。因此，企业需要加大国家关于征收个人所得税政策的宣传力度，教育员工自觉守法。当然，企业的人力资源服务团队也要尽量简化和优化福利管理手续，在自觉履行法律义务的同时，尽最大努力不断改善和提高员工的福利满意度。

3. 要特别明确是工资收入还是福利

由于一些弹性福利项目的设定是以现金的形式作为计量单位，并像奖金一样与员工的个人薪资项目挂钩，如以员工的基本工资的某一个比例作为其福利的总额等。对于这样的福利标准的设定，经过不断的实践操作，员工就会混淆工资收入与福利之间的界线，体验不到或感受不到"福利"的性质。久而久之，员工甚至会认为这个就是企业承诺给他们的收入中的一部分。如果企业想调整或取消这个福利项目，或者员工离职时，员工就会理直气壮地要求企业以现金方式进行支付。可见，这样的福利项目设计不仅会给企业的沟通工作带来困难，而且会给劳资纠纷埋下隐患。因此，企业在设计和建立弹性福利制度时，要避免用"现金"的形式或概念来表述福利项目，以免造成不必要的劳动纠纷。

第三节　休息休假和福利服务管理的未来展望

在技术发展日新月异的今天，从移动定位技术、语音技术、二维码技术、图像识别技术、VR、AR 到大数据、云计算、人工智能等，这些新科技不仅深刻地影响着人们的工作方式与生活方式，更是快速地推动着企业发展，特别是人力资源管理的数字化转型。

随着人力资源管理"以员工为中心"理念的确立，如何改善员工的人力资源服务体验，进而提高员工的满意度和敬业度已经成为企业人力资源管理的一个重要课题。顺应科技与时代发展的潮流和管理理念的巨大转变，作为与员工切身利益密切相关的休息休假和福利管理也发生了重大变化，出现了一些新的发展趋势。

一、新时代对休息休假的新要求

随着人们对休息休假的深入认识，休息休假在作为法律赋予劳动者的基本权利的基础上，已经被提升到了劳动者"福利"的层面。企业开始站在员工的角度和立场，给予员工更多的人文关怀，以践行自己倡导的"人才至上"的主张。

（一）关注和照顾家庭

在新时代，劳动者正在面临着同时抚养四个老人和培育一个或两个孩子的情形，他们不得不抽出一定的时间和精力用于关注和照顾家庭。

大量的调查和研究显示，父母的受教育水平和父母照料孩子的时间之间存在很强的正向关系。也就是说父母受教育的水平越高，他们与孩子在一起的时间就越长，因为他们认为"机会成本更高因而更有价值"。从我国的国情来看，特别是在全民义务教育得到广泛普及的今天，人们的受教育水平得到了很大程度的提高，受过良好教育的这一代人在成为父母后，他们特别重视对子女的培养和教育。与此同时，也说明人们对可用于陪伴子女的休息休假时间的需求将越来越大。当前，在一些经济较为发达和社会福利制度较为成熟的国家，除了在子女出生时企业提供福利性产假和陪产假以外，员工还可以在子女处于特定的年龄阶段时享受较长的照顾子女假期。

从企业的角度来看，一些社会责任感较强的企业，除了追求最大化的商业利益外，还将承担一定的社会责任作为自身发展的神圣使命。企业履行社会责任，除了积极参与社会助残、赈济、救灾、捐款等公益活动之外，最本质的应该是对员工家庭需求的尊重，然后以员工为中心辐射到他们的家庭成员，再以家庭为单位影响整个社会。这样的管理理念必然会使企业在休假制度的设计和适应范围倾斜向员工的整个家庭。例如，微软公司出于对员工家庭需求的重视，在2017年推出了家人照顾假、陪产假和领养假等福利，在2019年又在满足当地政府相关政策的基础上推出了丧假福利政策。

（二）提升人生的意义

人们在基本上摆脱了生存的压力之后，特别是随着科技创新与进步，社会生产力在得到极大的提高后，人们的工作时间被不断地释放出来，人们的休息休假时间也在不断增加，人们的生活质量得到了极大提高。

蜚声国际的奥地利平面设计师施特温·施明德，在著名的 TED（Technology、Entertainment、Design，即技术、娱乐、设计）大会上介绍了休假的巨大作用。他每隔七年都会休息一整年，而在休息的这一年里，他可以为接下来的七年孕育各种创意、灵感和想法。全球航空战略公司的首席执行官沙山克·尼贾姆受到施明德每七年休息一年的启发，把时间跨度从年变成了周，即员工每工作七周后强制休假一周。他为此进行了一系列的强制休假实验，结果发现，强制休假一周的员工的创新能力上升了 33%，幸福程度上升了 25%，工作效率也上升了 13%。全球航空战略公司还收集了员工休假写的博客，很多人都提到终于有时间做自己一直想做的事情了，如举办艺术展览、学习新语言，或是去陌生的地方旅行等。当一个人的物质需求被满足后，给自己一些时间去感悟生活，去帮助那些有需要的人，不仅能够令人有更高的成就感，而且能够提升一个人的人生意义。

二、休息休假与企业运营

随着互联网、大数据、云计算和人工智能等新科技的迅速发展与在工作和生活中的广泛应用，企业的数字化转型已是大势所趋。未来，只有那些能够尊重并激发员工潜力和价值的企业才有机会生存下来。新技术的应用使社会生产力不断提高，不断提高的社会生产力必然要求与之适应的新的生产关系，而新的生产关系的变革必然会要求企业认真审视员工的需求。这就是现在越来越多的企业特别重视员工休息休假需求的根本原因。

（一）休息休假与企业文化

休息休假政策与企业文化密不可分。在企业初创和迅猛发展阶段，企业必须要与员工齐心协力、同心同德、团结一致，共同应对所有困难。只有这样，企业才能度过一个又一个难关，才能取得创业的成功。在这个阶段企业管理者一般会把"奋斗""奉献"等价值观渗透到企业文化中，让员工从企业快速发展中体会到他们与企业实现了"双赢"。企业在完成了原始积累、其经济总量在达到一定的规模以后，就进入到了相对稳定的发展阶段。在这一阶段，企业与员工的诉求往往会出现很大差异，并随着企业的不断发展和员工的不同而动态性地出现不一致。例如，企业追求高质量发展与员工追求高质量生活需求的不一致；企业希望员工始终保持"拼搏"

精神而不是"混日子",员工则希望获得更多的工作与生活平衡等。在这个劳资需求不断博弈的过程中,随着时代的不断进步,企业的文化价值观中开始不断纳入更多的对员工的人文关怀因素,包括"工作与生活平衡""尊重""包容"等价值观。事实上,这些具有人文关怀的文化价值观正在不断赋予企业新的活力与增长潜力。

例如,谷歌的人力资源负责人拉斯洛·博客在一次员工亲属参观员工办公室日的活动中,讲述了谷歌基于人性化的考虑对员工的休假制度进行改革的故事。此次员工休假制度改革的起因,是一名谷歌员工需要照顾生病的家人,但当时他的带薪假已全部用完,只剩下了两个选择:要么请无薪假回家照顾家人,要么放弃照顾家人继续工作。谷歌基于员工的提议创立了一种新的休假制度,即在已有带薪假都休完的前提下,如果某个员工还需要额外的假期,其他员工可以把自己富余的假期借给他。谷歌这一新的休假制度不仅使每一个员工都能从中受益,而且深刻地展现了谷歌开放自由、包容、尊重和注重员工工作与生活平衡的企业文化。

(二)休息休假与员工激励

员工激励作为人力资源管理的核心目的之一,意在提升员工的工作敬业度,让其能够更积极主动地投入到工作之中,以更饱满的热情和能量,提升企业的整体效能。一般来说,员工激励包括外在激励和内在激励两种。外在激励通常指的是企业以物质形式奖励员工,如奖金、奖品、加薪等。内在激励则是企业通过一种或几种特定的方式,使员工发自内心地对自己所从事的工作或所服务的企业产生强烈的认同感,进而充分激发员工内心的满足感、愉悦感、成就感等内在因素。

大量研究表明,外在激励只能持续很短的时间,内在激励则能够让人发自内心地把事情做到位。可见,内在激励对一个人的影响和改变比外在激励要大得多。

新时代需要内在激励,需要对创新人才进行赋能。但是,如何对员工进行科学的内在激励,企业如何才能真正达到内在激励的效果,是企业一直在苦苦探寻和研究的一个重要课题。令人可喜的是,现在越来越多的企业建立了休息休假的激励制度,以期通过提供更多的闲暇时间的方式来帮助员工舒缓工作压力,获得新的工作技能,激发工作的激情与灵感,实现对员工的内在激励。

(三)休息休假与人才吸引与保留

由于新生代劳动者特别注重工作与生活的平衡,因此,企业一方面需要认真对待员工的休息休假需求，通过制定和实施人性化的休假制度来激励与保留现有人才；另一方面，正是有了合理的人性化的休假制度，企业才能吸引更多的人才，尤其是吸引新生代创新型人才加入企业。可见，企业合理的休息休假制度对人才的吸引与保留具有非常重要的作用。

是否提供较长的假期以及休假方式是否灵活是新生代员工最看重的两个方面。正因如此，很多企业倾向于为员工提供更长的假期和灵活的休假方式。例如，安永澳洲公司为了避免失去顶尖人才而对现有的休假制度进行了改革。新的休假制度规定，员工按照其在公司的服务年限，每年有一个半月到三个月的带薪假期，可以一次性休掉全部假期，也可以拆分成两次休掉全部假期。此外，员工可以选择将自己每日的工作时间缩减成兼职时间，但选择缩短的工作时间每年不能超过三个月。通过这样灵活的休假方式，已经做父母的员工可以很好地兼顾家庭和子女教育，他们可以在子女学校开课时正常工作，在子女学校放假期间安排休假。员工还可以利用这段假期做很多有意义的事，如志愿者服务、学习甚至是徒步旅行等活动。有了这样的人性化休假制度，安永澳洲公司在职员工的离职率得到了极大的改善，也成为了公司在外部人才市场上吸引新生力量的一个有力的筹码。

在新时代，互联网和移动社交平台以其沟通方便、信息传播迅速等优势深得人们的青睐，已经成为人们特别是年轻人沟通交流的重要渠道。顺应员工关注家庭和生活这一需求，企业通过设计独特的休假制度，通过互联网和移动社交平台的传播与放大，很容易在行业和社会中形成巨大的影响力，进而能够帮助企业建立良好的品牌形象，为企业吸引和保留人才提供助力。

三、员工休息休假的未来发展趋势

纵观国家对企业有关员工劳动时间的干预及其立法、科技发展对劳动者繁重劳动的解放以及生产力的极大提高，劳动者工作时间的总体发展趋势是：劳动者工作时间无论是长度还是宽带都呈现减少的趋势，工作时间安排的灵活性不断增强，工作的游戏化和生活化使工作与生活的界限日趋模糊，员工更关注工作与生活的平衡。顺应这一发展趋势，员工的休息休假成为员工选择职业和企业的重要考虑因素，是否有充足的可支配时间休息休假成为员工未来高品质生活的重要象征。

随着科技的不断发展和劳动生产率的极大提高，社会财富在不断丰富。财富的不断丰富，尤其是个人财富的不断增多，使人们不必时刻为生存而劳碌奔波，转而追求有闲、高品质的个人生活。顺应科技的发展和人性的需求，人们一周的工作时间已经由过去的7天工作制变成了6天工作制，再变到如今的5天工作制，欧洲有些国家甚至变成4天工作制。这就是科技和时代发展的推动力量。

对于一天的工作时间，由过去固定的上下班时间和固定的工作时长，逐步变成员工不仅可以自己灵活安排，而且可以在工作时间做一些与工作无关的个人的事情。这种"混序"的工作时间安排其实是企业向人性妥协的结果。软件公司Basecamp的联合创始人戴维·海涅迈尔·汉森在他的新书《不必为工作疯狂》中指出，长时间工作既不能提高生产率，也不能提高创造力，员工的痛苦程度从每周工作80小时后开始呈指数级增长。相比之下，混序结构的组织以任务为基础，注重合作，强调灵活的专业团队，鼓励员工发挥聪明才智。这种组织结构并不要求严格的工作时间，而是由志趣相投、目标相同的人们构成，通过彼此信任克服低效率的弊端，从而形成敏捷、灵活的战斗力，更能实现组织可持续发展目标。谷歌公司为我们提供了另一个很好的案例。谷歌有一个"20%时间"的工作方式，允许工程师拿出20%的时间研究自己喜欢的项目。更为重要的是，无论员工想把这20%的时间用在何处，只要不妨碍其正常的工作，就没有人能够阻止员工忙自己的事情。谷歌的这个制度实际上实践了史蒂夫·乔布斯那句"要以创意为准则，不要奉等级为圭臬"的格言。事实证明，如果企业放心地赋予员工自由，那么他们大多不会把自由时间浪费在"做白日梦"上。

工作时间长度和宽度的缩短，使员工有了更多的自由支配时间，员工也更注重个人的休息休假及其质量。在未来，在一个财年中，员工工作时间与休息休假的时间之间的比例将会发生逆转，员工将由绝大多数时间在工作变为绝大多数时间在休息休假。事实上，即使按照国家今天有关工作时间的规定，一名员工一年基本上要工作2 000小时。随着人们"工作为了生活"这一新的工作动机成为主流，是否能够实现工作与生活的平衡必然成为未来员工的首选。

四、新科技与未来的员工福利管理

从人类的历史发展来看，近200年来的科技发展的成果超过了过去几千年中科技发展的成果。可见，科技发展是以加速度的方式前进的。更为重要的是，科技正在改变人们的工作与生活。下面，我们预测一下新的移动智能终端技术、VR 技术和人类智能技术将会如何影响和改变员工的休息休假及福利管理。

（一）移动智能终端技术与员工休息休假和福利管理

自从 2007 年美国苹果公司推出 iPhone 以来，智能手机以及相关平板电脑设备等移动智能终端开始飞速发展。特别是随着四核甚至八核并行移动处理器、fiash-Rom 等核心配件的发展及其在手机上的应用，与传统的个人电脑相比，手机的信息处理能力已经可以与之媲美；移动 4G、5G 技术、WiFi 等无线数据通信方式的全面普及，使手机的数据传输速度越来越快，智能手机已经完全具备了移动智能终端的处理能力。

通过红外传输和蓝牙技术与其他设备进行通信，智能手机逐渐成为人们通信、文档管理、社交、学习、出行、娱乐、医疗保健、金融支付等方面便捷、高效的工具。员工已不再需要当面或打电话向主管请假，也不再需要通过电脑登陆企业的考勤系统申请休假，而是通过移动智能终端就能轻松登陆企业考勤系统申请休假，并且能够随时提醒你什么时候开始休息，什么时候结束休息，并提醒员工不要耽误上班等；在不久的未来，员工可以通过移动智能终端选择学习、娱乐、健身、医疗保险等方面的福利。更为重要的是，移动智能终端还可以通过大数据分析，根据员工的个人情况、历史数据与偏好等信息，为员工选择福利项目提供建议。

此外，随着 5G 时代的来临，我们今天的"智能手机"或将在 5G 时代升级成为"智联手机"。"智联手机"中的"智"意味着人工智能将赋予机器人类的"智慧"，我们的手机或许会变成"人"——"他"可以是你的助手、伙伴，甚至是你的朋友，会帮助你安排好生活中的一切，就好像《钢铁侠》中托尼（Tony）的管家扎维思（Jarvis）。

5G 网络还将赋予智能手机万物互联的能力，也就是对"智联手机"中"联"字的诠释。作为最适合随身携带的智能终端，手机将成为人与万物连接的中心。手机可以和智能家居、智能城市、无人机、车联网、机器人等互联。如果"智"的变化将你的手机变成"人"，那么"联"将赋予"他"更为广阔的应用。

根据员工的工作安排和身体状况，智联手机会为员工制定妥善的休息休假方案，并适时提醒员工准备休息休假。

在未来弹性福利制度下，智联手机可能会代表员工与企业就福利项目选择达成一致，并不断向企业反馈员工对福利项目的评价信息，为企业设计与调整福利项目奠定基础。

（二）VR 技术与员工休息休假和福利管理

VR 技术即"虚拟现实"技术，是一种利用电脑模拟出真实环境效果的仿真系统。现阶段，虚拟现实技术只能在视觉上营造出一种逼真的效果。未来的 VR 应该是全方位的，能够从视觉、听觉、触觉各方面做到"以假乱真"。目前的 VR 技术广泛应用于电子游戏领域，也是普通人最容易接触到 VR 技术的一个领域。

在未来，VR 技术的普及和拓展可以帮助员工脱离对工作场地的依赖性。通过 VR 技术，人们可以随时随地如亲临现场一般工作、参加会议、参与团队活动等。如同科幻电影里呈现的那样，挥手往空中一划，就会投射出工作现场，对着空中敲敲点点，问题就被解决了。VR 技术的普及帮助员工节省了上下班时间，大大提高了员工的工作效率，使员工有了更多休息休假的时间。企业也将更加专注于员工的工作效率和实际产出，无需再为员工的考勤和怠工建立各种名目繁杂的时间管理制度。

在员工福利管理方面，VR 技术可以帮助员工进行各种福利项目的虚拟体验，如模拟学习福利项目的效果、个人体检、健身项目的效果等，以确保其所选的福利能够最大程度地满足自身需求。

（三）人工智能与员工休息休假和福利管理

人工智能就是通过对机器输入数据并将输出数据与期望输出进行对比，调节机器内部的相关参数从而让机器积累更多准确的经验，同时运用神经网络训练机器，让机器也可以像人类一样思考和工作，甚至在某些方面超越人类。作为计算机科学的一个重要分支，人工智能在机器人、语言识别、图像识别、自然语言处理等领域的研究已经有了重大突破，人工智能技术已渗透到人们工作与生活的各个方面。如无人超市、阿尔法狗（Alphago）人机大战、无人驾驶汽车、语音识别和刷脸解锁等。

让我们做一个大胆的设想，假定某一天每个人都可以拥有一个人工智能小助手，并且可以把自己"克隆"到人工智能小助手身上。这样，当员工休息休假的时候，他的智能小助手就会自动上岗，帮忙员工处理各项工作，跟进之前尚未处理完的项目，生成待办事宜清单，并按照轻重缓急处理好员工交代的工作，在员工方便的时候汇报各项工作的完成情况。在休息休假结束后，员工可以重点解决需要自己亲自处理的工作。

从员工的角度看，人工智能小助手可以根据公司的休息休假管理政策和流程，为员工提前规划休息休假时间，提交休息休假申请，及时提醒员工休息休假，帮助员工充分享受公司的休息休假福利。从企业的角度看，企业可以利用人工智能，对团队或参与某个项目的员工提交的休息休假申请进行统计分析，帮助团队经理或项目经理调配好人力资源，合理安排员工的工作，使员工实现工作与生活的平衡。

对于员工弹性福利的管理，人工智能技术可以帮助企业分析员工的福利偏好和需求，并结合外部企业的最佳实践，为员工设计精准的个性化福利项目。人工智能技术和强大的数据分析能力，可以将每一个员工的个性化福利需求以福利方案的方式传递给企业，企业再通过人工智能技术直接在外部福利平台上进行采购或定制。这样，企业将不再为是否要满足员工个性化的福利需求而纠结和苦恼了。

第五章

国际人才服务

　　随着第四次工业革命的启动，世界上大多数国家都在经历着翻天覆地的变化。正如世界经济论坛创始人兼执行主席克劳斯·施瓦布（Klaus Schwab）在《第四次工业革命》一书中指出的那样："无论是规模、广度还是复杂程度，第四次工业革命都与人类过去经历的变革截然不同。"事实上，进入二十一世纪以来，经济全球一体化进入到了一个新的发展阶段，生产、贸易、服务等领域的国际化程度正在迅速扩展，它们在全球范围内的流动也在不断加速。与之相适应，人才在区域内乃至全球范围内的流动随之不断加快。高科技发展的不断加速、产业结构的重大调整、区域经济一体化乃至世界一体化的初步建立以及不同国家和行业的企业之间国际战略联盟的日渐形成，都迫使企业需要不断巩固和加强自身在本领域中的竞争地位。在这样的经济环境下，人才在企业中就成为了新经济时代的首要资源。企业要想在国际化市场中立于不败之地并能持久发展，拥有和保留一支国际化的人才团队变得至关重要。

第一节　国际化人才与人才服务国际化

近年来，我国越来越重视人才队伍建设。借鉴西方发达国家的国际教育理念，我国高等教育的人才培养目标正在逐渐转向培养学生的国际理念、国际竞争与合作意识、成长性思维，注重学生综合素质的教育，特别是良好职业素质、心理素质的培养等。与此同时，国家鼓励青年人进行国际间跨文化交流，培养他们的跨文化合作能力、沟通能力、创新意识和创造能力。在人才竞争日益激烈的新时代，如何吸引和保留国际化人才，让其为我所用，已经成为各个国家之间激烈角逐的一个重要方面。

一、新时代国际化人才与人才国际化

在全球化、信息化和国际化的形势下，随着我国经济的强劲发展和国际地位的不断提高，特别是随着我国"一带一路"倡议的实施，广阔的海外市场、充足的资金流、开放的经济政策等都为我国走出去的企业带来了前所未有的发展机遇，国内企业呈现出了对国际化人才的旺盛需求，国际化人才在我国各个领域中的作用也日益明显。

（一）国际化人才及其特征

国际化人才是指那些具有国际化视野和国际意识、拥有国际一流的知识结构和强烈的创新意识与创新能力，善于学习和沟通，在全球化竞争中善于把握机遇和争取主动的人。这样的国际化人才能够助力企业在激烈的国际竞争中脱颖而出，能够助力企业成功地走向世界。具体来说，国际化人才的特征可以通过以下五个维度来分析。

第一，这类人才具有超强的国际化视野，他们可以通过国际化的眼光发现、追赶、把握甚至创造国际化机遇和争取到主动权，可以帮助企业推动国际化进程。

第二，这类人才拥有强烈的国际化意识和胸怀，愿意与组织中的其他成员分享，并通过集体智慧激发出更完美的设想，开发出更完善的产品。

第三，这类人才具有国际一流的知识结构，掌握本专业的国际化知识和国际惯例，专业能力达到国际化水准。

第四，这类人才具备独立完整的个性品质和高尚情感，他们拥有强烈的创新意识、创新精神、创新思维和创新能力，他们有大无畏的进取精神和开拓精神，有较强的永不满足的求知欲和永无止境的创造欲望，有强烈的竞争意识和较强的创造才能，他们往往能够通过自己的创造性劳动取得创新成果，在某一领域、某一行业、某一工作上为社会发展和人类进步做出创新贡献。

第五，这类人才善于学习，具有较强的跨文化沟通能力，具备较高的政治思想素质和健康的心理素质，能够很好地接受和适应多元文化。

（二）国际化人才的吸引与保留

人作为可持续竞争优势的最大推动因素，如何吸引和保留人才，特别是如何吸引和保留国际化人才已经成为了企业的一个永恒的话题。

1. 国际化人才的吸引

在国际化人才竞争中，一个国家的国际化人才特别是高层次国际化人才对社会生产力发展起着决定性作用，人才竞争已在全球范围内演变为一场没有硝烟的争夺战。我国企业必须加快人才国际化进程，只有积极参与激烈的国际人才竞争，努力开发国际化人才资源，带动和培养本土人才，才有可能在这场战争中获得胜利。

针对国际化人才的特点，企业需要创新招聘手段，运用不同的招聘形式选拔最合适的国际化人才。越来越多的人力资源部开始尝试使用新的招聘手段来多方位考量国际化人才候选人，企业不仅可以通过工作软技能评估、实际工作模拟、虚拟现实测试、核心技能测试等方式对候选人进行多方位测试，还尝试通过 VR、AR 等新技术实现了"面对面"面试，使企业和候选人对彼此都有直观认识。此外，通过领英等公开社交平台，企业可以直接看到候选人过往经历及其过去同事、朋友给予的直接评价。这些新的招聘手段可以有效地协助企业和管理者更加全面地了解国际化人才候选人，并根据国际化人才候选人的一系列表现做出更加准确的综合判断。

在人才流动日益频繁的今天，聘用意向并非是企业单方面能够决定的，人才同样掌握着主动权和选择权。国际化人才因为自身的特殊性和稀缺性，会对企业的各个方面进行全面考量。企业形象、企业文化以及企业在市场上的影响力等都是国际化人才在选择企业时考量的重要因素。

2. 国际化人才的保留

在"一将难求"的问题得到有效解决后，如何留住这些国际化人才的问题自然就会出现。具体来说，企业要想留住国际化人才，可以尝试从以下几个方面入手。

（1）营造多元化的工作环境。工作环境对人才的吸引和保留有着非常重要的影响。一般来说，宽松、自由、便利、多元、人性化的工作环境能够促进员工发挥其聪明才智，这也是越来越多的企业不惜重金打造一个适宜的工作环境的原因。灯光亮度自动调节的办公场所、可调的办公桌椅、方便残疾员工的通道、双性卫生间、母乳喂养室、健身区域、弹性工作制等，所有这些都为员工工作提供了一个自由、便利和多元的工作环境。这样的工作环境成为了新生代员工的首选，也为吸引和保留国际化人才奠定了良好的基础。

（2）重视各类员工的不同意见，建立包容的工作环境。不同背景的员工由于其生长环境的不同，他们面对的问题和提出的要求会截然不同，这些不同会导致彼此之间产生更多的矛盾和冲突，一旦处理不好就会使多元化团队分崩离析。如果引导得法，这些矛盾冲突就会成为企业不断创新的一个源泉。因此，企业管理层和人力资源部需要在尊重倡导主流文化的同时，包容多元化信息和因素，给予员工畅通的沟通渠道，重视听取不同员工的意见和建议，引导员工既尊重不同意见又鼓励相互妥协，既容忍激烈辩论又倡导信任与合作，充分发挥多元化团队的独特作用和创造力。此外，人力资源共享服务中心可以为多元化团队成员提供一个有益的沟通平台，不同背景的员工可以通过这个平台，提出他们的问题，专业人士可以为他们提供满意的答案，不断改善他们的服务体验。

（3）创造公平的工作环境。企业应通过有针对性的薪酬设计和福利体制，在充分考虑本土高精尖人才和外籍员工的需求的前提下，针对其特殊性给予本土高精尖人才和外籍员工合理的薪酬待遇，既满足了外籍员工的内在需求，又让本土员工感受到了公平性。

（4）尽力缩短国际化员工对企业文化的认同过程。企业可以通过行为取向测评、跨文化适应训练等方式，帮助外籍员工学习和理解企业文化，以宽容的心态接纳员工不同的文化取向。

（5）创造条件，鼓励员工实现自我价值。面对国际化团队的诸多差异和潜在冲突，企业需要创造条件，因势利导，在充分尊重员工个性的基础上，引导团队成员求同存异、精诚合作，鼓励员工拥有远大的志向和抱负，把更多的时间和精力放到充分展示自我、实现自我价值方面。

企业要公平公正地对待每一位员工，多关心和帮助外籍员工的工作与生活，通过实际行动尊重国际化人才，从而达到吸引和保留国际化人才的最终目标。

二、国际化人才流动

就世界经济整体发展而言，经济全球化必将导致人才流动的国际化。国际化人才流动既是经济全球化的客观要求和必然趋势，也是经济全球化必不可少的基础和条件。

（一）国际化人才流动对发展中国家的意义

国际化人才流动对发展中国家的意义主要有以下三点。

1. 为发展中国家的科技与经济发展吸纳了大量高素质的稀缺人才，有助于发展中国家提升科技水平和产品的竞争力

高素质国际化人才的引入不仅可以为发展中国家提升科技水平，而且可以提升产品的竞争力，尤其是产品在国际市场上的竞争力，为中国企业的产品与服务打入国际市场奠定了坚实的基础。此外，由于高素质国际化人才的引领和带动，间接为发展中国家培养了相关领域的后备人才，提升了发展中国家人才的整体素质和水平。更为重要的是，通过直接引进高素质国际化人才，无需支付培养人才的基础成本，国际化人才的流入为发展中国家节省了大量的教育培养费用。

2. 人才流动的国际化也是发展中国家培养储备人才的有效途径之一

对于发展中国家来说，出国学习和交流是培养国际化人才的一个重要途径。特别是在如今这个信息时代，即使科技人员学成后留在国外，他们也可以与学成回国人员一样，利用自身的优越条件，在信息交流、人才培养等方面为国家建设和发展做出自己应有的贡献。此外，留学国外的科技人才和毕业回国的留学生，返回祖国创业或就业，带回了先进的科学技术和管理方法，有利于促进发展中国家的经济建设和发展。

3. 国际化人才流动有利于加强各国和各族人民的直接接触，促进相互学习和理解，加快本国文化在全球范围内的传播和普及，可以促进世界经济的发展和进步

国际化人才的跨国流动，特别是与当地各民族人民的直接接触、共同工作，增进了彼此间的了解和认识，传播了先进的科学技术，促进了不同文化之间的交流和融合。更重要的是，国际化人才的跨国流动，不仅促进了发展中国家经济的发展与进步，而且促进了整个世界经济的发展与进步。

（二）我国国际化人才流动及其对策

我国对国际化人才流动主要采取了两大策略，即"引进来"和"走出去"。"引进来"是指将国际化人才、非本国人才引入中国。我国将拥有先进的技术、尖端的科技、本领域的资源和领先的管理经验等的高素质国际化人才引入国内企业，经过不断融化和渗透，结合企业的实际情况和需求进行优化、利用、创新，带动国内企业的科学技术和管理水平不断提升。"走出去"是指派遣企业或组织聘用的本土人才前往其他国家和地区参与国际化经济技术交流与合作，将企业或组织的思想、战略、政策推广到世界其他地区，造福全球经济和人民，完成国际化进程。无论是"引进来"还是"走出去"，都需要企业运用内外结合、上下分配的人才管理模式进行管理。

根据"引进来"和"走出去"的国际化人才流动的不同特点，企业需要创造不同的工作环境，制定不同的政策助力国际化人才最大化地发挥自身的能量。

对于"引进来"的国际化人才来讲，企业需要为他们介绍我国的政治经济制度、劳动法律法规、中国传统文化，为他们创造更多的和同事们交流的机会，并通过各种沟通渠道和企业文化宣传，让国际化人才在最短的时间内深入了解企业，了解企业在本地的战略和运营模式，从而尽快适应企业的环境。企业还需要从生活上给予国际化人才全方位的关怀和帮助，为他们解决后顾之忧。在适应了企业环境和与本土文化充分融合的前提下，企业可以考虑给予国际化人才更加广阔的空间让他们施展才能，充分利用国际化人才的优势，让他们产生更大的影响力。同时，企业需要创造有利条件，让国际化人才将先进的科技、知识和管理经验分享给更多的本地员工，使本土员工能够不断开拓工作思路，提高业务和管理水平。企业只有让来自不同地域，拥有不同文化背景、不同生活与工作习惯的群体相互理解、相互融合和共同合作，才能真正助力企业在国际化竞争中获得优势。

"走出去"的国际化人才，通常来自两个渠道，一个是企业基于国际化战略和需

要，通过内部培养造就的国际化人才。这类人才一般都是在企业创造的和谐环境中成长起来的，他们熟知企业的规范、要求，了解企业的发展战略和企业文化，当他们带着企业的诉求走出去时，他们拥有着坚定不移的信仰和对企业的深深挚爱，代表企业勇敢地参与到激烈的国际竞争之中。企业在决定让这类国际化人才代表企业走出去之前，对他们未来在海外的工作环境及其适应能力要做好充分的准备，并事先制定合理的政策给予他们在海外的生活与工作相应的支持和关照；另一个是企业基于国际化战略和企业需求，通过各种渠道在企业外部招聘到的专业化的国际化人才。这部分国际化人才大多是已经被确认拥有了可以"走出去"的能力，对要开拓的海外市场和领域具有一定的掌控能力，是企业急需的、可以快速投入到海外新业务中的国际化人才。由于这部分人才是从企业外部招聘的，企业需要考虑让这部分员工首先对企业的发展战略、奋斗目标、需求、企业文化等有一个比较深入的了解并认同，将企业价值观和信念化成个人的工作动力，使他们能够更好地将企业文化贯彻下去，将企业精神传扬到更广阔的领域。另外，无论是哪种类型的国际化人才，企业在让员工"走出去"之前，都要让他们充分了解当地的法律法规及劳动聘用等要求，并在与员工充分沟通的前提下，为员工做好未来的职业规划。当前，我国企业在向他国派遣人员时常常会遇到一些问题。例如，在印度尼西亚，当地政府要求海外企业只有本地员工达到一定数量后，才可以聘用从企业本土派遣来的员工；一些国家要求在当地设立公司时必须要有当地的居民董事；不同的国家对员工个税的要求千差万别。荷兰要求被派遣人员不但要有本地的劳动合同，还要有派遣国的劳动合同，并对员工假期、工作小时数都有规定。还有一些国家，如俄罗斯，要求每个分公司必须将有员工签字的所有文件在当地进行存档。此外，不同的国家有关员工解聘的政策也是千差万别的。所有这些海外有关招聘的规定及其差异都需要企业在决定派遣前，对国际化人才进行详细的讲解和培训，让他们事先做好充分的准备。当然，企业还可以咨询了解当地情况的员工、法律机构或有资质的当地代理机构。

第二节　外籍员工合法聘用管理

为了使企业能够合法聘用外籍员工，人力资源部首先需要清楚了解相关的法律法规，特别是国家有关外籍员工聘用的法律、法规和相关政策，根据企业的基本情况和发展阶段，制定本企业的人才管理政策。这样既可以帮助企业规避法律风险，又可以保护劳动者的合法权益，并在最短的时间内帮助来华工作的外籍员工完成所有手续。

下面，我们将对外国人来中国工作或者参与相关活动所需的签证及其种类进行简要介绍与分析。

一、来华工作类签证及其种类

目前可以用于外国人来中国工作、培训以及参与相关事务的签证主要分为商务访问签证（M 签证）、人才签证（R 签证）、外国人来华工作许可证（Work Permit）以及外国人居留证（Resident Permit）等几种类型。人力资源部需要根据各类签证的不同特点、外籍申请人来华的不同目的和企业自身的资质条件等信息，为外籍员工选择最恰当的签证和入境方式。

（一）商务访问签证

商务访问签证作为来华签证申请中最简单也是最快捷的签证类型之一，主要适用于赴中国分公司从事交流、访问、考察等活动的跨国公司员工或者与公司有合作关系的非本公司员工的外国人。严格地讲，商务访问签证并不是一种完全意义上的工作签证，因为它只适用于到中国参加会议、项目讨论、培训等的外国人。持有这种签证的人一般不可以直接在中国工作。

商务签证分为单次和多次两种，通常在华一次停留时间不能超过 90 天，且在一个自然年内在中国境内累计停留时间不能超过 183 天。如果由于业务的特殊需要，外国人在华的停留时间超过了 183 天，则需要按照中国的相关法律规定缴纳个人所得税。在这种情况下，企业一般都会考虑是否将其签证转为外国人的工作类居留许可等。

商务访问签证的优势在于申请办理的时间相对较短，所需准备的材料相对简单，中国企业只需为即将来华的外国人出具邀请函即可办理。邀请函的内容一般包含中国公司的基本信息、所邀请的外国人的个人基本信息以及来华的目的、时间等信息。被邀请的外国人持邀请函和个人基本证明材料前往中国驻其国家的使领馆申请办理即可。特殊情况下，中国使领馆还会要求外国人同时出具由中国相关部委、外交部等开具的邀请函。邀请企业可按照相关要求，在中国境内的相关部委（如商务部）进行申请。如果需要申请由外交部开具的邀请函，申请的时间会因被邀请方的具体情况而不同。因此，人力资源共享服务中心需要告知外国人提前计划好时间和行程。一般来讲，公司出具的邀请函中英文均可，邀请函的中英文模板可参考表 5-1 和表 5-2。

表 5-1 邀请信模板（英文）

Company Logo/ Name

INVITATION LETTER

XX Company is located at···（a brief introduction of the company- mandatory）. Our company invites the following person of the Romanian company（address: ··· contact person: ··· phone: ···）to China:

Full name:

Gender: M/F

Passport number:

Passport issue date:

Passport expiry date:

Nationality:

Date of birth:

TYPE OF VISA: SINGLE/DOUBLE/MUTIPLE ENTRIES

（For double entries and multiple entries please put the starting date and exit date: multiple entries visa for 6 months or 12 months starting x date until x date）

Mr. XX/Ms. XX is invited to visit XX company in ···（place to be visited）in China from ···（arrival date）to ···（departure date）for ···（purpose of visit）. XX（the company or the Applicant）will pay for all the expenses during the visit including round-trip international flight tickets and accommodation in China.

XXXX Company

Full name of the legal representative of the company（printed both in Chinese and in English）

Title and position of the legal representative of the company

Signature：（full name）

Title

Date

Official stamp

Company Address: xxx, xxx, xxx, city, China

Tel: xxxxxxxx /Fax: xxxxxxxx

表 5-2　邀请信模板（中文）

公司抬头信纸
中国签证邀请函 　　×× 公司位于……（简要介绍公司），现邀请 ×× 公司（公司地址、联系人、联系电话）下属员工来华访问： 被邀请人姓名全名： 被邀请人性别：男 / 女 被邀请人护照号码： 被邀请人出生日期：   被邀请人来华**详细事由**、抵离日期、访问地点、与邀请单位或邀请人的关系、费用（来往机票以及住宿等）来源（由 ×××× 公司或被邀请人支付）。   公司名称： 公司负责人或法人代表职务： 姓名（全名，电脑打印）： 签名（全名，正楷）： 日期： 公司印章   公司地址：×× 省 ×× 市 ×× 县 ×× 路 ×× 号 电话：××××××××／传真：××××××××

（二）人才签证

　　人才签证是办理程序简单、快捷的另一种签证类型，主要用于邀请符合《外国人来华工作分类标准（试行）》中的外国高端人才（A 类）标准条件、符合"高精尖缺"和市场需求导向的科学家、科技领军人才、国际企业家、专门人才和高技能人才等外国高层次人才和急需紧缺人才前来中国工作。此类人才一般都是目前国内急需的人才，我国政府在申请程序上给予了极大的便利。符合要求的外国人只需要持企业所在地的省、市外国专家局签发的《外国高端人才确认函》，就可以直接到中国驻其国家的使领馆申请签证。

　　按照需要获得有效期 5 年至 10 年、多次入境、单次停留 180 天的签证，申请人才签证的外国人的配偶及其未成年子女亦可申请到与其人才签证相同有效期、多次入境的相应种类签证。如果有人才签证的外国人在工作一段时间后希望长期留在中国工作，可以快速地在中国境内申请转为外国人工作类居留许可。

（三）外国人工作许可证及外国人工作类居留许可

大多数来中国就业的外国人需要同时持有企业所在地省、市外专局签发的外国人工作许可证和企业所在地公安局出入境管理局签发的外国人工作类居留许可两种证件。根据《外国人在中国就业管理规定》中第七条的规定，外国人在中国就业须具备下列基本条件：年满 18 周岁，身体健康；具有从事其工作所必须的专业技能和相应的工作经历；无犯罪记录及公证认证；有确定的聘用单位和持有有效护照或能代替护照的其他国际旅行证件。在符合政策规定的基础上，企业还需根据不同种类的签证类型，按要求提供外国人的相关申请材料，前往各省、市外国专家局申请办理外国人工作许可证。在完成工作许可证申请后，及时前往当地公安局出入境管理局申请办理外国人工作类居留许可。

1. 外国人工作许可证

外国人工作许可证由企业所在地省、市外国专家局颁发。工作许可证根据外国人不同的工作类型、薪酬情况、过往缴税情况（如曾经在中国就业）、受教育水平、在华工作年限、汉语水平、年龄和居住地等情况，分为 A、B、C 三种类型。其中，A 类主要针对外国高端人才，这类人才是我国经济社会发展急需的科学家、科技领军人才、企业家、专门特殊人才等"高精尖缺"的外国高端人才，为 A 类人员提供"绿色通道"和"容缺受理"服务；B 类则为外国专业人才，这类人才符合外国人来华工作指导目录和岗位需求，属于中国经济社会发展急需的外国专业人才；C 类为其他外国人员，这类人才满足国内劳动力市场需求，是符合国家政策规定的其他外国人才。

人力资源共享服务中心人员可以根据本企业的业务情况，结合外国人实际聘用岗位及其提交的个人材料进行整合分析，协助外国人选择适合的工作许可证种类。

2. 外国人工作类居留许可证

外国人工作许可证办理完成后，员工要立即准备申请外国人工作类居留证。根据《中华人民共和国出境入境管理法》规定，签发外国人工作许可证后，员工在十天内需要携带外国人工作许可证及相关材料到当地公安局出入境管理局申请办理外国人工作类居留证。出入境管理局会根据审核结果，签发最长不超过 5 年的工作类居留许可。

由于外籍员工前来中国的签证种类比较多，下面我们以一个具体的例子来详细解释外国人来华在哪种情况下需要申请何种签证及其申请过程。

汤姆拥有的行业技术和能力已经达到全球领先的高端水平，在业界享有盛名。现在，中国的一家企业拟聘请其来华工作。经过多方面洽谈后，企业希望邀请汤姆前来中国面试，同时让汤姆了解中国的市场环境以及企业的基本情况。在这种情况下，汤姆来华面试和考察需要申请什么样的签证呢？

由于在这一阶段汤姆和这家中国企业并没有聘用关系，而是受中国企业的邀请到中国来面试和考察。因此，中国企业在此阶段的正确做法是，通过商务邀请的方式，给汤姆出具一封商务邀请信，并协助其申请商务访问类签证。具体来说，首先，这家中国企业向汤姆发出一封商务邀请函。然后，汤姆持这家企业出具的邀请函以及个人基本材料（因中国驻各国使领馆对材料要求略有差异，个人基本材料需要登录中国驻当地使领馆网站查询），到当地的中国使领馆申请商务访问签证。

当商务访问签证得到批准后，汤姆即可开始他的中国之旅。汤姆进入中国后，假如与这家企业洽谈得非常愉快，他对这家企业的工作环境也非常满意，双方通过友好协商很快达成共识，汤姆决定接受聘用并举家迁往中国生活。汤姆现居住在某国某城市，与父母、配偶和两个孩子一起共同生活。在这种情况下，汤姆及其全家一起来华工作与生活，需要申请什么样的签证呢？

在这一阶段，汤姆已经与这家中国企业签订了"聘用意向书"，需要与配偶及两个孩子一起来中国工作与生活。由于照顾孩子的需要，汤姆决定邀请父母来华共同生活。因此，他来华工作需要申请工作许可证、居留许可证以及为其家属申请相关签证。

（1）汤姆需要在本国准备好自己的学历证、无犯罪记录证明、结婚证、子女的出生证明等证件，并进行公证以备申请时提交。由于汤姆在行业内具有很高的声望，在中国企业被聘用的职位也非常高，拥有很好的薪酬待遇（具体根据各地外专局的规定进行衡量），汤姆符合申请 A 类外国人工作许可证的资格，对学历及无犯罪记录证明的公证认证等要求可以由公司出具担保书代替。

（2）准备好相关材料后，汤姆开始在本国申请来华许可通知。

（3）来华许可通知得到批准后，汤姆准备进入中国境内申请外国人工作许可证。

（4）汤姆本人在办理好外国人工作许可证 10 天内，汤姆及其家人需要到拟居住地公安局出入境管理局申请办理外国人工作类居留许可证和私人事务类签证。

目前，我国的外国人家属签证（Q 签证）一共分为 S1、S2、Q1 和 Q2 四种签证。

① S1 签证。S 代表探望的是外国人，1 代表长期。S1 签证主要用于长期（超过 180 日）探望因工作、学习等事由在中国居留的外国人配偶、父母、未满 18 周岁的子女、配偶的父母以及因其他私人事务需要在中国居留的人员。

② S2 签证。S 代表探望的是外国人，2 代表短期。S2 签证主要用于短期（不超过 180 日）探望因工作、学习等事由在中国停留、居留的外国人家庭成员以及因其他私人事务需要在中国境内停留的人员。

③ Q1 签证。Q 代表探望的是中国人，1 代表长期。Q1 签证为家庭团聚申请，主要用于探望中国公民的家庭成员和具有中国永久居留资格的外国人家庭成员以及因寄养等原因申请入境居留的人员。

④ Q2 签证。Q 代表探望的是中国人，2 代表短期。Q2 签证主要用于短期（不超过 180 日）探望居住在中国的中国公民亲属和具有中国永久居留资格的外国人亲属。

汤姆根据自己的具体情况，决定为其配偶、孩子和父母申请 S1 签证。

（5）汤姆顺利申请到工作许可证和居留许可证后，在这家中国企业入职，开始了他在华工作的旅程。

（6）在中国工作生活了一段时间后，汤姆非常喜爱中国，决定请公司协助其和其家人申请中国绿卡，方便自己和家人在中国生活。

上述案例清晰地说明了外国人及其家属来华工作与生活所需的各种签证的类型、特点及其申请过程。

为了方便记忆和快速选择适宜的签证方案，现将外籍员工及其家属来华工作与生活需要办理的工作许可证、居留许可证以及相应的家属签证的类型和适用情形进行了总结，具体如表5-3所示。

表5-3 外国人各类签证及其种类列表

签证种类	签证代码	签证说明
商务访问签证	M	适用于来华参加会议、培训、讨论等商贸活动的外国人，其一般不能直接在华工作
人才签证	R	适用于符合"高精尖缺"和市场需求导向的科学家、科技领军人才、企业家、专门人才和高技能人才等外国高层次人才和国内急需的外籍人才
工作签证	Z	适用于在华工作的外籍人员
家庭团聚类签证	Q1	适用于长期赴中国与中国公民或拥有中国永久居留资格的家庭成员团聚的外国人
	Q2	适用于短期赴中国与中国公民或拥有中国永久居留资格的家庭成员团聚的外国人
私人事务类签证	S1	适用于长期赴中国探望因工作、学习等事务在中国居留的外国人的外国人
	S2	适用于短期赴中国探望因工作、学习等事务在中国居留的外国人的外国人

二、来华工作类签证的申请、更新与注销

外籍员工被中国企业聘用后，入职之前还必须办理外国人在华工作许可证和外国人工作类居留许可证，然后才能像本地员工一样按照法律规定与企业签订劳动合同等入职文件；外籍员工如因工作需要在国内不同城市之间实行永久性的工作调动，在调动之前，员工需要申请办理即将调往的城市的工作许可证和工作类居留许可证，与此同时，注销当前工作所在城市的工作许可证和工作类居留许可证，然后才能像本地员工一样办理工作调动的其他相关手续；外籍员工因故离开中国企业时，除了要像本地员工一样完成规定的所有离职手续外，还需要到外专局及当地公安部门注销当前企业协助办理的工作许可证和工作类居留证。可见，外籍员工在国内企业的入职、不同城市之间的工作调动以及办理离职等手续，都要遵守国家的规定，中国企业需要依法完成招聘外籍员工的特殊程序。

（一）外国人工作许可证及外国人工作类居留许可证的申请

对于一个首次来华工作的外籍员工来说，入职前依法办理外国人工作许可证和工作类居留许可证是他们在华合法工作的必要条件。

1. 外国人工作许可证的申请

外国人需要到中国企业所在地的劳动行政主管部门同级的行业主管部门申请办理工作许可证。国内绝大多数省市都是由企业所在地的省、市外国专家局负责办理外国人工作许可证。外国人在办理工作许可证时，一般需要提供以下有效文件。

（1）"外国人来华工作许可申请表"。"外国人来华工作许可申请表"主要用于在线申请《外国人来华许可通知》，要求必须由本人确认签字，并加盖中国企业的公章，由企业在系统中上传和提交。

（2）申请人与中国企业签署的《劳动合同》或《任职证明信》。申请人与中国企业签署的《劳动合同》或《任职证明信》中，一般包含申请人来华的工作时间、工作地点、工作内容、薪酬福利和职位等信息，《劳动合同》或《任职证明信》必须由本人签字并加盖企业公章。

需要特别注意的是，对于申请人与中国企业所签订的《劳动合同》，根据《外国人在中国就业管理规定》第四章第十八条的规定，"用人单位与被聘用的外国人应依法订立劳动合同。劳动合同的期限最长不得超过五年，劳动合同期限届满即行终止；但按本规定第十九条的规定履行审批手续后可以续订。"第十九条规定，"被聘用的外国人与用人单位签订的劳动合同期满时，其就业证即行失效；如需续订，该用人单位应在原合同期满前 30 日内，向劳动行政部门提出延长聘用时间的申请，经批准并办理就业证延期手续。"由此可见，中国企业与外籍申请人所签订的劳动合同的期限一般不能超过五年。

（3）企业拟聘用的申请人的工作资历证明。申请人需要提供过去两年其所在的单位从事与现聘用岗位工作相关的工作资历证明，内容包括申请人的工作职位、工作的起止时间、完成过的项目、申请人原单位加盖的公章或负责人的签字以及相关证明人有效的联系电话或电子邮件等信息。需要特别指出的是，申请人的工作资历证明要求有从事本行业至少两年以上的工作经历。如果申请人在上一家单位工作不足两年，还需要提供另一家单位出具的相关工作资历的证明。外籍申请人工作资历证明模板如表 5-4 所示。

表 5-4 外籍申请人工作资历证明模板

Experience Letter

（Final Letter Must be printed on Company Letterhead）

Date: xxxxxxxxx

To: Beijing Labor Bureau

The People's Republic of China

RE: Last Name, First Name Middle Name

To Whom It May Concern:

This will confirm that Mr. /Mrs. / Ms. _____ was employed at（company）as（job title）between（month/year）to（month/year）.

If you require any additional information regarding Mr. / Mrs. /Ms. _____'s employment, please do not hesitate to contact me.

Sincerely,

Name

Position Title

Emails address

Tel

[*NOTE: please note that for India / Singapore/ Japan / Korean / Hong Kong's work experience letter, the letter should be chopped with company seal.]

（4）申请人的最高学位（学历）证书或相关批准文书、职业资格证明。其中，职业资格证书需要经过中国驻其所在国家使领馆的认证。

（5）企业拟聘用的申请人的健康状况证明。根据中国政府指定的体检项目，外籍申请人可以选择在其国家的体检机构进行体检，但体检报告需要得到中国相关机构的认证，也可以选择在入境中国后在境内指定的体检机构完成体检。

（6）申请人国籍所在国或长期居住国（地区）官方出具的无犯罪记录证明。无犯罪记录证明也需要经过中国驻其所在国家使领馆的认证。

（7）申请人在有效期内的 Z 签证。

（8）申请人的有效护照或其他有效的国际旅行证件。

（9）申请人在 6 个月内拍照的正面免冠两寸白底 / 蓝底照片（照片底色各地要求

不同）。

（10）随行家属相关证明材料并加以认证（如结婚证、出生证等）。

（11）中国法律、法规规定的其他文件。

2. 外国人工作类居留许可证的办理

外国人在拿到工作许可证后 10 日内，需持外国人工作许可证、护照、临时住宿登记等相关材料到当地公安局出入境管理机构申请办理外国人工作类居留许可证。出入境管理机构会根据外国人工作许可证批准的许可时间，准予有效期最短 90 日、最长 5 年的工作类居留许可证。外国人来华工作证件的具体办理流程如图 5-1 所示。

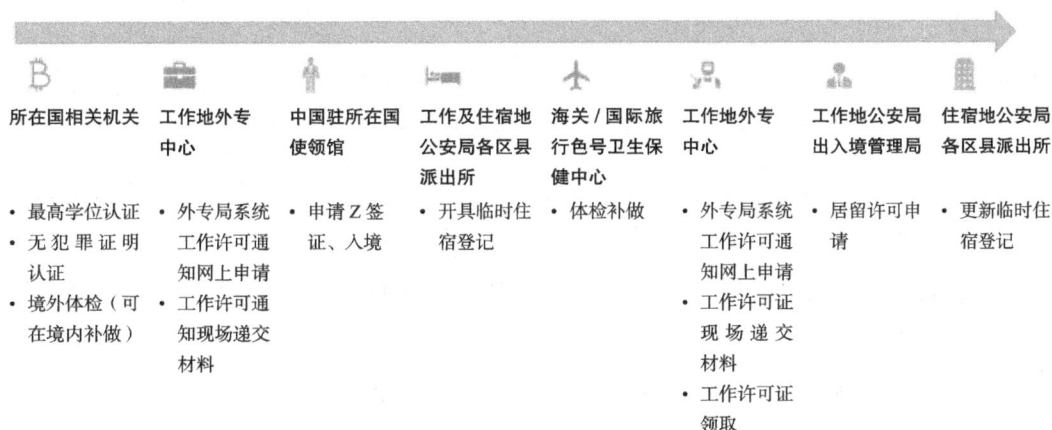

所在国相关机关	工作地外专中心	中国驻所在国使领馆	工作及住宿地公安局各区县派出所	海关／国际旅行色号卫生保健中心	工作地外专中心	工作地公安局出入境管理局	住宿地公安局各区县派出所
·最高学位认证 ·无犯罪证明认证 ·境外体检（可在境内补做）	·外专局系统工作许可通知网上申请 ·工作许可通知现场递交材料	·申请 Z 签证、入境	·开具临时住宿登记	·体检补做	·外专局系统工作许可通知网上申请 ·工作许可证现场递交材料 ·工作许可证领取	·居留许可申请	·更新临时住宿登记

图 5-1 外国人来华工作证件办理流程图

在办理外国人工作类居留许可证的过程中，需要特别注意以下几点。

（1）外籍申请人面谈。一般来说，外籍申请人在办理工作类居留许可证时需要进行面谈。但是，对于已满 60 周岁以及因疾病等原因行动不便的、或延期居留证件的、或属于国家需要的高层次人才和急需紧缺的专门人才的外籍申请人，可以由邀请企业或由专门的服务机构代为申请（代办人须提交身份证件复印件），可以不用面谈。然而，如果出入境管理机构通知外籍申请人面谈的，外籍申请人本人必须接受面谈。

（2）提交的材料均应交验原件及复印件。

（3）如果提交的是外文（英文除外）材料，应当提前把这些材料翻译成中文。

（4）如果外籍申请人原先是中国人，其原中国户籍并未注销的，应先注销中国户籍后再提出申请。

办理外籍申请人工作类居留许可签证后，聘用单位需要清楚地告知外国人以下有关工作类居留许可证管理的几点法律要求。

（1）外国人所持签证注明入境后需要办理居留证件的，应当自入境之日起30日内申请办理外国人居留证件。

（2）在中国境内居留的外国人如果申请延长居留期限的，应当在居留证件有效期届满前30日提出延长申请。

（3）外籍申请人所持护照或其他国际旅行证件因办理证件被收存期间，可以凭受理回执在中国境内合法居留。

（4）外国人居留证件登记事项发生变更的，包括但不限于持有人的姓名、性别、出生日期、居留事由、居留期限、签发日期、签发地点、护照或者其他国际旅行证件号码等发生变化的，持证件人应当自登记事项发生变更之日起10日内向居留地县级以上地方人民政府公安机关出入境管理机构申请办理变更。

（5）聘用单位如发现外籍员工离职、变更工作地域或违反出境入境管理规定、死亡、失踪等情形的，应当及时向出入境管理机构报告。

（6）公安机关出入境管理机构可以通过面谈、电话咨询、实地调查等方式核实申请事由的真实性。

（7）公安机关出入境管理机构做出的不予办理工作许可证延期、换发、补发的决定，不予办理外国人工作类留居证件的决定以及不予延长居留期限的决定均为最终决定。

（二）外国人工作类相关证件的更新

外国人工作许可证和工作类居留许可证等证件一旦到期，如果中国企业需要继续聘用他们，他们的工作许可证、工作类居留许可证等相关证件就需要办理换签或者延期；外籍员工的个人信息一旦发生变化，需要及时更新工作类相关的证件。

1. 外国人因工作类相关证件有效期到期而更新

外国人申请到工作许可证和工作类居留许可证后并非就是万事大吉了，而是要时刻关注自己的护照、工作许可证及工作类居留许可的有效期，一定要在这些证件的有效期到期之前，按照不同证件的要求申请证件换签或续签，具体换签或续签的办理流程如图5-2所示。外籍员工在其护照到期前6个月或护照无空白页时，需自行更换护照。更换护照既可以在外籍人本国完成，也可在国籍所在国驻中华人民共和国使领馆申请换领。如果外籍员工的护照换签是在中华人民共和国境内的国籍所在国驻华使领馆申请的，其使领馆会对其护照的有效期信息进行必要的提醒。

　　企业的人力资源服务团队可以通过数字化人力资源管理信息平台，监测外籍员工工作许可证及工作类居留许可证的有效期状态，在合适的时间提醒他们这些证件即将到期。一般来说，在证件到期前 90 日内，人力资源服务团队会提醒外籍员工，并根据《外国人在中国就业管理规定》的相关规定，协助外籍员工依法、依程序向劳动行政部门提出延长聘用时间的申请，办理工作许可证的换签或延期手续。

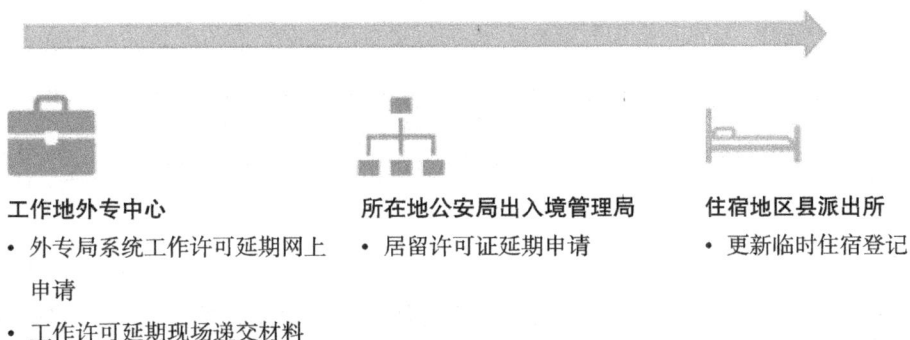

工作地外专中心
- 外专局系统工作许可延期网上申请
- 工作许可延期现场递交材料

所在地公安局出入境管理局
- 居留许可证延期申请

住宿地区县派出所
- 更新临时住宿登记

图 5-2　外国人工作类证件换签、续签办理流程图

　　外国人工作许可证换签或续签完成后，就要开始准备工作类居留许可证的续签工作。工作类居留许可证续签通常需要提前 30 天递交至当地公安局出入境管理机构。由于工作类居留许可证需要直接打印到外籍员工的护照页上，根据不同地区的办理要求和流程，需要把外籍员工的护照原件上缴有关部门 8 到 15 个工作日，届时，外籍员工可持当地公安局出入境管理机构收取护照时开具的回执在中国境内停留。在此期间，企业不得安排其出境出差。因此，对于即将和正在换签或续签工作类居留许可证的外籍员工，人力资源共享服务中心需要提前告知他们以便他们安排好自己的工作和差旅时间。

2. 外籍员工因个人信息变化导致工作类相关证件更新

　　外籍员工在华工作期间不免会出现个人信息变更的情况。根据《中华人民共和国出境入境管理法》的相关规定，外国人居留证件的登记项目主要包括持有人的姓名、性别、出生日期、居留事由、居留期限、签发日期、地址、护照或者其他国际旅行证件号码等。外国人居留证件登记事项发生变更的，持证件人应当自登记事项发生变更之日起 10 日内，向居留地县级以上地方人民政府公安机关出入境管理机构申请办理变更。一般来说，外籍员工有任何个人信息的更改，都必须先通过当地公安局出入境管理机构更改外国人工作类居住证，随后根据更改的内容通知当地外专局申请更改外国人工作许可证。

（三）外籍员工工作类相关证件的注销

外籍员工在国内不同城市之间出现工作调动或离职时，除了像本地员工一样履行必要的离职手续之外，还需要完成外国人就业许可证的注销和居留许可证书变更等事宜。

1. 外籍员工在相同城市不同聘用单位之间或不同城市之间出现工作调动时，需要先注销当前的工作类相关证件，然后在新的聘用单位或工作城市重新申请工作类相关证件

（1）工作城市相同，但聘用单位发生变化。外籍员工因工作需要一旦在企业不同分公司之间或不同的独立法人单位之间发生工作调动，需要在当前入职单位办理正常的离职手续，并在当地外专局申请注销外国人工作许可证，然后在新的单位持《注销单》重新办理工作类相关证件。

（2）国内不同城市之间发生永久性工作调动。外籍员工一旦需要在国内不同城市之间发生永久性工作调动，需要在当前入职单位办理正常的离职手续，并在当地外专局申请注销外国人工作许可证。根据《外国人在中国就业管理规定》第二十四条的规定，外国人离开发证机关规定的区域就业或在原规定的区域内变更用人单位且从事不同职业的，须重新办理就业许可手续。即外国人必须在前一家企业和城市办理正常离职手续后，再到后一家企业和城市重新申请外国人工作许可证及外国人工作类居留许可。

2. 外籍员工因离职导致工作类相关证件的注销

当外籍员工劳动合同到期不续签或因故离职时，企业须在外籍员工离职之日起10 个工作日内协助其完成外国人工作许可证注销和居留许可证书变更工作。人力资源共享服务中心服务团队需要准备外籍员工签字的离职信、就业许可证注销申请表以及就业证原件用于办理离职外籍员工就业许可证注销事宜。一般来说，外国人工作许可证注销与外国人工作类居留许可证是相关联的。如果外国人工作许可到期不再延续，其居留许可证仍然有效，但须主动到当地公安出入境管理机构办理签证或居留许可证变更。外籍员工不必担心居留许可证注销后的在华停留问题，因为在其工作签证和居留许可证注销后，出入境管理机构通常会为其签发时间为 0 到 30 天的停留签证（S 签证）。需要指出的是，停留签证属于零次签证，即外国人一旦离境，此签证立即失效，不能持此停留签证再次入境。

如果外籍员工虽然从当前工作的企业离职，但并未离开中国，而是更换雇主后依然留在本城市或国内其他城市继续就业。在这种情况下，在注销外国人工作许可证书后，如果这个外国人新工作所在的城市未变，其当前的工作类居留许可证还在有效期内，经双方协商同意，可直接申请外国人工作类居留许可证聘用单位信息变更。但是，一旦离开当前工作的城市，其工作类居留许可证也必须注销，然后在新的工作城市依照相关程序重新申请工作许可证和工作类居留许可证等证件。

3. 外国人离开中国时的社保清算

外国劳动者在华工作期间，企业需要依法为其足额缴纳社会保险。如果外国劳动者因故在达到规定的领取养老金年龄前离开中国，其社会保险个人账户可以保留，再次来中国就业的，缴费年限可累计计算；如果外国劳动者决定离开中国且计划今后不再回中国工作，经本人书面申请可以终止社会保险关系，并可以在当地社会保障局申请将其社会保险个人账户储存额一次性返还本人。

三、国际人才的永久居留及其发展趋势

随着《外国人在中国永久居留审批管理办法》于 2004 年 8 月的颁布实施，我国外国人永久居留管理制度正式建立。按照《外国人在中国永久居留审批管理办法》第六条的规定，凡是遵守中国法律，身体健康，无犯罪记录，并符合下列条件之一的外国人均可申请在中国的永久居留证。

1. 在中国直接投资、连续 3 年投资情况稳定且纳税记录良好的。

2. 在中国执行国家重点工程项目或重大科研项目的企业、事业单位，或者在高新技术企业、鼓励类外商投资企业、外商投资先进技术企业或外商投资产品出口企业等担任副总经理、副厂长等职务以上，或者在国务院各部门或省级人民政府所属的机构、重点高等学校具有副教授、副研究员等副高级职称以上以及享受同等待遇，

已连续任职满 4 年、4 年内在中国居留累计不少于 3 年且纳税记录良好的。

3. 对中国有重大、突出贡献以及国家特别需要的。

4. 上述三项人员的配偶及其未满 18 周岁的未婚子女。

5. 中国公民或在中国获得永久居留资格的外国人的配偶，婚姻关系存续满 5 年、已在中国连续居留满 5 年、每年在中国居留不少于 9 个月且有稳定生活保障和住所的。

6. 未满 18 周岁未婚子女投靠父母的。

7. 在境外无直系亲属，投靠境内直系亲属，且年满 60 周岁、已在中国连续居留满 5 年、每年在中国居留不少于 9 个月并有稳定生活保障和住所的。

符合上述条件之一的外国人可以获得 5 年或 10 年的永久居留证。持有永久居留证的外国人，除了政治权利和法律法规规定的不可享有的特定权利和义务之外，原则上与中国公民享有相同权利，承担相同义务。

对于在中国企业工作的外籍员工而言，他们申请办理《外国人永久居留证》的人员类型、资质条件和申请要求的具体信息如表 5-5 所示。

表 5-5　中国永久居留证的申请资质与条件

人员类型	资质条件	申请要求
投资人员	个人投资 50 万美元以上	• 国家鼓励类产业 • 连续三年投资稳定且纳税记录良好 • 《外资企业批准证书》投资者注明申请人姓名
	个人投资 200 万美元以上	• 连续三年投资情况稳定且纳税记录良好 • 在京设立外企或与中方共同石油合作勘探开发 • 《外资企业批准证书》投资者注明申请人姓名
任职人员	在高新技术企业、鼓励外商投资企业、外商投资先进技术企业、外商投资产品出口企业任职	• 职务、职称或同等待遇连续任职满 4 年 • 4 年内在中国居留累计不少于 3 年 • 纳税记录良好
	执行国家重点项目	• 重点项目 /7 类科研机构 • 连续任职满 4 年 • 4 年内在中国居留累计不少于 3 年 • 纳税记录良好

（续表）

人员类型	资质条件	申请要求
任职人员	在国内重点高校任职	• 教授、副教授或同等待遇 • 连续任职满 4 年 • 4 年内在中国居留累计不少于 3 年 • 纳税记录良好
	对中国有重大、突出贡献以及国家特别需求的人员	• 如世界著名科学奖项获得者、世界知名学者、企业家、运动员、文艺人士等
	在中国境内工作的外籍华人	• 具有博士研究生学历或在国家重点发展区域连续工作满 4 年，每年实际居住不少于 6 个月
	高薪资者	• 连续工作满 4 年、每年实际居住不少于 6 个月 • 工资性年收入不低于上一年度所在地区城镇在岗职工平均工资的 6 倍 • 每年缴纳个人所得税不低于工资性年收入标准的 20%
团聚类	投资、任职、特殊人员的配偶及未满 18 岁未婚子女	• 若在国外结婚，《结婚证》需要经过中国驻该国使领馆认证 • 对于子女业务，需先审查确认申请人国籍
	亲子团聚	• 未满 18 周岁的外籍未婚子女 • 投靠中国籍父母或已在中国获得永久居留资格的外籍父母
	夫妻团聚	• 婚姻关系存续满 5 年 • 在中国连续居留满 5 年 • 每年在中国居留不少于 9 个月 • 有稳定生活保障和住所 • 遵守中国法律、身体健康、无犯罪记录
	亲属投靠	• 境外无直系亲属、投靠境内已满 18 周岁的中国直系亲属且年满 60 周岁 • 在中国连续居留满 5 年 • 每年在中国居留不少于 9 个月 • 有稳定生活保障和住所 • 遵守中国法律、身体健康、无犯罪记录

第三节　安居乐业在中国

外籍员工选择进入中国就业，企业应该在日常的工作与生活方面为他们提供各种便利条件，为他们创造良好的服务体验，赋予他们创造的激情，激发出他们的创造力，为企业在数字化时代赢得竞争优势贡献力量。

一、合规管理为外籍员工创造安全的工作环境

在国内企业不断吸引更多的国际化人才的背景下，如何合法聘用外籍员工，如何科学管理外籍员工以及如何为外籍员工创造一个安全、包容、信任的工作环境，是企业人力资源管理部门必须认真对待的一个重要问题。

为了能够更好地为外籍员工提供全方位的人力资源服务，人力资源服务团队首先必须了解人力资源管理过程中的法律规定，特别是有关外籍员工聘用与管理相关的法律法规和政策，依法合规地为外籍员工提供人力资源服务。除此之外，企业聘用外籍员工时还需要注意以下事项。

（一）外国人在华工作，正式入职前就必须拥有就业许可证和外国人居留许可证

根据《外国人在中国就业管理规定》中的相关规定，用人单位应在被聘用外国人入境后 15 日内，持《外国人来华许可通知》、劳动合同及其有效护照或者能够代替护照的证件到原发证机关为外国人办理就业许可证。用人单位聘用外国人须为该人申请就业许可证，经获准并取得《中华人民共和国外国人工作许可证》后方可聘用。外国人获得就业许可证书后，须在 10 日内到当地的中国出入境管理部门申请将所持签证更换为外国人居留许可证。根据《中华人民共和国出境入境管理法》的相关规定，对因工作、学习、探亲、旅游、商务活动、人才引进等非外交、公务等事由入境的外国人，签发相应类别的普通签证。

（二）谨慎聘用外籍实习生

根据《中华人民共和国外国人入境出境管理条例》的相关规定，中国境内的企

业或组织招用外籍实习生仅限于在中国境内高校就读的外籍学生，且应经外籍学生所在学校同意和前往公安机关办理实习签注手续。中国境内的企业或组织不得使用境外高校在读的外籍学生。

（三）外籍人员未变更工作类相关证件不得跨地区工作

外籍员工在华工作时不得跨地区（城市）工作，更不得从事兼职工作。根据《外国人在中国就业管理规定》中的相关要求，外国人在华就业的用人单位必须与其就业证上注明的单位相一致。外国人在发证机关规定的区域内变更用人单位但仍从事原职业的，须经原发证机关批准，并办理就业证变更手续。外国人离开发证机关规定的区域就业或在原规定的区域内变更用人单位且从事不同职业的，须重新办理就业许可手续。

（四）企业不得通过劳务派遣、业务外包等形式聘用外籍员工

根据《外国人在中国就业管理规定》中的相关规定，外国人在中国就业的，用人单位必须与其就业证上注明的单位相一致。基于这一规定，用人单位无法通过劳务派遣、业务外包等方式招用外籍员工。由于劳务派遣单位和业务外包单位是劳务派遣员工和业务外包员工的法律雇主，虽然理论上它们可以为外籍员工依法办理工作类相关证件，但是由于工作的实际发生地等一般都在劳务使用单位，就导致与工作类相关证件上信息的不一致，因而无法到劳动派遣接受单位工作。否则就是严重的违法行为，给劳务用人单位带来巨大的法律风险。

（五）外国人的签证类型如为私人事务类签证（随行家属），其不得在中国境内参与任何形式的工作

以随行家属签证身份入境的外籍员工家属如需要工作，必须按照《外国人在中国就业管理规定》《中华人民共和国出境入境管理法》和《中华人民共和国外国人入境出境管理条例》等法规的相关规定，申请外国人就业许可证和外国人居留许可证后才能参加工作。根据《外国人在中国就业管理规定》的相关规定，未取得居留证件的外国人（即持 F、L、C、G 字签证者）、在中国留学、实习的外国人以及持工作类签证的外国人的随行家属不得在中国就业。此外，外籍员工 18 岁以上的子女不得

以随行家属的身份申请入境。如要入境，需要办理与其身份相符的适宜的签证。

（六）外籍员工不适于无固定期限劳动合同

依据《外国人在中国就业管理规定》中的相关规定，用人单位与被聘用的外国人应当依法订立劳动合同，但所签订的劳动合同的期限最长不得超过五年。劳动合同期限届满即行终止，但按相关规定履行审批手续后可以续订。被聘用的外国人与用人单位签订的劳动合同期满时，其就业证即行失效。如需续订，该用人单位应当在原劳动合同期满前30日内，向当地的劳动行政部门提出延长聘用时间的申请，经批准后依规办理就业证延期手续。因此在劳动实践中，《劳动合同法》第十四条关于无固定期限劳动合同的规定不适用于外籍员工。

（七）外籍员工不绝对执行中国退休年龄

尽管外国人就业许可证的办理通常会有年龄的限制，但我国法律并未禁止超过中国法定退休年龄的外国人在境内就业。因此，外籍员工已届退休年龄但就业许可证未到期时，用人单位若以达到中国退休年龄为由与外籍员工终止劳动合同就具有较大的法律风险。用人单位需要根据企业的实际情况综合考虑，如果决定继续聘用已达到或超过法定退休年龄的外籍员工，如果所在城市已经无法为其继续缴纳基本社会保险了，就需要为这些外籍员工购买必要的商业保险，以解除外籍员工的后顾之忧。

（八）外籍员工在中国工作必须依法缴纳社会保险，但允许"双边互免"

根据《在中国境内就业的外国人参加社会保险暂行办法》的相关规定，在中国境内依法注册或登记的企业、事业单位、社会团体、民办非企业单位、基金会、律师事务所、会计师事务所等组织（以下称聘用单位）依法招聘的外国人，应当依法参加职工基本养老保险、职工基本医疗保险、工伤保险、失业保险和生育保险，由用人单位和本人按照规定缴纳社会保险费。聘用单位招用外国人的，应当自办理就业证件之日起30日内为其办理社会保险登记。根据《外国人社会保障号码编制规则》，外籍人参加中国的社会保险，其社会保障号码由外国人所在国家或地区代码、有效证件号码组成。外国人有效证件为护照或外国人永久居留证，所在国家或地区代码和有效证件号码之间预留一位，其表现形式为有效证件号码＋预留位＋国家或地区代码。

　　与此同时,《在中国境内就业的外国人参加社会保险暂行办法》中特别规定,具有与中国签订社会保险双边或多边协议国家国籍的人员在中国境内就业的,其参加社会保险的办法按照协议规定办理。也就是说,对于已经与中国签署了社会保险双边互免协定的国家,其所在国公民在中国就业,社会保险费的缴纳按照有关协定办理,通常可免缴养老保险和失业保险。截止到目前,中国已经与韩国、德国、芬兰、加拿大、丹麦、瑞士、荷兰、日本八个国家签订了社保双边互免协议。

(九)关于外籍员工个人所得税的缴纳

　　按照《中华人民共和国个人所得税法》和《中华人民共和国个人所得税法实施条例》的相关规定,自2019年1月1日至2021年12月31日止,外籍个人符合居民个人条件的可以选择享受个人所得税专项附加扣除,也可选择按照《财政部 国家税务总局关于个人所得税若干政策问题的通知》(财税〔1994〕20号)《国家税务总局关于外籍个人取得有关补贴征免个人所得税执行问题的通知》(国税发〔1997〕54号)和《财政部 国家税务总局关于外籍个人取得港澳地区住房等补贴征免个人所得税的通知》(财税〔2004〕29号)的相关规定,享受住房补贴、语言训练费、子女教育费等津贴、补贴免税优惠政策,但不得同时享受。外籍个人一经选择,在一个纳税年度内不得变更。自2022年1月1日起,外籍个人不再享受住房补贴、语言训练费、子女教育费津补贴免税优惠政策,应按规定享受专项附加扣除。

　　对于外籍员工在中国境外一个国家(地区)实际已经缴纳的个人所得税税额,低于依照《中华人民共和国个人所得税法实施条例》计算出的来源于该国家(地区)所得的抵免限额的,应当在中国缴纳差额部分的税款;超过来源于该国家(地区)所得的抵免限额的,其超过部分不得在本纳税年度的应纳税额中抵免,但是可以在以后纳税年度来源于该国家(地区)所得的抵免限额的余额中补扣。补扣期限最长不得超过五年。境外人士获取中国境内所得是否征收个人所得税一览表如表5-6所示。

表 5-6　境外人士获取中国境内所得是否征收个人所得税一览表

在中国境内居住时间	聘用职位	境内所得境内支付或者负担	境内所得境外支付或者负担	境外所得境内支付或者负担	境外所得境外支付或者负担
不超过 90 日或 183 日	一般员工	征	不征	不征	不征
	高层管理人员	征	不征	征	不征
超过 90 日或 183 日	一般员工	征	征	不征	不征
	高层管理人员	征	征	征	不征
满一年但不满 5 年	所有人	征	征	征	不征
超过 5 年	所有人	征	征	征	征

注：表里所指的高层管理人员，是指企业正副（总）经理、各职能总师、总监及其他类似的管理人员。

二、人力资源服务平台等新技术为外籍员工创造良好的服务体验

人力资源共享服务中心的服务团队应充分运用人力资源管理信息服务平台和大数据分析技术，及时了解、掌握外籍候选人相关的入职信息，制定个性化的、贴心的外籍员工入职服务方案。

（一）细致入微的服务使外籍候选人产生最佳服务体验

人力资源服务团队在充分了解国家相关法律政策的基础上，根据外籍候选人来华的目的和需求，通过合规的方法和途径收集其个人信息，帮助外籍候选人选择合适的入境方式，制定符合其本人情况的个性化服务方案。

首先，人力资源共享服务中心的服务团队在依法收集外籍候选人的个人信息后，将根据工作需要与企业的招聘团队等其他团队共享外籍候选人的个人信息，避免发生不同的团队多次向外籍候选人索要同一信息的情况，不仅保证了外籍候选人个人信息的安全性和一致性，而且给外籍候选人留下了简洁、高效和人性化的第一印象。

其次，为了能够更好地管理外籍候选人的服务期望，人力资源服务团队需要事先明确告知外籍候选人办理来华工作类证件的种类、操作步骤、资格条件、所需材料以及每一项申请所需的大致时间，在和外籍候选人充分沟通后确定初步的办理时间表，根据申请人的有效时间或其他情况的变化及时调整办理时间表。

在每一个重要节点的申请结束后，人力资源共享服务中心的服务团队应及时与外籍候选人进行沟通，及时通知下一步提供服务的相关部门，如业务部门管理者、招聘团队、入职服务团队等，这样既能够很好地管理外籍候选人的服务预期，又可以确保所有相关服务部门之间信息的实时畅通，并根据申请完成的不同阶段和进展情况做好下一步的准备工作。

最后，人力资源服务团队还要做好备案工作以备未来查询。在外籍新员工入职所需的工作类相关证件的申请工作全部完成后，人力资源共享服务中心需要将全部更新好的信息发送到相关部门，以便他们做好外籍新员工入职的准备工作。与此同时，人力资源共享服务中心的服务团队把外籍新员工的关键信息，如证件号码、证件起止日期及相关复印件等上传至外籍员工信息管理系统平台上，以备未来不同的服务团队因工作需要进行查询和使用。

（二）人力资源服务平台使外籍员工服务自助化、自动化

目前，大多数企业都在开发人力资源管理信息服务平台，运用人力资源服务平台和大数据分析工具，既可以帮助企业科学而有效地记录、管理和汇总员工的个人信息，并通过对员工个人信息的统计分析改进和提高人力资源管理和服务的专业化水平，又可以让员工利用人力资源管理自助服务平台获取所需信息，提交相关诉求，实现了人力资源服务的自助化、自动化。

随着人力资源数字化转型，越来越多的企业借助强大的人力资源管理信息平台及其功能，特别是通过开发人力资源管理信息服务平台手机端应用程序，对外籍员工的整个雇佣旅程周期进行管理。在外籍员工许可的前提下，人力资源共享服务中心的服务团队有限地采集和跟踪员工及其随行家属的年龄、证件到期日、当前证件的办理状态等信息，为接下来他们的工作类相关证件的续签、换签、信息更改、问题咨询等服务做好准备。与此同时，外籍员工可以通过手机端直接完成所需的服务流程，并能够实时查询人力资源服务的进展状态，实时收到人力资源相关服务的提醒。需求量不大的企业或小微企业，也可以通过第三方公司的代理服务，为外籍候选人提供这方面的技术支持。所有这些智能化的服务方式和便捷的操作流程在为外籍候选人提供省时省力服务的同时，也确保了外籍候选人个人数据的安全，使其经历了一次现代、智能、便捷、有趣、难忘的服务体验。

此外，一些本地签证代理机构利用自身优势，在外籍人员管理平台的基础上，

还尝试向平台前后两端延伸开发。如北京外企人力资源服务有限公司（北京 FESCO）开发的国际人才管理 App，前端部分系统对接政府相关部门，向前来中国就业的外籍人才全方位介绍了中国整体就业环境、政策、信息等方面的信息。同时，北京 FESCO 通过发布企业招聘信息，既帮助企业开发了更多的人才招聘渠道，又帮助外籍人员搜索到国内多家企业的工作机会和进行全方位的评估和判断。在外籍人员信息管理系统的后端部分，系统链接了国内知名的购物、餐饮、出行等平台并能够自动转换成英文，通过互联网、物联网等高科技手段，为外籍人员未来进入中国后的生活提供了必要的便利条件。

三、工作和谐为外籍员工赋能工作激情

在依法依规进行人力资源管理实践的前提下，企业在做好外籍员工的管理与服务的同时，还需要认真考虑如何创造一个和谐的工作环境，如何为外籍员工赋能，使他们能够充分发挥其优势、施展其才华，为企业发展做出更大的贡献。

（一）协助外籍员工了解中国文化

外国人来到中国，首先面临的问题就是东西方的诸多不同。从文化到信仰，从习性到认知，从人生哲学到世界观等各个方面都存在着巨大的差异。文化不是与生俱来的，而是通过人们后天学习、总结，并在一定范围内流传下来的，它是有一定象征意义的、民族或地区的信仰，是在特定条件下结合特定因素而产生的非物质产物。

外籍员工初到中国时，企业应该帮助外籍员工适应新的工作与生活环境，尽快让外籍员工了解中国的传统思想和文化，了解当地的法律要求以及处事的基本原则，尽快适应中国的工作环境。

对于中国员工的一些行为习惯，外籍员工或许不能完全理解，中国企业需要帮助外籍员工在最短的时间内了解和适应中国人的行为习惯，以便全身心地投入到工作中。在这个过程中，一方面，企业不仅需要给外籍员工提供法律法规、历史文化、风俗习惯、沟通方式、语言等方面的指导，更需要为外籍员工提供一个适宜的工作环境和顺畅的沟通渠道，促进他们与当地员工加强交流，为他们答疑解惑或解决困难。另一方面，企业也需要让外籍员工知道，他们需要将差异视为"只是不同"，而不是"好"或"坏"，主动了解中国人的思维模式，并愿意虚心接受企业和同事们提

供的跨文化指导，以开放的心态了解新环境中的不同，阅读有关中国的法律、制度和历史等书籍，在日常沟通中，与当地同事建立信任关系，遇到疑问与当地员工多沟通，尽量避免以自己固有的思维模式和行为习惯评价与判断当地员工的思想和行为。鼓励外籍员工多参与当地的风俗活动，尝试理解当地文化中的幽默等。

（二）引导外籍员工认同企业文化

企业文化，又称组织文化（Corporate Culture 或 Organizational Culture），是一个组织由其价值观、信念、仪式、符号、处事方式等组成的自身特有的文化形象。为了让外籍员工认同企业文化，企业需要考虑如何从多角度、多方面宣传和展示企业文化，只有外籍员工认同企业文化，他们才能更好地发挥自身优势，为企业创造更大的效益。当前，很多企业在企业文化中增加了"信任"这个词。信任不单单是一个口号，要自上而下的贯彻，它是给予就业者、合作伙伴的一个承诺。例如，微软公司就将"以信任为本（Run on Trust）"作为公司文化指引之一，不是一味地对员工进行监督和按照固有的思路进行管理，而是提供给员工更多自主的时间和空间，给予员工更多的信任，所有员工都要完全坦率、绝对诚实、信守承诺，勇于承认错误，包容合作者甚至竞争者的立场和观点，公司为员工打造创新环境，促进员工为企业创造更大的价值。大多数外籍员工，尤其是来自于西方文化教育体系的外籍员工，他们本就善于沟通和表达，这种信任的工作环境不仅会给其带来更多的安全感，而且在这种平等、自由的空间中他们能够获得更多的交流机会，更能充分发挥他们自身的优势。

（三）为外籍员工赋能

"赋能"一词多指赋予某个人或某个主体某种能力和能量。它是积极心理学中的一个名词，旨在通过言行、态度、环境的改变给予他人正能量，之后延伸至企业管理上，指企业由上而下地释放权力，赋予员工独立自主工作的权力，从而通过去中心化的方式驱动企业组织扁平化，最大限度发挥个人才智和潜能。对于外籍员工的管理更应如此。由于外籍员工多来自发达国家，他们有着更为先进的技术和成熟的管理经验，在日常的企业管理过程中，企业要为他们进行使命赋能，赋予他们更多的责任，帮助他们尽快地进入工作角色，从而真正激发出他们的工作热情和创新力，使他们能够真正发挥出自身的优势。

第六章

员工客户关系管理

　　人力资源共享服务中心的服务对象是企业的员工，企业的员工就是人力资源部服务的客户。了解并满足员工在人力资源方面的需求，与员工保持良好、顺畅的沟通，高效率、高质量地为员工提供人力资源服务，改善和提升员工的服务体验等，自然就成为了员工客户关系管理的主要目标。作为人力资源共享服务中心人力资源服务的一个重要的服务职能，员工客户关系管理扮演着企业与员工之间"解惑者"和"调度者"的角色。一方面，它拥有并借助"无所不知"的人力资源知识库为员工解疑答惑；另一方面，它作为人力资源各职能部门之间的"连接器"和"协调中心"，让正确的人来解答或解决员工的特殊问题。本章将从客户服务的角度，详细阐述员工客户关系管理的基本概念与原理，介绍构建企业员工客户关系管理的基本框架、组织的能力要求以及人才的发展和规划，阐明提升员工客户关系管理水平的大数据分析方法，展望人工智能等新技术在员工客户关系管理中的应用。

第一节　员工客户关系管理概述

源于客户关系管理理念以及把企业员工当作内部客户来对待，员工客户关系管理涵盖了员工和企业之间关于人力资源服务的各种互动。这些互动看似繁杂，其实是有规律可循的，因此在实践中就形成了有逻辑的员工客户关系管理互动模型。只有正确理解和把握员工客户关系管理的特点与规律，才可能有针对性地为员工提供优质的人力资源服务，不断提升员工的人力资源服务体验。

一、员工客户关系管理的起源和发展

企业的经营活动离不开人的活动，更离不开企业员工的活动。员工在企业中进行各种生产创造活动的同时，也要处理和聘用有关的各种事情。企业人力资源部将内部员工视为内部客户，为他们提供基础的人力资源服务，保证他们可以在企业顺利完成和聘用相关的各项事宜，解答他们的各种疑问。这种和员工之间的互动就形成了一种员工客户关系。员工客户关系管理来源于客户关系管理（Customer Relationship Management，CRM）理念，是 CRM 在人力资源管理领域里的应用。

（一）CRM

CRM 的字面意思是客户关系管理，但其深层的内涵却有许多种解释。最早提出该概念的高德纳公司认为，CRM 就是为企业提供全方位的管理视角，赋予企业更完善的客户交流能力，实现客户收益率的最大化。一些人认为 CRM 是一项综合的 IT 技术，它源于"以客户为中心"的新型商业模式，是一种旨在改善企业与客户关系的新型管理机制，一些人认为 CRM 是选择和管理有价值客户及其关系的一种商业策略，CRM 要求以客户为中心的商业哲学和企业文化来支持有效的市场营销、销售与服务流程。还有一些人认为 CRM 是一个获取、保持和增加可获利客户的方法与过程。

本质上，CRM 的实施目标就是通过全面提升企业业务流程的管理水平来降低企业成本，通过提供更快速和周到的优质服务来吸引更多的客户。作为一种新型管理机制，CRM 极大地改善了企业与客户之间的关系，实施于企业的市场营销、销售、服务与技术支持等与客户相关的领域。作为客户解决方案的 CRM，它集合了当今最新的信息技术，它们包括互联网和电子商务、多媒体技术、数据仓库和数据挖掘、专家系统和人工智能、呼叫中心等。作为一个应用软件的 CRM，凝聚了市场营销的管理理念。市场营销、销售管理、客户关怀、服务和支持构成了 CRM 软件的基石。

我们认为，理解一个概念应该从其本质入手。由此，CRM 是企业为提高核心竞争力，利用相应的信息技术以及互联网技术协调企业与顾客间在销售、营销和服务上的交互，从而向客户提供创新式的、个性化的客户交互和服务的过程。其最终目标是吸引新客户、保留老客户以及将已有客户转化为忠实客户，在激烈的市场竞争中赢得优势。

（二）从 CRM 到员工客户关系管理

如果说 CRM 是企业利用信息技术和互联网技术向外部客户提供创新式的、个性化的交互和服务的过程的话，那么，员工客户关系管理则是人力资源共享服务中心利用互联网、云计算、人工智能等新技术向内部员工提供创新式的、个性化的交互和服务的过程。其中，人力资源呼叫中心是最为典型的一种人力资源服务管理模式。

从广义上讲，员工客户关系管理是在企业人力资源管理体系中，企业的各级管理人员和人力资源部的职能管理人员，通过拟订和实施各项人力资源政策与管理行为以及其他的管理沟通手段，调节企业和员工、员工与员工之间的相互联系，从而实现组织的目标，并确保为员工创造价值、为企业增值。从狭义上讲，员工客户关系管理就是企业和员工的沟通管理，这种沟通更多采用柔性的、激励性的、非强制的手段，目的是提高员工满意度，支持组织其他管理目标的实现。可见，员工客户关系管理主要是协调员工与管理者、员工与员工之间的关系，引导并建立积极向上的工作环境。

从 2000 年开始，很多企业纷纷搭建人力资源员工客户关系管理组织，借鉴并利用企业的 CRM 系统构建人力资源员工客户关系管理模型。简单地说，员工客户关系管理就是把企业的员工当作客户，通过 CRM 系统来和员工进行互动，向员工提供各种人力资源服务，记录相关数据信息，监控和管理服务的质量，从而有效改善人力资源服务流程，并根据员工反馈不断提升员工的满意度，建立积极的员工关系与和谐的工作环境。

（三）员工客户关系管理与人力资源共享服务中心

企业建立人力资源共享服务中心（也称员工客户关系管理组织），集中所有的事务性工作，统一各个人力资源管理流程，提高人力资源运营效率，更好地为员工和业务部门服务。人力资源共享服务中心的建立，可以使企业集团的人力资源部专注于战略性人力资源管理的实施，使人力资源管理实现战略转型，发挥更大的价值。

在人力资源服务模块中，人力资源专业咨询服务是一项直接和员工进行互动、帮助员工答疑解惑、解决员工问题的服务。这个服务背后可能牵扯到员工从入职、在职到离职整个雇佣旅程周期的各个方面的问题。

如何能够迅速判断和准确理解员工提出的问题，如何能够最有效地解答和解决员工的问题，如何能够精准有效地将员工的问题交给正确的专家去解决，如何能够及时有效地追踪问题直到该问题得到圆满的解答，已经成为人力资源部需要认真思考和亟待解决的问题，这一服务的好坏将直接影响到整个人力资源共享服务中心的服务质量。正因为如此，人力资源专业咨询服务也就成为了员工客户关系管理的一个重要切入点。

CRM 系统给员工客户关系管理提供了一个很好的管理理念和系统工具。在实际工作中，员工客户关系管理的场景大致是这样的：员工产生一个与人力资源管理有关的问题，通过企业规定的某一沟通渠道提出这个问题，如给某个设定的人力资源电子邮箱发送邮件，或者呼叫某个特定的以 400 开头的服务电话等。由于收到员工问题的公共电子邮箱或热线电话和企业的 CRM 系统相连接，这时 CRM 系统就自动生成了一个事件号码，标志着一个事件案例生成了。人力资源服务人员在 CRM 系统中可以看到关于这个事件案例的所有信息，如果人力资源知识库中有现成的答案，则通过系统直接答复员工，员工就可以收到系统发来的这个答复邮件。问题得到解决后，人力资源服务人员可以关闭这个事件案例。这样，关于该事件案例的一系列信息都在 CRM 系统中被记录了下来。如果人力资源知识库中没有这个问题的现成答案，人力资源服务人员不能直接解答员工的这个问题，该事件案例可以被自动分派或人工分派到相关的专业人员那里去解答，直至这个事件案例解决后关闭。事件案例关闭后，CRM 系统会通过电子邮件或电话按键的方式收集员工对本次服务的满意度。所有关于这个事件案例的信息和在某一时间段内发生的各个事件的信息汇总到一起，经过数据分析，可以给人力资源服务管理者提供重要的决策参考依据。

二、员工客户关系管理模型

员工客户关系管理可以分为五个层级，这五个层级就构成了一个员工客户关系管理漏斗模型，如图 6-1 所示。

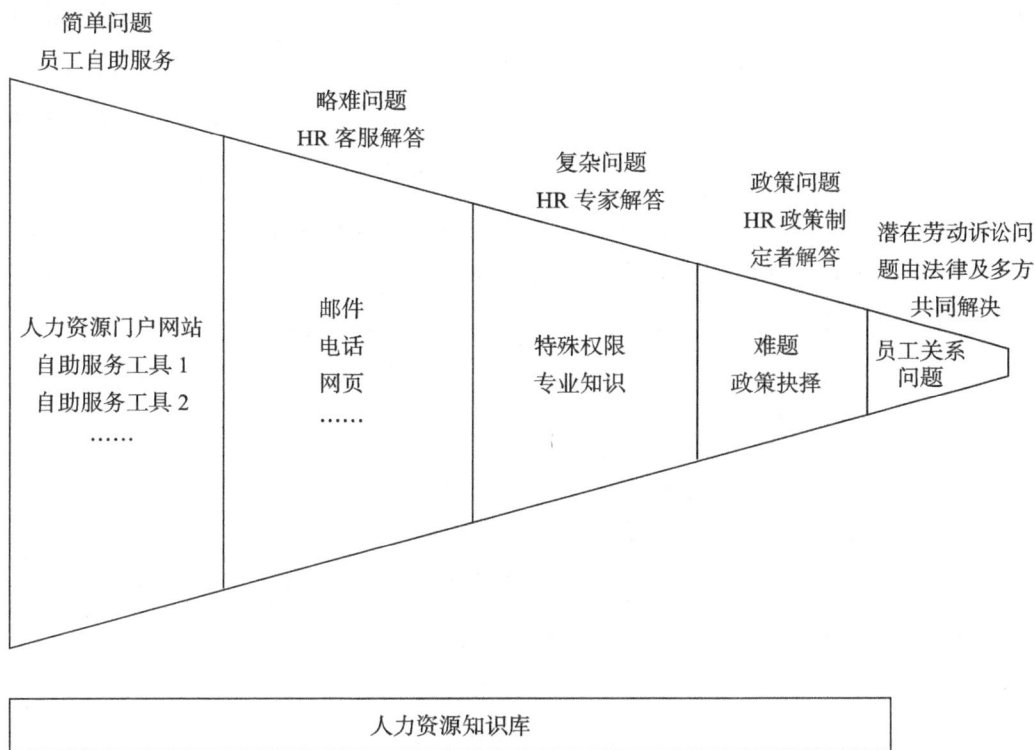

图 6-1　员工客户关系管理的漏斗模型

第一级，员工自助服务。人力资源部把人力资源管理的政策、流程以及与之相关的常见问题的解答作为人力资源知识库，尽量清楚地公布在企业人力资源门户网站上，方便员工自助查询。人力资源部会通过各种方法与沟通渠道，鼓励员工有问题先去公司的人力资源网站上自己寻找答案，而不是直接询问人力资源服务人员。当然，推广员工自助服务的前提是企业要做好人力资源门户网站，保证及时准确地将重要的人力资源信息放在便于员工查找的地方，一旦发生任何变化就要及时更新，这样才能逐渐形成一个利于员工自助服务的良性循环。

第二级，员工提交问题。如果员工在企业人力资源门户网站上未能查到所需答案，企业应给员工提供有效途径使其可以很方便地提出自己的问题。不论是通过什么途径提出的问题（在网上对话框中直接提问或给某个邮箱发邮件提问等），问题都会被自动纳入到 CRM 系统，由专人或机器人根据对问题的理解从人力资源知识库中查找标准答案予以解答。

这里的难题是，有时员工并不能准确描述自己的问题，因此，结构化的问题归纳功能会成为引导员工想清楚自己问题的一个有效手段。什么是结构化问题归纳功能呢？例如，在一个企业的人力资源门户网站上，设置一个专门收集员工问题的对话框，员工点击这个对话框时，会出现一个下拉菜单，显示着预设问题分类，如招聘问题、入职问题、工具问题、薪酬问题、福利问题、数据报告问题等，当员工选择了其中的一个问题后，还会出现下一级分类供员工选择。如果员工选择了福利问题，接下来再选择的是休假问题还是社会保险问题等。这样可以比较准确地引导员工确定自己的问题。另外，企业可在每一类型问题的背后设置一个专业团队的邮箱，只要员工选择了这一类问题，这个问题就会被 CRM 系统自动分派给最相关的解答方。

解答方接到员工问题以后，会快速在人力资源知识库中检索问题答案，并快速回复员工。要做到这一点，离不开员工客户关系管理团队有效的知识管理。

第三级，当员工提出的问题比较复杂，已经超出了人力资源知识库的范围，或者涉及到员工私密信息时，则需要对问题进行升级，即把问题分派到最相关的 HR 专家 SME（Subject Matter Expert，SME）那里去解决。CRM 系统有分拣的功能，这个功能可以是人工的，也可以是自动的，CRM 系统会发给相关 SME 一封邮件提醒有待处理问题，SME 可以直接回答问题，或者视情况与提问员工作进一步的沟通。当员工得到有效答复后，问题可以被关闭。

在这种情况下，问题分拣的准确度是一个重要的考量指标。如果分拣准确度低，问题被错误地分派给不相关的团队或 SME，不仅员工的问题会被耽误，而且会增加沟通成本，降低服务效率，影响员工的服务满意度，这是最需要加以避免的。提高分拣准确度的方法就是在 CRM 系统中进行更精准的设置，对员工问题进行合理归类，并保证各类型问题背后都有最相关的 HR 专业团队进行支持。如果是人工分拣，则要确保分拣人员得到充分的培训，熟悉各个 SME 团队，并保持沟通顺畅。另外，也要保证 SME 团队熟悉 CRM 系统，了解如何通过该系统解答员工问题，并及时更新相关的人力资源知识库内容。

第四级，当 SME 也难以解答员工提出的问题时，则要做进一步升级，通常此时的问题有可能与既定政策不符，或者是政策没有覆盖到，因此此问题会涉及到政策的制定者，由政策制定者根据情况进行判断，给出合理的解释。

第五级，当员工的问题经过几次升级都不能得到解答时，通常会涉及到法律纠纷，仅仅依靠人力资源部已经难以解决，需要邀请法律部门、业务部门共同讨论解决方案。狭义地说，此时的问题已经上升为员工关系问题了。

在第四级和第五级问题的处理上，员工客户关系管理服务人员的主要任务是及时升级问题，并协调各方一起讨论和解决问题，直至事件案例解决和关闭，同时保持和员工的良好沟通，并告知解决问题的进展情况。

三、员工客户关系管理服务的特点

企业需要客观认识员工客户关系管理服务的特点，只有这样才可以更好地设计服务内容和方式，为员工提供更到位的人力资源专业咨询服务。

（一）员工咨询内容多元化

CRM 系统支持解答员工提出的各种问题。这些问题可小可大，可简单可复杂，呈现出非常多元化的特点。员工客户关系管理模型可以分级分类处理各种问题，帮助员工快速方便地获取答案。

（二）沟通咨询的途径多样化

与员工进行有效沟通离不开顺畅的沟通渠道，近年来科技的发展使得企业可以提供给员工多种沟通咨询的途径。

最传统的方式是员工直接找 HR 相关负责人当面咨询问题。这种方式很直接、很充分，沟通到的信息不只是语言、语气，还有表情、肢体语言、环境等都在传递着信息。但是这种沟通方式受时间和场所的限制，并不方便和有效。

电话沟通是一种常用方式，后来逐步演变成为呼叫中心服务，员工可以直接拨打企业公布的热线电话进行咨询，这种方式也比较直接，但在多个员工同时打电话的时候会出现占线情况，这需要企业要有一定的基础设施支持，呼叫中心背后一般也是由 CRM 系统支持的。

发电子邮件是一种比较方便的沟通方式，企业向员工提供专门的问询邮箱，并安排专人监管这个邮箱，回答员工问题。员工可以随时发邮件，然后等待答复。但是当员工并不能清楚表达自己的问题时，需要一些邮件往来才能捋清问题。在比较大型的企业中，不同的 SME 团队往往会设置自己专用的邮箱，这会造成员工在提问时不知道应该给哪个邮箱发邮件。这需要人力资源部以 CRM 系统为中心，协调各个部门，把各 SME 的邮箱设置到系统后台，和相关类型的问题进行连接，而在前台，尽量只推出一个人力资源提问公共邮箱，方便员工记忆和使用。

另一种比较方便的途径是即时消息对答，即员工产生问题时可以通过即时消息系统和服务人员进行沟通。这个途径需要有人实时在线进行监控，好处是可以快速沟通清楚员工的问题意图，给予员工恰当的解答，但在员工提问高峰期，不能保证有足够的资源同时解答所有员工的问题。但是，如果背后在线的是人工智能机器人（BOT），情况就会有所不同。机器人可以同时和多人进行对话，通过结构化理解对方的问题，快速搜索出最适合的答案。

最基础的沟通渠道是人力资源门户网站。在网络时代，企业会通过互联网实现外部沟通，通过内部网络进行内部沟通。人力资源部作为企业重要的职能部门通常都会通过企业内部人力资源门户网站或网页来进行内部沟通。企业内部人力资源门户网站也可以通过 App 放在移动端，方便员工随时查阅，实现自助服务。

（三）专业得体的回答体现企业的知识管理水平

所谓知识管理，是指在组织中构建一个量化与质化的知识系统，让组织中的信息与知识通过获得、创造、分享、整合、记录、存取、更新、创新等过程，不断地回馈到知识系统内，形成永不间断的个人与组织的知识累积和互换，形成组织智慧的循环，在组织中成为管理与应用的智慧资本，帮助企业管理者做出正确的决策，以适应市场的变迁。一句话，知识管理是对知识、知识创造过程和知识应用进行规划和管理的活动。

当企业能够对人力资源相关的知识和信息进行很好地记录、整理、更新和积累时，那么大部分员工都可以针对自己提出的问题快速找到正确的答案。关于知识管理的详细阐述见本章第二节。

（四）传递员工关怀、体现企业文化

人力资源专业人员在解答员工问题的时候，除了解答的内容和方式，还可以传递一种以人为本的态度，这个态度往往比提供答案更重要，因为它传递出来的是企

业对员工的关怀，体现了企业的价值观和文化。好的企业文化是关心人的，是以人为本的。以人为本的一个表现就是解答问题的人（或机器人）在倾听和理解员工问题时总是带着同理心，并可以让员工感受到这个同理心。

（五）CRM 数据可以成为衡量服务水平的参考，也可以产生有价值的洞察力

员工客户关系管理系统可以有效记录每一个通过各种途径进入系统的员工问题，如问题建立的时间、第一次回复员工的时间、与这个问题相关的所有邮件往复的次数与时间、问题的分拣和升级、处理问题的人员、问题的分类及数量、员工满意度等。在这些基础数据上，管理人员可以设计衡量服务水准的 KPI。

举例来说，常见的 KPI 之一是问题数量变化率。当企业开始建立并推行 CRM 系统时，可以将"事件数量增加率"设置为主要业绩指标，用来衡量相关人力资源团队在推广 CRM 系统方面的表现。在 CRM 系统收到的问题数量非常多，并且有大量重复问题且支持资源有限的情况下，可以把"事件数量减少率"作为主要业绩指标，鼓励相关员工客户关系管理团队通过进一步整理知识库，在实施新政策前与员工做好充分的沟通，以及更好地调整流程来减少员工的提问数量，从而使团队业绩达标。

四、员工客户关系管理服务的要求

员工客户关系管理团队为了向员工提供更好的服务，除了可以使用 CRM 系统提供的各种客观数据衡量指标以外，还有一些主观上的要求。概括来说，为员工提供的服务应该是方便、可靠的，可以传达出对员工的关心，并体现出服务人员的责任感。

（一）方便

为了便于员工获得最好的服务，企业可以从以下几个方面入手：首先，简化、优化服务流程，在保证合规可控的情况下减少不必要的手续；其次，提升技术手段，通过新技术的应用减少各种限制性条件，使员工可以随时随地获取服务；最后，帮助员工设立适当的预期，这样可以减少员工等待的焦虑。除此之外，尽量一次性解决员工所有问题，而不是把问题进行转派或升级。不让员工重复提供相同的信息和

材料。总之，方便意味着企业站在员工的角度，为员工选择正确的专家团队，把与员工沟通的受众减到最少，对员工的问题进行正确的识别与总结。

（二）可靠

什么是可靠的服务？当员工要求服务时，首先，要让他／她有安全感，让员工知道他／她的个人信息是被严格保密的，其个人信息是安全的，不会被泄露。其次，员工提出的合理要求，服务方可以根据 HR 政策及流程把事情办好、办到位。第三，提供的问题解答信息是准确的、一致的，不会出现数据错误或者回答模棱两可，前后不一致，甚至自相矛盾。最后，服务过程应该是透明的，对问题的解答是清晰的、明确的。

（三）关心

作为提供人力资源专业咨询服务的工作人员，需要有设身处地替员工着想的理念和意识，只有这样才能真正理解员工的需求，才能自然而然地通过自己的语言和行为传达出对他／她的关心。

如果遇到焦急或愤怒的员工，员工客户关系管理人员需要运用良好的沟通能力和技巧来缓解员工的极端情绪，让员工明白他／她的问题会得到及时和妥善的处理，切不可与员工发生无谓的冲突，从而激化矛盾。

（四）负责

负责任首先是服务人员要做正确的事情，这和企业的文化有关。如果说企业文化是以人为本的，那么追求高的服务质量和好的员工体验会成为服务人员的共识，因而在为员工提供服务时，服务人员一方面会站在员工的角度，尽量为员工着想，另一方面可以负责任地为员工解答问题，帮助员工完成诉求。

负责任也表现为服务人员诚恳地与员工沟通不中听的意见。服务人员不能一味地追求员工的好感而对困难的事情避而不谈。该说清楚的一定要说清楚，但要注意沟通的方式方法。

第二节　数据分析与员工客户关系管理

现代人力资源管理正在发展成为基于数据分析的电子化管理。企业在日常的人力资源管理过程中会产生大量的数据，员工客户关系管理团队将这些数据收集起来通过整理和分析，可以从中发现人力资源管理的某些规律，并根据数据分析结果对企业人力资源管理的未来发展趋势进行预测。当然，员工客户关系管理团队也可以选择其中的某些指标当作关键管理指标来反映自己的工作业绩。

一、数据分析在员工客户关系管理中的作用及意义

数据分析是指用适当的统计分析方法对收集来的大量数据进行统计分析，提取有用信息并形成结论，对数据加以详细研究和概括总结的过程。在实际的工作中，数据分析可帮助人们做出判断，以便采取适当行动。

在员工客户关系管理过程中，CRM 系统自动记录了大量的员工相关数据，为数据分析提供了必要的原材料和基础。

（一）数据记录了事实

在人力资源服务管理中，由于 CRM 管理系统的应用，员工客户关系管理团队对员工的提问行为以及对此提供的服务行为都有了非常客观的记录。

这些数据是客观的，所记录的信息都是事实。当数据量足够大的时候，人们便可以通过数据分析方法来理解、解读这些数据，发现数据中隐含的意义和规律，并依此产生出系统、全面、客观的看法，形成相对准确的判断。这比通过一句话、一次表现、一件事情而形成的看法会更准确、更可信，因为它真正是在基于事实说话。

（二）数据分析揭示了事情的真相

管理者只掌握了事实还不够，还不足以对这些事实进行正确的理解，数据分析刚好可以起到这方面的作用。数据分析是帮助人们把这些杂乱无章的原材料进行核对、检查、分类、整理、萃取、提炼，找出其中隐含的内在规律的一种有效的手段。

典型的数据分析一般包含以下三步。

第一步：探索性数据分析。刚取得数据时，数据可能是杂乱无章的，看不出规律，只能通过制图、造表，用各种形式的方程拟合计算出某些特征量等手段探索可能的规律，即往什么方向和用何种方式去寻找与揭示隐含在数据中的规律性。

第二步：模型选定分析。在探索性分析的基础上提出一类或几类可能的模型，然后通过进一步的分析从中挑选和确定一定的模型。

第三步：推断分析。通常使用数理统计方法对所定模型或估计的可靠程度和精确程度做出推断。

在数字时代，随着信息技术的日臻成熟，记录数据的手段更加细腻丰富，数据分析技术也更加成熟，企业可以综合员工相关的历史数据和当前数据对数据进行观察、比对，根据战略需要设计新的数据指标，分析员工的需求和员工的行为特征等，从而更好地理解员工需求，发现新的规律和趋势，提升管理的效率和员工的满意度。

（三）数据分析产生洞察力

洞察力是指对事物的认识和看法，多指对事物深刻、全面的认识。基于数据分析产生洞察力可以使管理者发现改进的机会，理解员工需求，调整服务策略，更好地提升团队绩效，提升员工体验。

CRM 系统以及其他人力资源信息系统为日常的人力资源服务活动积累了大量的数据。这些数据是个宝藏，数据分析工作就是挖掘这些宝藏的过程，通过分门别类的梳理，去伪存真，通过各种打磨、包装、展现，使得那些真知灼见被人们看到，并且熠熠生辉。

高水平的人力资源服务管理就是通过数据分析对管理产生洞察力，形成适合的管理思想，并调整 HR 策略予以实践。这也是一个从数据中汲取反馈，不断调整改进的过程，最终形成高效的、科学的、人性化的、关注员工体验的管理活动。

二、员工客户关系管理中的数据分析和洞察力

通常，企业在人力资源服务过程中会产生许多的数据，特别是通过 CRM 系统为员工提供 HR 专业咨询服务过程中更是如此。这里将主要讨论 CRM 系统数据的分析和应用。在 CRM 系统记录的数据中，我们将主要关注和分析如下数据。

（一）事件量（Case Volume）

一般来说，每一个进入 CRM 系统的要求都会被自动分配一个事件号，和该事件号相关的活动可以共用一个事件号码。对这些事件号码进行计数就得到了事件量。与此相关的还有人均事件量、事件量增长率、事件量下降率等指标。

人力资源服务团队在推行 CRM 系统时，往往会设置一个事件量增长率作为业绩的衡量指标，要求服务团队尽量把员工引导到 CRM 所提供的渠道来提交问题和要求，因此增长率越高就说明服务团队的工作绩效越好。但是在 CRM 系统稳定运作且可以预见未来的事件量高峰期时，可以设置一个事件量降低率作为业绩指标，要求服务团队通过事先的工作，提前消除员工可能提的问题或要求，避免高峰期服务资源不足等问题。

事件量还可以反映员工的问题集中在哪里。为了能够精确地确定员工问题的类别，HR 服务团队需要在 CRM 中对事件进行基本分类。在人力资源服务方面，基本分类一般包括招聘、工资、福利、绩效管理、培训、系统问题等。当事件量高比例集中在某一两个分类时，人力资源服务团队就可以深入研究到底是什么原因导致了事件量在这个领域内激增，从而找到调整和改善的机会。

借助 PowerBI 等工具，大数据技术可以将事件量的类别按照被问及的频次进行整合形成一个云图，非常直观地反映出员工在某段时间内最关心的问题是什么。在这个云图中，事件量的多少直接影响到字体的大小，字体越大，表明该问题被员工问及的频次越高；反之，则表明该问题被员工问及的频次越少。这样，管理者可以一目了然地了解到这段时间内员工提出的问题都集中在哪里。

（二）渠道采用（Channel Adoption）

员工客户关系管理模型给员工提供了多个提出问题或要求的渠道，对这些渠道进行有效性分析也是一个重要的数据分析内容。

一般来说，企业与员工的沟通渠道主要有企业内部人力资源网站、邮件、电话、面对面咨询、即时消息咨询、手机咨询等。按照员工客户关系管理模型，员工自助服务是一个最主要的渠道。因此在设置业绩指标时，一般会把人力资源网站使用率当作一个指标，使用率越高，说明员工通过自助渠道解决问题的比例就越高，自助服务越有效。当这个比例较低时，可以促使服务团队去检查是否可以对自助服务内容和形式进行进一步的改进，特别是在可预见的与员工切身利益密切相关的重大事件发生前，是否已做好了充分的准备，是否已经把相关的问题和答案公布在了企业人力资源网站上醒目的地方。

同理，当服务管理者需要新建、推广、减少、关闭某个渠道时，都可以通过设置关键绩效指标来调控渠道。当然，管理者在做决策时要依据现有的数据，并且以方便与员工互动、提高员工体验为目的对渠道进行必要的调整。

企业应该根据实际情况形成一个渠道选择和推广的策略。例如，微软公司在推行新的人力资源运营模式之初，大力推广的是公共电子邮件这个渠道，用一个统一的 AskHR 邮箱替代形形色色的个人邮箱或小团队邮箱，希望看到进入 CRM 系统的问题都来自这个统一的邮箱，而不是其他五花八门的电子邮箱。当统一的 AskHR 邮箱的采用率显著提高后，接着开始考虑推行员工自助解答问题。为此，微软公司开始大力推广人力资源门户网站，希望进入 CRM 系统的问题有相当的比例是来自人力资源门户网站的。微软公司希望员工产生问题后，他 / 她首先想到的是去人力资源门户网站查询该问题的答案而不是上来就通过指定的公邮问询问题。如果能找到答案最好，如果没有顺利找到答案则可以很方便地通过门户网站向后台的人力资源部提出问题。为此，微软公司通过各种方法鼓励员工有问题先登录公司 HR 的网站进行自助服务，而非直接给人力资源公共电子信箱发邮件。对于 HR 专业咨询团队，管理者会下达一个关键绩效指标，即人力资源门户网站渠道的使用率。

在这个指标的驱动下，人力资源专业咨询团队就会考虑如何才能提高员工 HR 门户网站的使用率。他们通过员工调查来收集员工对使用门户网站的反馈意见和建议，不断改进与优化 HR 门户网站的内容和布局，使信息分类更加清晰，从而方便员工搜索和查询。该团队还将门户网站的推广穿插在各种与员工相关的公告和内部沟通中，让内部员工了解哪些行为是受鼓励的，并给他们提供了方便的入口去查找问题答案或提出问题。最终该团队通过各种努力成功地超越了管理者下达的绩效目标，大大提升了人力资源门户网站的使用率。

（三）员工满意度

员工满意度是对员工满意程度的衡量指标，代表了员工对其明示的、通常隐含的或必须履行的需求或期望已被满足的程度的感受，是员工满足情况的反馈，它是员工对人力资源服务产品或服务性能以及服务本身的评价。

员工满意度可以划分成七个级度或五个级度。

七个级度的满意程度分别为：很不满意、不满意、不太满意、一般、较满意、满意和很满意。

五个级度的满意程度分别为：很不满意、不满意、一般、满意和很满意。

NSAT 意为净满意度（Net Satisfaction），是一个表示员工满意程度的标准指标，数值在 0~200。人力资源专业咨询团队在调查员工满意度时，一般会让员工针对每一个事件对所接受的服务进行打分，分数可分为 5 个级度（或其他级度），分别是非常满意、有些满意、一般、有些不满意、非常不满意。NSAT 的计算公式是：

净满意度 ＝［非常满意 %－（有些不满意 %＋非常不满意 %）］＋100

DSAT 为不满意率（Dissatisfaction），表示员工对服务不满意的程度，数值在 0~100%。NSAT 的计算公式是：

不满意率 ＝ 有些不满意 % ＋ 非常不满意 %

NSAT 和 DSAT 是员工对服务是否满意非常直接的表达，也是衡量服务好坏的关键指标。CRM 系统可以做到当每个事件完结关闭时，由系统自动给员工发送一个简单的满意度调查问卷。员工可以自愿选择答或不答，如果答了，就会被统计在 NSAT 和 DSAT 中。

人力资源服务管理团队往往将 NSAT/DSAT 作为服务水平承诺（Service Level Agreement，SLA），如承诺 NSAT ＞ 160，DSAT ＜ 10%。

除了对 NSAT/DSAT 指标进行日常监控之外，人力资源服务管理团队还会做具体的数据分析，这个分析是定量和定性分析的结合。定量的分析是：用柱状图或饼图显示出不同问题类别的满意度数据，看员工对哪类问题的不满意程度最高；或者从员工属性的角度看，如地域属性、服务年限属性、部门属性、层级属性等，寻找规律或共性，如果有明显的规律，则用图标的方式表示出来。当某类型的问题比较集中时，如在某个分类项下 NSAT 数值低于平均值，DSAT 高于平均值，则可以用定性分析方法挖掘问题的原因。

下面通过一个例子看看管理者是如何通过控制 NSAT/DSAT 指标来提升员工的满意度的。

某公司人力资源部为其专业咨询团队设定了一个业绩指标，即员工净满意度 NSAT 要高于 160，DSAT 要低于 5%。满意度数据的来源是：每当员工提出的问题通过不同渠道进入 CRM 系统时，都会成为一个事件，当问题被解决时，该事件就会被关闭，而关闭动作会引发系统自动给员工发出一封关于针对此次事件服务的满意度调查问卷，请员工根据真实的服务感受来回答问卷。问卷的回答是自愿的，员工可以决定是否要完成此次服务的满意度调查。如果员工决定参加此次调查，他需要按照问卷的要求为此次服务打分。到月底，本月度发生并关闭的事件会有一部分得到了员工的满意度评估，汇总起来就可以得到这个团队取得的月度 NSAT/DSAT 的综合成绩。

当团队拿到数据以后，一般会选择着重分析员工的不满，即 DSAT。可以筛选出每一个得到不满评分的事件，查看是否有员工直接写出的反馈意见。当然，对一些事件，员工可能只是打了分，并没有提供其他任何具体的反馈，此时人力资源服务人员可以考虑电话回访，或通过其他途径和员工联系，了解到底是什么引发了员工的不满。不满意事件分类分析如图 6-2 所示。

一般来说，HR 专业人员只是孤立地看每一个事件是不够的，还要对数据进行分类汇总，以期发现规律性的东西。通过数据分析不难发现，为员工开证明信是一项员工最不满意的服务，再根据对具体事件的了解，进一步找出引发员工不满的原因。在这里，人力资源服务团队发现有如下几个原因导致了员工的不满：

1. 开证明信的新入职的 HR 工作人员业务不熟练，缺乏培训；

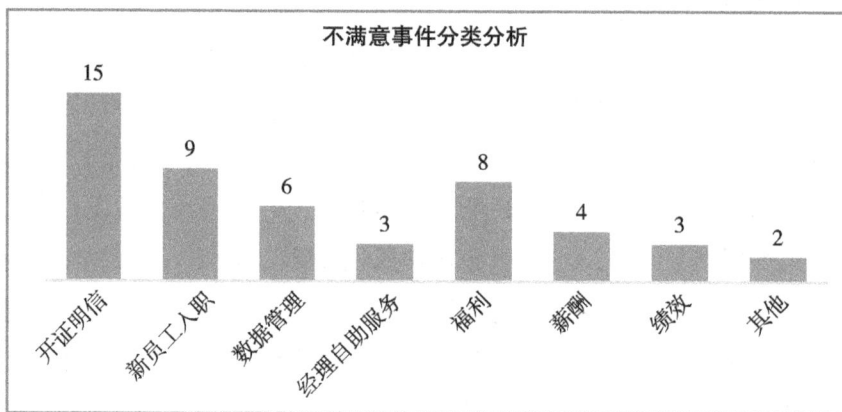

图 6-2　不满意事件分类分析

2. 人力资源门户网站上的说明和指导语不清晰，员工不熟悉开信的流程，走了弯路，导致等待时间较长；

3. 证明信的模板设置不全面，导致不能更全面地满足员工的各种要求；

4. 多人负责开信，效率不高。

了解到员工产生不满的原因后，人力资源服务人员就可以采取如下一些措施去调整和改进：

1. 对新入职的工作人员加强相关培训；

2. 改进人力资源门户网站上的相关内容，让员工便于查询到更清晰、更简洁的开证明信的流程；

3. 重新审查各种证明信模板，改善模板内容，使之可以更好地满足员工的不同要求；

4. 调整服务团队设置，在每个大办公地点设置专人负责开证明信。

除了开证明信之外，员工的不满还集中在新员工入职等其他类别里，运用同样的方法可以找到导致员工不满的根本原因，进而找到解决的方法。在这个例子里，人力资源部对每一类员工的不满都进行了认真的分析，进而找到了原因和改进方法。

在制定了解决方案之后，人力资源服务团队要及时实施这些方案，对各种情况进行合理的调整，然后监控业绩数据的变化。两三个月之后，随着各项措施的实施，DSAT 数据开始回落，NSAT 相应上升，最终达到并超过了所设定的管理指标的要求。

在上述案例中，HR 专业人员运用了一些常见的定量或定性的分析方法。例如，在寻找问题的根本原因时，他们可以用到"五个为什么"分析法。

"五个为什么"分析法，又称"5 问法"，也就是对一个问题连续问 5 个"为什么"，以探究其根本原因。5 问法的关键在于：鼓励解决问题的人避开主观或自负的假设和逻辑陷阱，从结果入手，沿着因果关系链条，找出原有问题的根本原因。

在上述案例中，员工针对某一个不满意事件（开证明信）给出的反馈是：响应速度慢，等待时间长。这只是最表面的原因，还不足以提供解决问题的线索。因此要问为什么？员工进一步解释：当他产生了开证明信的需求时，首先想到的是去某一个楼层的人力资源服务窗口提出要求，但是当他当面提出要求时却被告知需要上 HR 门户网站去提要求，于是员工便去 HR 网站提了要求，然后需要等待这个事件被分配到负责开信的服务人员那里，这个过程让员工感到复杂，等待时间又长，因此他对这个服务不满意。找到了第二层的原因还不够，还需要再问"为什么员工首先想到的是去服务窗口，而不是上网提要求？"得到的解答是：员工不太了解该企业人力资源运营模式的变化，不太了解员工自助服务能做什么，也不了解申请开证明信的流程，因此他还是想按照传统的方式到办公室找工作人员当面提出要求。此时，第三层的原因已经有了不同的方案指向，我们可以再问第四个、第五个为什么："为什么员工不了解开信的流程？""为什么员工不熟悉人力资源运营模式的变化？"推理出来的原因有：人力资源网站和人力资源公共邮箱的认知度还不够，人力资源网站上的流程说明还不够清晰。要解决这些问题，就需要从改进人力资源门户网站着手，另外还要通过各种渠道，利用各种手段大力推广和提高人力资源门户网站与公共邮箱的认知度，进一步推广员工自助服务模式，从而提高服务效率。

当然，还有许多分析方法可以帮助人力资源服务团队分析原因，如鱼骨图分析法等。鱼骨图分析法也称 5M 因素分析法，它的原理是针对需要解决的问题，大家一起来分析这个问题产生的根源，找出主要问题出现在哪些环节，确定需要重点解决的问题。在讨论中会区分哪些是先天的限制因素，是否可以通过努力去改进；哪些时候优越条件的限制暂时不能改进，但是否可以通过改进其他问题来弥补。鱼骨图分析法的五个因素简称为人（人的因素）、机（机器、工具因素）、物（材料因素）、法（工作方法因素）、环（环境因素）。下面仍然通过提升人力资源门户网站使用率的例子看看如何利用鱼骨图分析法捋清问题，寻找解决问题的方案。

在这个例子中，大家通过讨论，按照鱼骨图提示的因素把影响网站使用率的因素清晰地罗列了出来，如图 6-3 所示。

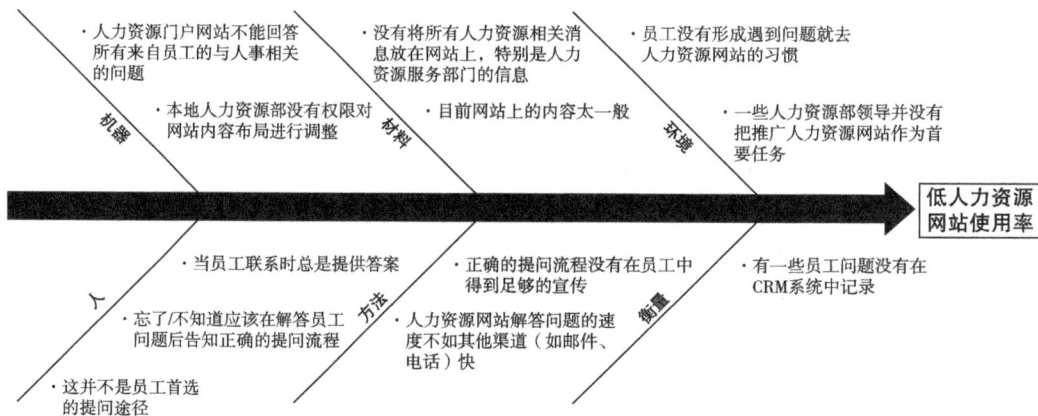

图 6-3　DSAT 鱼骨图分析

分析出原因以后，就可以找到改进的机会了，此时可以使用头脑风暴法讨论改进方案。当一群人围绕一个特定的兴趣领域产生新观点的时候，这种情境就叫作头脑风暴。遵循头脑风暴的"自由畅谈、禁止批评和评论"等原则，人们就能够更自由地思考，进入思想的新区域，从而产生很多的新观点和问题解决方法。当参加者有了新观点和想法时，他们就会大声说出来，然后在他人提出的观点之上建立新观点。头脑风暴法的特点是让参会者敞开思路，使各种设想在相互的碰撞中激起创造性的火花，这是一种集体开发创造性思维的方法。

在提升人力资源网站使用率的案例中，大家通过头脑风暴法产生了很多可实施的解决方案。鱼骨图分析出的原因有一些是暂时改变不了的，如该团队根据公司统一的政策，无法直接调整网站内容和布局。但是大部分因素都可以通过人为干预加以改进，如让解答问题的工作人员告知正确的提问流程，引导员工通过自助网站查询或提交问题；加大对人力资源网站功能的宣传，把提问流程加入到新员工培训中；通过一些沟通引起领导的重视，从而更有力地提升网站的使用率，等等。

当改进方案达成一致且被有效实施后，可以预测 NSAT/DSAT 指标将会得到一定的改善，这就意味着人力服务得到了改善，员工满意度得到了提升。

（四）初次反应时间（First Response to Customer）

员工在向人力资源部提出问题或要求时，都希望能够得到快速的反应。由于员工客户关系管理团队是以追求员工卓越体验为服务目标的，因此人力资源服务团队及时对事件做出反应就成为了一个重要管理指标。

通常，企业员工客户关系管理团队会把初次反应时间设置为 24 小时以内，即在收到员工问题或要求后 24 小时内给予员工适当的回复。即便不能马上解答，也要告诉员工问题已经被受理，会有专门人员予以处理。如果对员工的问题不理解或出现歧义，要及时澄清，以保证正确理解员工的问题或要求。

当员工问题数量较多、事件量比较大时，员工客户关系管理团队未必能够保证所有事件的初次反应时间都能达标，一般会设置一个比较合理的达标率作为 SLA，如 90%。服务水平越高的员工客户关系管理团队承诺的初次反应时间达标率就会越高。当比率比较低的时候，就可以采用一定的方法进行分析，如根本原因分析法（Root Cause Analysis，RCA）。

RCA 是一项结构化的问题处理法，主要用于逐步找出问题的根本原因并加以解决，而不是仅仅关注问题的表征。根本原因分析是一个系统化的问题处理过程，包括确定和分析问题原因，找出问题解决办法，并制定问题预防措施。在组织管理领域内，RCA 能够帮助利益相关者发现组织问题的症结，并找出根本性的解决方案。

（五）分拣准确率（Triage Accuracy）

通常，CRM 系统收到的员工问题或要求往往五花八门，如何高效准确地分拣这些问题就成为了保证人力资源服务质量的一个重要环节。

分拣准确率是一个可以反映分拣效率的指标。当一个事件只经过最多两个队列就得到了解决时，这个分拣即被认为是一个准确的分拣。当一个事件经过两个以上的队列才得到解决时，就被认为是一个不准确的分拣。分拣准确率的计算方式为：

分拣准确率 = 准确分拣的事件量 / 全部经过分拣的事件量

员工客户关系管理团队可以根据经验值，设定一个较高的百分比作为分拣准确率指标。当分拣准确率较低时，可以通过 RCA 进行分析，找出问题出在哪里，是否是队列设置不清晰或不合理？或者是分拣人员对问题的理解不清楚等。然后根据情况及时进行调整，以保证较高的分拣准确率。

在第一节中我们也曾提到，员工客户关系管理团队也可以在员工提问环节就加入问题分类，帮助员工梳理问题，做到自动分拣，这也是一个提升分拣准确率的有效方法。

（六）平均事件解决时间（Average Resolution Time）

一个事件用多长时间解决，多个事件平均用多长时间解决既反映了人力资源服务团队的服务效率，又直接影响到员工的服务体验，因此，平均事件解决时间也成为了一个重要的衡量服务质量的指标，对这个指标的分析就成为了提升服务质量的重要依据。

员工客户关系管理团队对这个指标既可以进行横向数据对比，即跨地区或跨类别比较，也可以进行纵向数据比较，即对比当前与过去的历史。

在这里我们可以发现一些明显的规律，如事件越简单，解决问题的时间越短；事件越复杂，解决问题的时间越长。问题问得越明确，解决问题的时间越短；问题问得不明确，解决问题的时间越长。HR 服务人员知识及经验储备越丰富，解决问题的时间越短；他们的知识、经验储备越不足，解决问题的时间越长，等等。

（七）一段时间内的事件解决率（Case Resolution Met%）

一段时间内的事件解决率是指员工客户关系管理团队最少在几天内解决问题，

衡量是否达到要求的百分比就是这个事件的解决率。例如，某企业员工客户关系管理团队设定 5 天内应该解决该事件，则：

5 天内事件解决率 = 在 5 天时间内解决掉的事件总数 / 所有事件总数

员工客户关系管理团队还需要进一步设定比率指标，如设置 80% 为业绩达标。这个指标的设定通常要参照经验值，毕竟每个事件的复杂程度、难易程度不一样，高级别事件通常要涉及多个部门协调才能予以解决，所以要找到一个合理的数值作为衡量业绩的指标。

由此可见，一段时间内的事件解决率实际上和平均事件解决时间一样，是一个反映服务速度和质量的参考指标。

对这个指标的监测往往侧重于分析那些未达标的事件，而不是那些已经达标的事件。通过对未达标事件的服务过程进行分析，我们可以找到解决速度慢的原因，然后有的放矢地进行调整和改进，从而达到提升服务速度、改善员工体验的目的。

（八）首次解决率（First Time Resolution）

首次解决率是衡量服务效率的一个重要指标，具体是指员工提出问题和要求后，人力资源服务人员首次回复就把问题解决了。

首次解决率 = 首次解决问题的事件数量 / 所有解决掉的事件数量

首次解决率高，说明这个服务是快速有效的，并且间接说明员工客户关系管理团队的知识管理工作做得好。具体来说，由于员工客户关系管理团队平时就积累了许多相关的知识，并且对这些知识进行了很好的整理和存储，并且使之便于检索，对相关服务人员进行过到位的培训。一旦接到相关问题，服务人员就可以准确地对问题做出判断，迅速从知识库中检索出答案提供给员工。

首次解决率较低，说明解决这个问题要有多回合的沟通，所需的时间会比较长，需要的人力资源的投入也相对较多，成本较高。因此，比较成熟的员工客户关系管理团队会考虑通过提升首次解决率来提高效率、降低成本。对这个比率的分析也就有了价值。这里的数据分析也可以从事件分类的角度进行，这样就可以看出哪些类别的知识管理做得较好，哪些做得不够好，从而找到改进的机会。

第三节　人工智能与员工客户关系管理

随着科技的发展，人工智能正在越来越多的领域发挥着重要作用，帮助企业提高生产力，实现经济增长。在不久的未来，人工智能将会替代人类做许多枯燥的、重复性、可标准化的劳动，人类可以将宝贵的时间和精力用于更有建设性和创造性的工作。逐渐地，人工智能将参与研究人类更复杂的问题，进而发挥更大的作用。

如今人工智能已经开始应用于人力资源员工客户关系管理领域，一些公司开始使用人工智能机器人（BOT）来解答员工的简单问题。未来人工智能将在这一领域有更加广泛的应用。

一、人工智能赋能员工客户关系管理

埃森哲研究了人工智能在 12 个发达经济体中产生的影响，揭示了如何通过改变工作本质创建人与机器之间的新型关系。经预测，人工智能可将劳动生产率提高40%，使人们能更有效地利用时间。到 2035 年，人工智能能使年度经济增长率提高一倍。人工智能的表现如同将资本与劳动力完美融合，可放大并超越资本和劳动力当前的能力，并推动经济增长。

（一）人工智能的概念和分类

人工智能是赋予计算机感知、学习、推理及协助制定决策的能力，从而通过与人类相似的方式来解决问题的一组技术。过去，计算机只能按照预先编写的固定程序开展工作，而具备该能力以后，计算机理解世界以及与世界交互的方式，将比以前更加自然和灵敏。

人工智能并不一定以机器人的形式出现，机器人只是人工智能的容器，机器人有时是人形，有时不是，但人工智能本身只是机器人体内的电脑，是机器人的大脑。人工智能的概念很宽，也有不同的分类。按照人工智能的实力，可以将人工智能分为如下三大类。

1. 弱人工智能

弱人工智能是擅长于单个方面的人工智能。例如，有能战胜象棋世界冠军的人工智能，有擅长打麻将的人工智能，但它们只会下棋或打麻将，你要问它们其他的问题，比如如何更好地在硬盘上存储数据，它就不知道怎么回答你了。

2. 强人工智能

强人工智能指人类级别的人工智能。它在各方面都能和人类比肩，人类能干的脑力活儿它都能干。创造强人工智能比创造弱人工智能困难很多，人类现在还在探索之中。林达·高特弗兰德森（Linda Gottfredson）教授把这种人工智能定义为一种宽泛的心理能力，能够进行思考、计划、解决问题、抽象思维、理解复杂理论、快速学习和从经验中学习，等等。

3. 超人工智能

牛津大学哲学家、著名人工智能思想家尼克·鲍斯特罗姆（Nick Bostrom）把超人工智能定义为"在几乎所有领域都比最聪明的人类大脑都聪明很多，包括科学创新、通识和社交技能。"超人工智能可以是各方面都比人类强一点，也可以是各个方面都比人类强万亿倍。

现在人类已经掌握了弱人工智能，人工智能革命是从弱人工智能，通过强人工智能，最终达到超人工智能的旅途。现在，正如沃纳·文奇（Vernor Vinge）所说："我们正站在变革的边缘，而这次变革将和人类的出现一样意义重大。"

（二）人工智能在员工客户关系管理中的初步应用

人力资源员工客户关系管理组织中的很多工作都是基础性的、重复性的，因此也就具备了一定程度的可替代性，于是给人工智能带来了机会。

在实践中，最早应用人工智能的是由计算机解答员工问题。一些企业开始尝试使用 BOT（网络机器人）来回答员工的问题。在 BOT 背后，除了人工智能技术的支持，还有员工客户关系管理组织的知识管理系统在提供支持，机器人链接的是企业内部的 HR 知识库，甚至可以直接和外部网络进行连接。在初期阶段，人工智能的感知和搜索功能是重点。机器人可以通过结构化提问了解员工提出的问题，然后在后台搜索答案，为员工解答问题。

未来，人力资源服务中心可以利用人工智能技术向员工提供多种服务项目。概括来说，员工客户关系管理使用人工智能的好处有如下三个。

1. 公平性

人工智能可以公平地对待每一位员工。因为计算机是基于逻辑的，在理论上不会受制于偏见。

2. 可靠性

计算机在进行计算或提供 HR 服务时，比人要更稳定和可靠。不论 HR 服务流程多么复杂，只要设计好，人工智能就可以按照设定严密地、不犯错误地进行工作。不论工作量有多大，机器都可以高速完成，这是人工难以达到的。

3. 安全性

在设计人工智能系统时，员工客户关系管理团队必须做好安全性以及保护隐私方面的设计，保证在数据收集、访问、使用时没有任何泄露隐私的隐患。只要把系统设计好，在人工智能提供服务时，其安全性和保护隐私的能力都是可以信赖的。

如今，人工智能机器人已经有许多，如微软的小娜和小冰。其中，微软小冰是微软专门为中国打造的人工智能机器人，它是基于 2014 年提出的情感计算框架，通过算法、云计算和大数据的综合运用，采用代际升级的方式，逐步形成向 EQ 方向发展的完整人工智能体系。小冰与人类之间发生的最长一次单人连续对话达到历史性的 7 151 轮，不间断地进行了 29 小时 33 分钟的对话。她除了可以和人类进行有趣的对话外，还会唱歌、写诗、讲故事、当记者和主持人，甚至当设计师。在微软公司，也由小冰来负责报电梯的楼层，并且根据不同情况说出"谢谢辛苦工作的你"或者"本楼层温度较低，请注意添加衣服"之类的语言。微软公司的人力资源服务部也在和研发部门一起探索如何让小冰回答员工问题。

百度的小度机器人也是一个人工智能机器人的代表。小度机器人集成了自然语言处理、对话系统、语音视觉等技术，能够自然流畅地与用户进行信息、服务、情感等多方面的交流。

毋庸置疑，人工智能将会给许多行业带来冲击，人力资源服务行业也在其列。但是，人力资源管理工作中只是那些相对简单、基础性的、重复性的工作比较容易被人工智能替代。在多样化的工作环境中，对于那些要求团队合作、复杂的沟通、系统性思维、高创造力的工作依然是难以被人工智能替代的。员工客户关系管理团队应该考虑如何应对未来，帮助服务人员提升技能，使他们拥有难以被人工智能替代的能力。即使简单的岗位被人工智能替代了，他们也有能力从事更加复杂的工作，可以做到和人工智能共舞。

二、人工智能提升员工体验

人工智能虽然可以在提升服务的有效性以及标准性方面发挥所长，但它是否可以给员工带来更好的服务体验呢？

相对于人类智能，人工智能是人类试图用计算机模拟人类智慧的一种产品，它的计算优势远远超越人脑，科学家们也在试图让人工智能在情感方面和人类靠近，但是这条路还很漫长。目前人工智能在感知、情绪、情感方面还远远不能和人类相比。人类的智慧、智能还是机器无法比拟的。

与当前最先进的人工智能相比，人类提供的服务还是更灵活的。企业可以根据人工智能技术不同的成熟度来调整整体的人力资源服务策略，充分发挥它的特长，回避它的短处，不断地改进，使它能够自如地和员工进行沟通，完成简单的人力资源服务工作。同时，人力资源服务人员可以用自己的情感和智慧去弥补机器做不到的方面，让员工有更好的感受和体验。

当新技术扑面而来时，人力资源服务组织要做到不忘初心。不论采取什么样的技术手段，不论采取什么样的组织模式，目的都是更好地为员工服务。在设计人工智能产品的过程中，只有抱着同理心去进行设计，才可以创造出更符合人性的、更逼真的人工智能服务，让技术服务于人类。

三、人工智能在员工客户关系管理中的应用展望

目前，在人力资源管理领域，人工智能在 CRM 系统中已经得到了初步应用，一些公司正在进行积极的尝试。例如，将员工客户关系管理中累积下来的知识库开放给人工智能机器人，让它学习所有知识，然后开辟渠道，让员工可以直接向人工智能机器人提问，与它进行对话和互动。人工智能机器人可以通过关键词正确识别和检索出员工关心的问题，并帮他 / 她找到正确的答案。同时，人工智能机器人可以做到自动生成一个 CRM 系统中的事件号，使该服务有案可查。

这仅仅是一个开始。在不久的未来，人工智能一定会在员工客户关系管理中得到更广泛的应用。在员工从入职到离职的员工雇佣周期旅程中，都有它应用的身影，

它将变成员工的私人人力资源助理，协助员工办理各种人力资源相关事宜，解答可能产生的各种问题。

人工智能除了可以充当员工私人人力资源助理之外，还可以协助 HR 管理团队进行高效的内部管理。人工智能拥有强大的计算和数据分析能力，它可以主动根据 CRM 系统生成的数据来展示群体性的员工需求，预测趋势，并提示解决方案。

当然，要完全实现人工智能在员工客户关系管理中的功能还要有一个漫长的过程，但是，类似的创新尝试已经不再是空穴来风，智能未来正在向我们跑来。

第七章

人力资源风险管理

　　市场风险无处不在，所有企业的管理者都必须时刻保持如履薄冰的紧迫感，始终对企业可能面临或出现的风险保持高度的警惕性。大量研究发现，很多企业之所以开始走下坡路，乃至出现衰落，大多与没有正确预防和应对企业所面临的风险有关。同样，很多企业的人力资源管理之所以出现重大问题，也与没有建立起科学的人力资源风险管理制度和采取科学的风险管理措施密切相关。随着我国劳动法律法规以及个人信息保护法律法规的日趋完善，随着劳动者法律意识的日益增强，以及随着国家对企业违法行为打击力度的不断加大，如何管理好企业风险，特别是管理好人力资源风险已经成为整个社会的共识。

　　为了更好地理解和把握人力资源风险管理，本章从风险及风险管理入手来理解和认识人力资源风险管理及其意义、核心内容，从人力资源合规管理与法律风险控制、员工个人信息保护与管理以及人力资源服务连续性管理三个方面对人力资源风险管理进行了详细的阐述。

第一节　风险与人力资源风险管理

随着科技的发展与应用，人力资源管理的风险不但没有减少，反而风险越来越大，特别是有关员工个人信息的管理以及人力资源服务连续性等方面的风险尤为突出。因此，如何协助企业应对社会发展和变革，预防并控制好人力资源管理的相关风险将是人力资源管理应对新时代发展的首要任务。

一、风险与风险管理

相信大家一定还记得 2008 年发生在四川汶川的地震及其给当地居民带来的巨大痛苦和伤害，想必四川安县桑枣中学因事先的风险防范制度与定期的应急训练而使师生在地震中成功逃生一事，也一定给大家留下了极为深刻的印象。安县桑枣中学虽然紧邻震中北川，但由于他们有着强烈的风险防范意识和长期不懈的防灾逃生应急训练，因此在地震发生时，学校的两千多名师生在 1 分钟 36 秒内以班级为单位全部冲到了操场，成功实现了安全转移，创造了类似级别地震中零伤亡的奇迹。这个事实有力地证明，一个组织有无风险防范意识，日常是否进行定期的风险防范准备与演练，在重大危机发生时所产生的结果将是大相径庭的。

所谓风险，是指不确定的影响。风险管理可以概括为意识到并且认可风险的存在，及时评估和分析对企业可能产生的影响，依据分析结果，制定有效的应对方案，最大化地控制和规避风险，将风险降到最低并减少其对企业的影响程度。

二、人力资源风险管理及其发展

随着人力资源管理的发展与成熟，以及企业对人力资源管理越来越重视，风险管理便与人力资源管理相遇，交叉融合成为了人力资源风险管理，在企业发展及人力资源管理过程中成为了不可或缺的重要组成部分。

从员工的整个雇佣旅程周期来看，人力资源风险管理可以从员工招聘、入职、在职到离职的整个过程的各个方面进行风险识别、评估和监控，从而科学地规避和预防风险发生。

从人力资源风险发生的来源来看，在企业人力资源管理过程中，既可能会出现人力资源管理政策和实践违反国家法律法规的风险，也可能会出现因不当收集、使用、储存和删除员工个人信息而违反国家个人信息保护法律的风险，更可能会出现因无法迅速应对重大突发事件而中断人力资源服务的风险。因此，人力资源风险还可以分为人力资源合规风险、员工个人信息安全风险以及人力资源服务连续性风险三种。

从人力资源风险管理的历史发展来看，早期的基础性人事工作风险相对比较低，企业管理者对人事管理过程中风险的关注度也不高。随着时代的发展，员工逐渐被视为企业的重要"资源"，即"人力资源"。与此同时，人力资源管理过程中的风险也开始浮现、蔓延甚至升级，并且贯穿于整个人力资源管理的服务环节中。特别是由于国家劳动法律法规和信息安全规定的日益完善以及劳动者法律意识的不断增强，企业越来越重视人力资源风险管理，开始研究并采取相应的管理措施，应对可能出现的人力资源风险，甚至在人力资源部安排专门人员从事人力资源风险管理工作，使人力资源风险管理逐渐成为人力资源部的一项非常重要的工作。

三、人力资源风险管理的意义

随着科技的不断发展、社会的不断进步以及人力资源管理变革的不断深化，人力资源风险管理已经受到越来越多企业的重点关注。相应地，人力资源风险管理已经成为企业人力资源管理的一个重要组成部分，其地位也变得越来越重要。

（一）人力资源风险管理是企业依法进行人力资源实践的必然要求

企业只有提高法律意识，依法实施劳动管理，切实维护劳动者的合法权益，分析并找出人力资源管理中出现法律风险的成因，提高人力资源风险管理和控制的能力，才能有效避免法律风险并从根本上保障企业的和谐稳定以及长远发展。

（二）人力资源风险管理是企业顺应社会发展的必然要求

在大数据时代，随着国家关于保护个人信息等法律的建立和完善，人力资源管理者必须要清楚而准确地了解国家相关的法律要求，根据企业管理的需要，逐步建立起完善的人力资源风险管理体系，对现有人力资源服务流程和管理方法进行全面扫描，清除潜在的人力资源管理风险，最终实现对员工隐私和个人数据的安全化管理。

需要指出的是，虽然人工智能等新的科技手段协助企业简化了人力资源管理过程中繁琐的、基础性的服务流程，但也对人力资源管理提出了更高的要求。因此，在新时代，人力资源部必须要及时而科学地预见潜在风险，通过科学防范和管理，实现人力资源管理的成功转型，真正践行人力资源管理的科学价值。

（三）人力资源风险管理是企业人力资源管理健康发展和企业正常运行的必然要求

在人力资源风险管理工作中，人力资源共享服务中心是企业人力资源风险管理的第一道防线。人力资源共享服务中心只有进行科学的风险管理，才能保障企业人力资源管理的健康发展，才能为人力资源管理发挥企业战略伙伴作用打下坚实的基础。此外，在依法合规对人力资源服务进行管理的同时，还需要确保人力资源服务的连续性，保障对员工服务不间断并且能够支持公司业务正常持续发展。可见，进行人力资源服务连续性管理也是人力资源风险管理中至关重要的一环。

四、人力资源风险管理的范围

在新时代，根据科技、社会和企业发展的趋势要求以及企业人力资源管理的工作性质及内容，人力资源风险管理的范围可以从依法合规、顺应社会发展、企业发展需求三个方面划分为人力资源合规管理、员工个人信息安全管理和人力资源服务连续性管理（如图 7-1 所示）。

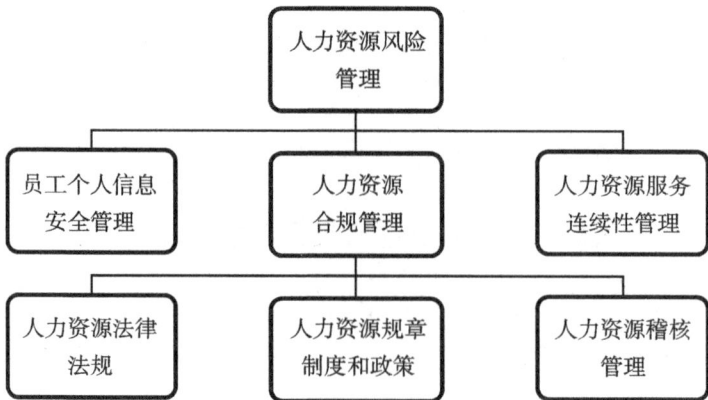

图 7-1　人力资源风险管理范围

（一）人力资源合规管理

人力资源合规管理，顾名思义就是企业人力资源部为了确保人力资源管理和实践符合国家相关法律法规的要求以及行业规范或企业内部的人力资源管理政策而进行的一系列管理工作。人力资源合规管理的目的主要有以下三点。

第一，通过人力资源合规管理，确保企业人力资源管理符合国家的法律法规和当地政策的要求，这也是企业人力资源管理的基础要求。

第二，基于企业实际情况建立与人力资源相关的合规制度。只有建立相应的合规制度，员工才能尊重并遵循合规制度。没有制度作为依据的合规管理将很难得到有效实施。

第三，人力资源稽核工作是人力资源合规管理的一个重要环节。人力资源稽核工作是全方位评估企业人力资源管理的内容和法律风险的重要手段。也就是说，企业要进行合规的管理和评估就需要对其进行稽核。

（二）员工个人信息安全管理

员工个人信息安全管理并不是一个全新的概念。随着社会发展和大数据时代的来临，特别是随着个人信息保护法律法规的不断建立和健全，员工信息安全管理逐渐被提升到一个全新的高度。在人力资源管理和服务过程中，基于工作需要，人力资源管理者需要采用安全的方式依法收集、使用、储存和清理员工的个人信息。

（三）人力资源服务连续性管理

人力资源共享服务中心作为人力资源管理中整个员工雇佣旅程周期人力资源服务的提供者，必须要确保这些重要的基础性人力资源服务的可持续运营和发展。人力资源服务连续性管理是指当自然灾害、人为事故等突发事件发生时，为了应对由此可能产生的服务中断，人力资源风险管理人员需要预估危机和相关的影响，采取一系列有效的预防和应对措施的一种管理方式，其根本目的是为了提高人力资源服务人员的风险防范能力，有效应对突发情况，确保人力资源部持续提供服务并降低突发事件对人力资源服务的影响，从而把对员工的不良影响降到最低。

五、人力资源风险管理人员的能力与素质要求

基于人力资源管理及社会和企业发展的需求，人力资源风险管理人员除了具备必要的人力资源管理能力和素质之外，还需要具备下列管理能力与素质。

第一，掌握与人力资源管理相关的法律知识。为了能够更好地胜任工作，人力资源风险管理者不仅需要深入了解和掌握国家相关的劳动法律法规以及企业所在地的地方性劳动政策，包括立法的宗旨、适用条件、法律实践等方面的相关信息，还需要具有对国家劳动政策高度的敏感度，并结合企业人力资源管理的需求，前瞻性地制定出人力资源风险管理的应对预案。

第二，具备一定的劳动稽核的能力。人力资源风险管理者只有正确理解和把握企业劳动稽核的意义，全面掌握劳动稽核的基本原理和基本工具，并能够基于劳动稽核的结果制订改进计划，才能不断改进和提高企业应对人力资源管理风险的水平。

第三，具备人力资源服务流程设计与持续改进的能力。人力资源服务流程设计与改进能力不仅是每一个人力资源共享服务中心服务人员应该具备的基本能力，更是人力资源风险管理者应该具备的基本能力。事实上，人力资源服务流程的设计与改进是进行人力资源风险管理的最佳时机。只有在制度设计上控制人力资源风险，才能从根本上预防人力资源风险的发生。可见，人力资源风险管理者必须要具备人力资源服务流程设计与改进的能力。

第四，认真谨慎的工作态度，并能够保持独立性和客观性。人力资源风险管理者需要谨慎对待和处理可能出现的法律风险，通过事前、事中、事后的有效检查和控制，及时觉察和纠正可能出现的人力资源风险，既要有效防范可能出现的法律风险，又要能够满足企业发展的需求。此外，人力资源风险管理者还要保持独立性和客观性，在原则面前能够以法律为依据，以企业的利益为重。

六、新技术助力人力资源风险管理

新技术正在改变着企业人力资源管理的模式，深刻地影响着企业人力资源风险管理的方法和效果。随着越来越多的新技术应用于人力资源风险管理，人力资源风险管理将变得越来越科学化、自动化和智能化。

（一）大数据和人工智能等新技术的应用，不仅可以缩短并优化人力资源风险管

理的过程，降低过程中可能出现的误差，而且可以提高人力资源风险管理者与其他相关人员的协同性，使资源的匹配更为合理和有效。更重要的是，新技术使企业的人力资源风险管理减少了对风险管理专业人才的依赖性。

在人力资源风险管理过程中，利用大数据和人工智能可以对企业潜在的人力资源风险进行实时分析和预判，自动识别出可能的法律风险，并依托智能化的管理体系和数据分析体系制定出最佳的人力资源风险预防与管理方案，可以大大降低人力资源风险发生的概率，提高人力资源风险管理的效率。需要指出的是，人力资源风险管理人员在应用新科技时，需要确保支持技术的稳定性和个人信息管理的安全性，在新技术使用前以及使用过程中，一定要对新技术本身可能导致的新的风险事先做出判断、预估和防范措施，尽量减少和消除新科技带来的新的风险。

（二）人力资源的数字化转型，特别是人力资源信息系统平台、电子合同、电子签名、电子公章、人脸识别等新技术的应用，使得人力资源合规管理更加标准化、便利化和自动化，管理的效率更高。

（三）随着云计算技术的日益成熟和普及，基于安全的云平台（如基于微软Azure 云的 SharePoint、基于阿里云的"飞天"等）的员工个人信息的收集、使用、存储和管理变得更加方便、安全、可靠。

（四）4G 和 5G 移动通信技术、在线办公技术（如微软的 Teams，阿里的钉钉、Zoom 等在线沟通、会议工具）和互联网社交技术与平台的日益成熟与普及，使得人们居家办公模式成为可能。

新技术在提高人力资源风险管理的科学性、有效性和智能化的同时，也给人力资源风险管理带来了新的风险，而传统的人力资源风险管理方法和策略也并非无效，因此，人力资源风险管理人员在传统的人力资源风险管理中结合新科技，要做到珠联璧合且取长补短。只有这样，企业才能更好地建设一个多维度、高效的人力资源风险管理体系。

第二节　人力资源合规管理

人力资源合规管理越来越受到企业管理者的重视，它已经成为了企业人力资源风险管理的一个重要的、不可或缺的组成部分。

一、人力资源合规管理及其意义

在人力资源管理领域，合规就是企业的人力资源管理活动与劳动就业方面的法律法规保持一致。需要指出的是，在劳动领域，这里所指的"法律、规则和准则"，不仅包括国家和地方政府制定的相关劳动法律法规，还包括行业监管部门制定的劳动法律、规则及准则、公约和行业协会制定的行业守则以及适用于企业内部员工的公司政策、规章制度和内部行为守则等。

（一）人力资源合规管理的基本涵义

人力资源合规管理是指以人力资源管理为主体，人力资源部通过制定人力资源合规政策，按照国家相关的劳动法律法规的要求统一制定并持续修改人力资源部内部操作规范，监督内部操作规范的执行，以实现增强人力资源管理的内部控制，对可能的违规行为进行持续监测、识别、预警，防范、控制、化解合规风险的一整套管理活动和机制。如今，人力资源合规管理已经成为人力资源管理体系中的一个重要组成部分，在企业人力资源管理中发挥着独特的作用。

（二）人力资源合规管理的基本原则

在证券业，合规管理的基本原则主要有独立性原则、客观性原则、公正性原则、专业性原则和协调性原则等。这些原则也适用于包括人力资源在内的其他行业的合规管理。

1.独立性原则

人力资源合规管理的独立性原则是指企业人力资源合规管理人员应在组织上、精神上和业务上保持相对独立。

2.客观性原则

人力资源合规管理的客观性原则即实事求是原则，是指人力资源合规管理工作必须基于已发生的管理活动和客观事实，对照国家相关劳动法律法规和企业内部的相关规定，实事求是地找出它们之间存在的问题。只有客观地发现问题，才能针对问题制定整改措施，从而保证今后管理合规。

3. 公正性原则

人力资源合规管理的公正性原则是指合规管理人员应该平等、客观、公正地开展合规管理工作，在人力资源合规管理过程中做到对事不对人，合规管理程序和结果公开、透明。

4. 专业性原则

合规管理是一项专业性很强的管理工作，人力资源合规管理人员应该受过专业的合规管理专业培训或得到合规管理专业认证才能上岗履职，以确保合规管理的科学性和合规管理结果的客观性。

5. 协调性原则

人力资源合规管理的协调性原则是指企业的合规管理要与企业管理活动相协调，还要与外部的法律法规保持一致，只有这样，企业的人力资源合规管理工作才能统筹兼顾，既顺应国家法律法规的要求及发展变化，又要顺应企业发展的要求，在保证管理合规的基础上确保企业战略目标的达成。

（三）人力资源合规管理的意义

任何一家企业想长久发展都不能忽视人力资源合规管理。企业只有真正做到以人为本，确保与人力资源相关的政策、流程、操作规范等符合国家法律法规、行业规范和企业内部的要求，才能保证企业健康、稳定、长远发展。

1. 按照相关法律规定开展人力资源管理活动，是确保人力资源管理科学性和有效性的基础

国家出台的各类与人力资源相关的政策、法规、法案等一般都跨越了行业和地域的界限，常常会直接或间接地影响着各行各业的人力资源管理和实践。每个行业的人力资源部都需要以法律法规为首要原则进行人力资源管理和实践。

2. 坚持合规管理是确保人力资源管理实践一致性的根本保证

除了依据当地法律法规及分支机构的内部管理规则进行人力资源合规管理外，企业的合规管理还应该密切关注母公司是否能够与所有子公司的人力资源管理和实践保持一致，关注母公司制定的人力资源政策是否可以在全国各地的子公司合规实

施，关注子公司当地是否有特殊的法律要求或操作规范与母公司的制度政策相冲突等问题。所有这些问题都会对人力资源合规管理及企业的未来发展产生深远的影响。

二、人力资源合规管理的方法与过程

人力资源合规管理是使一家企业永葆青春、实现持续健康发展的法宝。合规是企业的首要责任，是企业内部的一项核心风险管理活动，每一家企业都应该积极主动地把合规管理纳入到人力资源风险管理体系中，协助企业增强软实力，提升市场竞争力。

（一）人力资源合规管理的基本要素与内容

人力资源管理工作者在准备搭建人力资源合规管理体系时，需要清楚地了解和把握人力资源合规管理的基本要素与内容。

1. 人力资源合规管理的基本要素

人力资源合规管理的基本要素主要包括企业的合规文化、人力资源合规目标、人力资源合规风险评估、独立的人力资源合规管理体系的建立等。

（1）**企业的合规文化**。企业要进行人力资源合规管理，首先应该把企业的目标、愿景与合规管控体系有机结合起来，形成优秀的合规文化。毋庸置疑，明确并建立企业的合规文化是企业发展的基础。

（2）**人力资源合规目标**。一般来说，企业可以结合自己的合规文化、商业行为准则确立人力资源合规管理的目标，以遵从法律法规为合规管理的基本原则，进而建立并完善人力资源规章制度及内部管理规则，确保人力资源管理的合法合规。

（3）**人力资源合规风险评估**。在人力资源管理过程中，特别是员工雇佣旅程周期管理过程中，企业需要对存在或潜在的人力资源管理法律风险进行评估和分析，建立风险评估机制。

（4）**独立的人力资源合规管理体系的建立**。企业应当结合人力资源合规管理的内容，建立独立的人力资源合规管理体系，依据合规管理的五大基本原则进行人力资源风险管理，以确保人力资源管理符合法律法规要求、符合企业内部规章制度并持续完善。

2. 人力资源合规管理的内容

人力资源合规管理的内容主要有以下五个部分。

（1）确保依法开展人力资源管理活动。以合法作为人力资源管理的基础和原则。人力资源管理人员需要深入学习和领会国家制定的法律法规，依法进行人力资源管理。

（2）建立并完善企业内部的规章制度和合规政策。企业的规章制度以及合规政策的制定必须确保其有效性，即内容合法且员工清楚知晓具体要求并遵守，同时结合企业内部及人力资源管理的需要进行不断完善。

（3）以企业合规文化为主导，创建有利于进行人力资源合规管理的环境，强化人力资源管理者的合规意识。加强与完善相关培训和教育对于提高全体人力资源管理人员的风险意识以及应对风险的能力非常重要。

形象生动的合规宣讲、精致美观的合规政策小卡片、及时快捷的合规主题邮件或小报等宣传形式都深受员工的欢迎。通过这些员工喜闻乐见的沟通方式，也可以逐步培养和加强人力资源管理者与广大员工对法律道德以及合规重要性的认识，从而使他们能够在工作中自觉地、有意识地依法进行人力资源管理，主动进行风险识别与防范，把合规要求植入到自己的具体工作和流程中，成为人力资源合规管理的自觉践行者。

（4）通过人力资源管理稽核对人力资源管理的合规性进行检验并及时发现问题，改善管理。人力资源部应定期开展人力资源管理稽核以确保人力资源政策、制度、流程和实操的合法性、合规性与一致性。

除了定期的外部合规稽核之外，企业人力资源部还需要定期开展合规的自审活动。例如，为了确保每个员工的每份文档都百分之百符合国家法律规定和公司的要求，在员工档案的日常管理过程中，通过定期自查便能起到完善信息、及时补漏、预防风险的作用。对员工档案合规性的自查包括检查其所签署的法律文件是否齐全、文件的签署日期是否正确、员工是否以正楷签署了文件、特殊情况下是否提交了补充文件或批复等作为支持。对于通过自审发现缺失的或不符合要求的文件，人力资源部必须迅速制定补救措施，及时收集、更正或补齐相关信息，确保员工档案完整合规，以备在需要时或者在发生劳动争议时能够随时提供。

（5）基于国家法律法规和政策的变化及时调整或更新人力资源合规管理制度。

人力资源合规管理者应该与时俱进，时刻保持对国家法律法规、政策的敏感度，及时了解国家劳动法律法规的新变化。

（二）人力资源管理稽核

人力资源法律风险防范是人力资源合规管理的基础，人力资源管理稽核是检验人力资源合规管理结果的重要手段。

通过稽核，企业能够直接识别和检验人力资源日常管理中存在的法律风险，找到人力资源管理及操作流程中可能存在的问题，并制定相应的改正措施进行不断完善。

1. 人力资源管理稽核及其分类

人力资源管理稽核覆盖人力资源管理的各个方面，包括企业内部人力资源管理的相关人力资源政策、操作流程、管理文件、人力资源管理信息系统及其操作等，以便在稽核过程中发现人力资源管理工作存在的不足或潜在漏洞，进而及时采取行动，更好地改进现有的人力资源管理方式。

人力资源管理稽核一般可以分为内部稽核和外部稽核两类。内部稽核又可以分为人力资源管理的日常自审和由企业内部专职人员对人力资源管理进行的一系列专业内部稽核。人力资源管理日常自审通常由人力资源部内部的相关专业人员担任，对日常的人力资源管理的内部操作流程进行自审和把控，从而起到防控人力资源管理内部风险的作用；由企业内部专门的合规或审计部门所进行的一系列人力资源管理稽核则更为正式，通过与人力资源相关部门密切合作，对人力资源部按要求提供的材料、信息和数据进行系统的检验和分析，得出人力资源管理的内部稽核结果，找出产生问题的根本原因并制定相应的改进措施。采取内部稽核的根本目的，主要是通过企业自查稽核人力资源政策的制定和内容是否合规，内部操作流程是否严格按照相关政策和流程规定进行操作。更为重要的是，从改善企业人力资源内部管理出发，通过对所发现的问题采取相应的纠正措施和预防措施，从而推动人力资源管理与服务水平的不断改进。

外部稽核一般都是由符合资质的外部审计公司进行稽核，其稽核涉及的方面一般会更广，往往需要对企业整个人力资源管理的各个模块进行较全面的核查和了解，其重点是看企业的人力资源管理政策是否符合国家相关规定和法律法规的要求，并常常结合企业的财务或税务报告、质量报告等信息进行稽核。

当然，无论是企业内部稽核还是外部稽核，其目的都是确保企业的人力资源管理与实践完全合规，以彰显企业的社会责任，从而为企业实现战略目标发挥出人力资源管理的独特作用，真正帮助企业赢得竞争优势。

2. 人力资源管理稽核的意义

人力资源管理稽核是对人力资源管理效果的检验手段，因此，定期对企业的人力资源合规管理进行稽核，不仅可以检验企业人力资源合规管理的效果，而且为企业不断改进合规管理的质量和效果提供了依据。

（1）人力资源管理稽核可以让人力资源管理中存在的问题无处遁形。通过稽核发现问题，通过对问题的进一步分析找到根本原因，企业就可以制定切实可行的改善措施，彻底解决或消除出现的问题。

（2）通过人力资源管理稽核，可以确保企业的人力资源管理工作合法合规的运行，促进人力资源管理政策、流程和制度得到充分落实，保持高度的一致性，进而形成良性的人力资源管理体系。

3. 人力资源管理稽核的目的、内容和过程

为了加强企业人力资源管理的内部控制与监督，确保人力资源管理政策、流程与实践的合规性和一致性，从而提高企业人力资源管理的水平，人力资源管理稽核至关重要。

（1）人力资源管理稽核的目的和内容。人力资源管理稽核的主要目的，是依据国家劳动法律法规和企业内部的人力资源管理政策和制度，系统地检查、复核各项人力资源管理实践的合法性、合规性、正确性和操作的一致性，并针对稽核中发现的问题确定发生的根本原因，通过制定相应的改进措施及时进行纠正和完善。

一般来说，人力资源管理稽核的内容包括但不限于下列几个方面：了解人力资源管理各项工作的开展情况；对现有的人力资源管理流程进行全面分析；核查人力资源管理内部流程的规范性，评价人力资源管理流程和相关内部管控的效果与效率；对支持人力资源管理流程的各个相关信息系统和其他支持文件的可靠性与正确性进行评价等。具体来说，人力资源管理稽核的内容一般会涉及下列人力资源管理文件信息的合规性稽核：员工个人档案的完整性、安全性和保密性；人力资源相关政策、流程的合法合规性及以实践一致性的稽核，包括入离职管理、考勤管理、加班管理、

保险福利管理、休息休假管理、人事异动管理等常规性人力资源服务的稽核等。

（2）人力资源管理稽核的基本原则。基于人力资源管理稽核的目的，人力资源管理稽核需要遵循以下几个原则。

第一，防范性原则。即及时发现和纠正企业人力资源管理实践中出现的各种偏差和问题，防范人力资源风险，不断提高企业人力资源管理的质量和水平。

第二，经常性原则。即人力资源管理稽核按照企业合规管理的要求对人力资源管理的各项工作进行经常性稽核，并对稽核过程中发现的问题及时进行纠正和改进。

第三，规范性原则。即人力资源管理稽核要以国家劳动法律法规和企业人力资源管理政策、制度为依据，稽核企业各项人力资源管理政策、制度、流程和实践的合法性、合规性与正确性。

（3）人力资源管理稽核的组织实施与人员职责。一般来说，无论是外部稽核还是企业内部自审，往往由2~3名专业稽核人员和1名被稽核部门派出的代表或者统一由人力资源风险管理人员作为支持人员共同组成人力资源管理稽核团队。专业稽核人员的职责主要有主持稽核会议，制定稽核方案，依据国家相关劳动法律法规和企业的人力资源管理政策、制度和流程等对稽核对象进行稽核、复核，发现合规问题，撰写稽核报告，并责成相关部门负责人针对问题找出原因并制定整改措施等。

稽核支持人员的工作职责主要是与各个目标稽核部门的人员进行协调，按要求提供被稽核信息和材料，参加稽核会议，安排被稽核面试人员等。

（4）人力资源管理稽核的一般过程。

首先，确定人力资源管理稽核的目的和内容，建立人力资源管理稽核小组。稽核小组一般由两名以上的稽核人员组成，一人进行主稽查，其他人进行辅助稽查，在稽核过程中双方互相监督以确保公平公正。

其次，制定人力资源管理稽核方案。稽核方案一般包括稽核目的、稽核范围和重点、稽核对象、稽核的形式、稽核步骤、稽核小组分工与稽核的时间进度等具体事项。

第三，准备人力资源管理稽核。人力资源管理稽核的准备工作主要包括取得被稽核部门管理层的支持，理解国家劳动法律法规和企业的人力资源管理政策、制度、流程和实践等，与稽核支持人员进行沟通以做好相应的准备工作等。

第四，实施人力资源管理稽核。人力资源管理稽核的实施就是按照稽核方案对人力资源管理区域或模块实施稽核工作。

人力资源管理稽核实施的方式一般包括阅读相关材料、与相关人员进行访谈、实地调查等。阅读材料是指对以纸质、电子或其他介质形式存在的记录或文件进行审查，通过对文件和资料的检查，将验证信息作为稽核证据；访谈则是指与相应的负责人以书面询问或口头访谈等方式了解尚未获悉的信息或佐证证据，对于已经获取的信息进行进一步的澄清；实地调查是稽核人员深入人力资源管理实践，直接观察人力资源管理者正在从事的人力资源活动或正在操作的服务流程以了解所稽核的内容在企业内部的实施情况。

第五，撰写人力资源管理稽核报告。一般而言，一份完整的稽核报告主要包括稽核实施的基本情况、稽核过程、发现的主要问题、稽核后的调查结果、稽核结论和稽核建议等方面的内容。

第六，追踪问题，检验改进效果。督促人力资源管理者依据稽核报告中总结的问题和漏洞制定相应的改善方案。追踪实施情况并检验改进的效果，从而促进人力资源管理进入良性循环，达到人力资源管理稽核的最终目的。

（5）人力资源管理稽核的支持。从人力资源服务管理的角度看，企业的人力资源风险管理人员常常以稽核支持人员的身份参与人力资源管理稽核工作。

作为一名人力资源管理人员，一旦收到了要进行人力资源管理稽核的通知，应该如何进行事前准备，配合稽核人员顺利完成人力资源管理稽核呢？

首先，做好人力资源管理稽核的准备工作。具体来说，一是要了解此次人力资源管理稽核的目的和范围。二是要了解此次人力资源管理稽核的具体时间、方法和所需提供的材料信息等。和稽核人员密切沟通或以内部会议等方式，讨论并协助稽核人员确定稽核范围、途径、时间等内容，确定需要提供的文件清单等。三是要建立人力资源管理稽核支持团队。召集稽核所涉及的人力资源同事以及相关的其他部门的同事共同组成稽核支持团队，通过协作配合确保此次人力资源管理稽核工作顺利完成。四是要制订配合人力资源管理稽核的工作计划。稽核支持团队需要根据稽核范围所需要的文件清单收集或提供相关的资料、文件、信息，制订具体的稽核准备计划和配合计划。

其次，在稽核调查阶段，稽核人员的稽核重点是对收集的数据信息进行观察和分析，并从制度设定稽核和流程操作稽核两个方面对在初步调查中发现的问题进行深入稽核。稽核支持人员在清楚地了解稽核人员在此阶段的稽核工作重点的同时，需要与稽核人员密切沟通，及时协助提供后续所需的补充文件和材料。

第三，在配合稽核人员完成稽核调查后的分析研究与稽核报告的撰写阶段，稽核人员工作的重点是依据相关的稽核结果，与被稽核部门共同找出发生问题的所有可能因素，分析各因素彼此间的关系以及问题产生的根本原因，决定各因素的重要性顺序和进行可行性方案研究，与政策、流程所有者及其相关人员商讨确定最适当的改进实施方案，最终撰写完成初步的稽核报告。稽核支持人员需要做好稽核问题讨论和制定改进方案会议的后勤保障工作，并做好人力资源部门内部相关职能部门和人员的协调工作。

最后，在追踪问题、检验改进效果阶段，稽核支持人员需要协助完成跟进工作，以确保改进方案能够得到有效实施。

三、人力资源管理中的法律风险及其防范措施

企业在人才管理过程中必须做到合法合规并将之贯穿于员工的整个雇佣旅程周期中，这是人力资源管理的基础。随着劳动法律法规的日益普及和员工法律保护意识的不断增强，劳动争议的数量显著增长。目前，大部分企业在不断学习国家劳动法律法规、政策，并制定相应的措施控制和防范可能发生的法律风险。

下面，我们将从人力资源共享服务中心的角度，对员工的整个雇佣旅程周期中可能出现的法律风险及其防范措施进行简要的分析和阐述。

（一）员工入职中的法律风险及其防范措施

基于国家的劳动法律法规和企业的劳动实践，企业在员工入职文件的签署、员工入职文件资料与员工个人信息的收集以及外籍员工入职服务等几个方面较容易产生法律风险。

1. 员工入职文件的签署

一般来说，新员工办理入职手续需要签署《劳动合同》《保密协议》《员工手册》和《竞业限制协议》等一系列的法律文件。如果漏签这些文件或文件签署不规范，就可能为企业带来一定的法律风险。

（1）《劳动合同》等相关法律文件的签署。《劳动合同》等相关法律文件的签署是员工入职时最为重要的一环。

首先，《劳动合同》等法律文件的内容必须合法，签署方式也必须合法。

其次，要及时与员工签订《劳动合同》等法律文件，否则企业不但面临经济损失，而且会造成事实劳动关系，甚至成为无固定期限劳动合同。

第三，《劳动合同》等法律文件的签署要规范，尤其是员工在文件上的签字，既不能漏掉，也不能因字迹潦草而无法辨认，中国籍员工不能签署英文名字。

（2）《竞业限制协议》的签订。竞业限制是企业对员工采取的以保护商业秘密为目的的一种法律措施，是根据法律规定或双方约定，限制并禁止员工在本企业任职期间同时兼职于业务竞争企业，限制并禁止员工在离职后从事与本企业竞争的业务，包括不得在生产同类产品或经营同类业务且有竞争关系或其他利害关系的企业任职，不得创建与本企业业务范围相同的企业，不得自己生产、经营与本企业有竞争关系的同类产品或业务。

在人力资源服务实践中，企业在与员工签订《竞业限制协议》时存在着很多的问题。概括起来，主要有以下几个方面的问题。

第一，企业要求所有员工签订《竞业限制协议》。企业应当与接触、知悉、掌握商业秘密的员工，以及在企业从事或接触到的特殊的、专门的业务范围的员工签订《竞业限制协议》，而不是要求所有员工都要签订《竞业限制协议》。否则，企业可能会引发不必要的劳动纠纷，在劳动争议中处于不利位置。

第二，员工离职时才签订《竞业限制协议》。对于负有保密义务的员工，企业要在员工入职时或员工进入核心岗位之前与其签订《竞业限制协议》，而不是在其提出离职后进行补签。原因很简单，如果等到员工离职时再要求其签订《竞业限制协议》，通常会因为员工不配合或直接拒绝而无法成功订立。人力资源服务团队需要认真核查员工在入职或在职期间所签署的《竞业限制协议》是否规范，一旦发现员工漏签或没签，需要及时与员工沟通，尽快完成补签。《竞业限制协议》一旦签署完毕，人力资源部要及时归档，以确保企业在需要实施或放弃权利时有据可查、有案可循。

第三，只要签订了《竞业限制协议》，员工就必须执行。在实施竞业限制之前，企业首先要确保签署的《竞业限制协议》具备相应的生效条件，包括相关约定不得违反法律、法规的规定，在协议中明确规定合理的竞业限制行业范围，行业范围应与员工在任职期间接触或可能接触的商业秘密的范围相对应，实施期限由当事人事先约定但不得超过二年，明确对应的经济补偿标准、支付形式等。所有这些都是员工履行《竞业限制协议》的前提，如果未在协议上明确约定补偿标准而员工在事后自觉履行了竞业限制义务，则员工有权依据相关劳动法的司法解释，要求企业按月支付补偿金。

需要指出的是，在确保员工签署了有效的《竞业限制协议》后，企业一定要在不晚于解除或终止劳动合同时，明确告知员工是否要对其启动竞业限制，以免引起不必要的劳动争议或给企业造成不必要的经济损失。由于《中华人民共和国劳动合同法》对竞业限制的解除时间没有明确规定，比较合理的做法是，如果企业在员工离职时对其评估后决定不执行已经签署的《竞业限制协议》，应当提前并以书面形式通知员工对其解除竞业限制，并将经员工确认的相关文件进行存档，以应对未来可能出现的劳动争议。

第四，《竞业限制协议》的签订不规范。与《劳动合同》的签订一样，《竞业限制协议》作为员工入职时需要签订的法律文件之一，同样需要员工规范签订，这里不作赘述。

2. 员工入职文件资料的收集

人力资源部在收集员工入职文件资料时应特别注意如下几点。

第一，确保员工入职文件资料的完整性。一般来说，当员工被企业录用后，通常由人力资源部发出"聘用意向书"和入职通知，其中包括入职时需要提供的入职文件资料清单，包括且不限于员工的身份证原件和复印件、个人简历、毕业证书原件和复印件、上家公司的离职证明等。在员工入职报到的当天，人力资源服务团队需要收集、核对和清点员工的入职文件资料是否齐全，在确认齐全后应及时归档。但在实际工作中，经常会出现员工因为这样或那样的原因在入职时无法提交毕业证书、离职证明等入职文件，而有的用人部门因工作需要又想让员工尽快入职，通常的做法都是让员工口头或书面保证在一个合理的时间尽快补齐这些文件，然后直接办理入职手续，这种做法给企业留下了潜在的法律风险，如离职证明的缺失可能会给企业带来双重聘用的风险等。在这种情况下，人力资源服务团队需要督促员工尽快将缺失的入职文件资料交上来，以保证员工入职文件资料齐全无误。一个合理的做法是，可以与员工签署一个补充协议，约定缺失文件资料提交的期限（期限一定不要超出试用期）以及一旦无法提供或存在虚假信息等，则视为员工不符合录用条件而可以直接与其解除劳动关系。

第二，审查员工提交文件资料的一致性和真实性。除了事先必要的信息核实或者通过背景调查来确保员工提交信息的真实性、员工是否有竞业限制义务之外，在入职时还要核对员工提交的复印件与原件的一致性，确保员工提供的文件资料真实和完整。唯有从源头控制员工资料齐全完备，企业才能在聘用员工后无后顾之忧。

第三，妥善管理员工的入职文件资料。入职文件资料作为员工在企业的个人档案的一部分，人力资源服务团队需要为每一个员工建立个人档案，按照档案管理的规则对所有的文件资料进行编号、整理、归档，并通过相应的人力资源管理信息系统或电子档案进行档案管理，以便未来有需要时能及时搜索和查找到相关的文件资料。

需要指出的是，随着科技的发展和数字化技术的成熟，越来越多的企业为员工建立了电子档案，不再需要员工在入职时提交纸质的文件资料，而是在入职过程中将所需的文件资料上传至企业指定的网站上，入职文件也采取了电子签的方式签署。在这种情况下，除了需要注意上述事项外，还要注意在收集电子文件资料的过程中保证员工个人信息的安全，以免造成员工个人信息的泄露并给企业带来不必要的麻烦。

3. 员工个人信息的收集

在员工入职时，除了收集必要的个人文件资料外，人力资源服务团队还需要收集必要的员工个人信息以便开展人力资源管理工作。一般来说，员工个人信息的收集通常是通过要求员工填写"员工个人信息表"来实现的。随着国家对个人信息保护法律法规的实施，员工个人信息的收集变得非常严格和敏感，人力资源服务团队必须要清楚地了解在收集员工个人信息的过程中可能面临的法律风险。秉承最小化原则，人力资源服务团队在收集员工个人信息时一定要明确信息收集和使用的目的，一定要收集与此次目的有关的、必要的员工信息，而不能过多地收集员工信息。员工个人信息的过度收集，除了可能会给员工造成困扰和疑惑之外，同样也会给人力资源管理带来风险，包括员工个人信息储存、使用、分享等一系列潜在风险。需要指出的是，在收集员工个人信息的过程中，人力资源服务团队一定要确保员工知晓并同意企业收集和保存其个人信息，知晓企业及人力资源部对其个人信息承担着保密的义务。

4. 注意外籍员工入职的必要条件

随着我国经济的飞速发展和国际化程度的不断提高，越来越多的外籍员工进入中国工作。基于外籍人员的特殊性，他们在入职中国企业时，除了要像本土员工一样履行全部的入职手续，还必须依法获得在中国工作的工作许可证和工作类居留许可证。这一部分我们在第五章已经进行了详细的介绍，这里不再赘述。

（二）员工在职中的法律风险及其防范措施

员工入职后，如果企业不能合法合规地进行劳动实践，法律风险就会无处不在。从人力资源共享服务中心的角度看，企业在员工加班、企业工时制度以及人力资源公章的使用等方面也存在着一定的法律风险。

1. 员工加班管理中的法律风险及其防范措施

在以往的劳动争议案件中，有关员工加班的争议一直是个热点。员工加班管理方面确实容易产生一定的法律风险。

（1）加班要遵循自愿原则。企业由于生产经营需要，应与工会和员工协商一致后，按法律规定适当延长工作时间。所以，加班的前提是，企业要与员工协商一致且员工自愿，而不是企业的单方指令。

（2）加班时数不能超过法律规定。在劳动实践中，为了能够有效控制员工的加班时数，一方面，人力资源服务团队要加强对员工主管的培训，使员工的工作安排合理有效，尽量避免加班情况的出现，如确因人手不足而不得不加班，应及时补足人力；另一方面，在员工加班管理中，特别是在考勤系统中设置加班时数上限，不断提醒经理们安排好员工加班后的倒休，充分保障员工的休息权，确保员工的身心健康。

（3）加班费要足额支付。根据《中华人民共和国劳动合同法》的相关规定，企业安排员工加班时需要依法支付加班费。按照劳动部《关于印发＜工资支付暂行规定＞的通知》中的相关规定，企业依法安排员工在日法定标准工作时间以外延长工作时间的，按照不低于劳动合同规定的员工本人小时工资标准的150%支付员工工资；企业依法安排员工在休息日工作又不能安排补休的，按照不低于劳动合同规定的员工本人日或小时工资标准的200%支付员工工资；企业依法安排员工在法定休假日工作的，按照不低于劳动合同的员工本人日或小时工资标准的300%支付员工工资。

2. 工时制度管理中的风险及其防范措施

工时制度即工作时间制度。目前，我国共有三种不同的工作时间制度，即标准工时制、综合计算工时制和不定时工时制。企业无论采用哪种工时制度，员工的年工作时数应当与其在标准工时制下的年工作时数相同或大体相当。员工在保证企业生产、工作任务完成的同时，企业必须要确保员工的身体健康，要确保员工的休息休假权利。企业需要严格依法申请和执行特殊工时制，否则就可能会带来一定的法律风险。

（1）符合特殊工时制的工作职位的申请与审批。根据《国务院关于职工工作时间的规定》以及《劳动部关于企业实行不定时工作制和综合计算工时制的审批办法》中的相关规定，企业工作岗位因生产特点或工作性质不能实行标准工时制度的，经企业申请、劳动行政部门批准，可以实行不定时工作制或综合计算工时工作制。

在根据工作内容、业务性质等特性合理判断某工作职位适合何种工时制度后，企业在执行之前，还需要到当地的劳动部门申请，在得到政府批准后才能执行。如果企业没有申请或虽然申请了但没有得到政府的批准，即使企业对这些工作职位执行了特殊工时制，也不会受到法律保护，在法律意义上仍然被视为执行的是标准工时制。因此，员工工作职位的性质、适用的工时制度以及政府对所申请的工时制度的批复三者必须保持一致。

（2）实行特殊工时制度的员工加班费的支付问题。一般情况下，综合计算工时制的加班只会在一定周期的工作时间超过标准总额时才会产生，且只能以150%的比例来计算加班费，在标准总额内的时间，即使在某一天或在某一周的工作时间超过了标准工作时间也不被认定是加班。同样在法定节假日工作还是视为加班，按法定的标准支付300%的工资。不定时工作制不存在加班问题，实行不定时工时制度的员工不执行上述规定。

（3）实行综合计算工时制和不定时工作制的员工仍然享有国家法定休息的权利，这是宪法和劳动法赋予员工的休息权，在任何情况下企业都应该保护员工的这项权利。因此，企业应当注意实行特殊工时制的员工的休息时间安排，如果未适当安排员工休息，劳动者就可以依据《中华人民共和国劳动合同法》第三十八条规定以企业"未提供相应劳动条件"为由单方解除劳动合同，并要求企业支付相应的经济补偿金。至于以何种方式安排的休息时间才能达到法律法规的要求，需要企业先制定具体方案，并报当地劳动行政部门审批，由劳动行政部门审核。

3. 人力资源公章管理风险及其防范措施

人力资源公章管理是人力资源共享服务中心人事服务的一个重要组成部分，其管理风险及其防范措施如下。

（1）人力资源公章的使用与审批。企业一般会制定人力资源公章管理政策，包括公章审批者的资格条件、使用范围、审批流程、公章使用日志记录、公章的保管等事项。为了更有效地管理人力资源公章，提高人力资源公章的使用效率，企业会把经常需要盖人力资源公章的文件和情形进行标准化。在实践中，有些企业的人力资源服务团队为了图省事，事先准备好一些加盖公章的空白文件以备急需时使用。一旦出现盖章空白文件流出企业，就会给企业带来很大的法律风险。此外，在公章使用的审批过程中，为了确保盖章内容不会给企业带来相关的法律风险，审批者在批准之前，一般都会提请企业的法律部门对盖章内容进行审核，确保盖章文件内容合理、无法律风险。必要时，还可以要求盖章申请者提供相关的辅助证明文件，以帮助审批者判断盖章的合理性与必要性。

（2）人力资源公章的保管。在公章管理方面，人力资源部一般会指定专人按照公章管理政策管理人力资源公章，包括将公章存放在有锁的抽屉里或者存放在需要刷卡进入的特别房间里。不能将人力资源公章随意放在办公桌、服务柜台等处。使用公章时，一定要由公章管理人员操作，切忌为了图省事而由当事人操作。公章使用完毕后应当立即放回抽屉里。此外，尽量避免随身携带公章，以免造成公章遗失或被盗用的情况出现。

（3）人力资源公章使用记录的保存。一般来说，人力资源部除了对盖章文件的内容进行必要的审核之外，还需要填写盖章记录日志，详细记录盖章申请人的姓名、所在部门、盖章目的、盖章内容摘要、盖章时间和申请人签字等信息。更为重要的是，对那些非标准化的文件，人力资源服务团队一定要留存备份，以备未来应对内外部人力资源管理稽核或者可能出现的法律纠纷。

（4）电子公章的兴起与管理。随着人力资源的数字化转型，越来越多的企业开始用电子章来代替实体章，不仅极大地提高了人力资源服务效率，更是节省了大量的人力物力。随着人工智能技术的不断发展，特别是人脸识别技术的日益成熟，可以有效地对电子章使用者进行多种实名认证，有效保证电子章使用的正确性，大大改善工作的效率。例如，万达公司运用物联网建立使用电子章申请与批复的电子流程，通过内置摄像模块进行电子章申请人的身份验证、盖章文件自动鉴定识别、一键拍照保存并归档盖有电子章的电子文件、非法用章预警、盖章区域检测等功能，使得电子章的使用和管理较实体章管理更严格也更安全，大大降低了公章使用的法律风险。

（三）员工离职中的法律风险及其防范措施

离职是员工在企业整个雇佣旅程周期的最后一个环节。企业要依法为员工办理离职手续，包括工资和加班费等的清算与支付、未休年休假的安排、签订的《竞业限制协议》的后续处理、员工正式档案的转移、党团关系与社会保险的转移、离职证明的开具、外籍员工工作类证件的注销等。企业在上述方面的操作稍有不慎，很容易出现相关的法律风险。

1. 离职手续的办理及其可能出现的法律风险与防范措施

员工离职阶段是人力资源管理中最容易引发劳动争议的阶段。为了规避可能出现的法律风险，如果员工提出辞职，企业一定要留存好员工的书面辞职信，以备未来员工以其他理由主张经济补偿金。与此同时，需要对员工进行竞业限制的，企业一定要约定好竞业限制期限、补偿金额与支付方式等。如果不需要执行《竞业限制协议》，企业一定要在员工离职前签好放弃执行协议；对于双方协商解除劳动关系的，企业一定要留存好《协商一致解除劳动合同协议书》，以备未来员工以某种理由主张恢复劳动关系；对于企业单方解除劳动关系的，企业一定要履行全部的法定程序，包括单方解除劳动合同的法定理由、征求企业工会的意见、如有需要应在劳动部门备案、尽到通知义务、及时支付清算工资和经济补偿金、开具离职证明及完成员工档案、社保的转移等。

2. 离职员工工资的清算与支付及其可能出现的法律风险与防范措施

员工在完成全部的离职手续后，企业应该一次性支付员工全部的清算工资或经济补偿金。但是，在现实中，很多企业在离职员工清算工资的支付上存在着很大的问题，并由此造成了一定的法律风险。

（1）企业无法按照法律规定在员工办理完离职手续时支付清算工资。绝大多数大中型企业是通过工资系统发放员工工资的，而且每月会设定一个工资数据截止时间以便相对固定员工的工资信息。因此，对于完成了全部离职手续却超过了当月工资截止时间的离职员工来说，企业可能无法做到即时发放清算工资。在这种情况下，企业一定要事先告知员工工资发放的规则，即如果在当月工资数据截止日期之前完成全部离职手续的，将在当月发放其清算工资，否则会在次月发放。这一告知可以放到员工的《离职须知》里让员工阅读并签字确认。如果员工强烈地表示不同意，企业需要通过特殊支付手段，在员工办结全部离职手续后向员工一次性支付全部清算工资和经济补偿金。

（2）员工因故不完成或不配合完成离职手续时清算工资支付的处理。在员工因故不完成或不配合完成全部离职手续时，很多企业会采取不发放清算工资或扣除部分清算工资的方式督促员工尽快完成全部离职手续。从严格意义上说，这种做法存在着很大的法律风险。在特殊情况下，有的员工在没有办理完全部的离职手续时就不辞而别，或者拒绝归还企业的资产、工作文件和资料等，依据相关法律规定，企业仍然不能以员工未办理离职手续为由暂扣其工资。按照《工资支付暂行规定》的相关规定，对于员工的工资，企业可以代扣的仅限于代扣代缴个人所得税、社会保险费、法院判决或裁定中要求代扣的抚养费、赡养费以及法律法规规定可以扣除的其他费用。如果员工不配合工作交接又涉及支付经济补偿金时，企业可以依据《中华人民共和国劳动合同法》的相关规定暂不支付经济补偿金，并依此督促员工完成全部离职手续。当然，对于员工随意离职、影响企业正常运营并且给企业带来损失的，企业可以依据《中华人民共和国劳动合同法》的相关规定要求员工承担赔偿责任，并可以将损失额从员工的清算工资中进行抵扣，但扣除的部分不应超过该员工本人当月工资的20%，扣除后的剩余部分如低于当地最低工资标准的应按照最低工资标准支付其工资。如该员工已扣除的部分仍无法抵偿其造成的损失，企业也可以在员工离职时与其签订相关赔偿的协议或在员工离职后通过劳动仲裁或法律诉讼继续追偿。

3. 离职员工离职证明的开具、社保与正式档案的转移及其可能出现的法律风险与防范措施

根据《中华人民共和国劳动合同法》的相关规定，企业需要在与员工解除或终止劳动合同时出具解除或终止劳动合同的证明，并在15日内为劳动者办理档案和社会保险关系转移手续。因此，无论企业有何种理由，企业的人力资源部都需要为离职者在离职时出具和提供离职证明，完成员工的正式档案和社保的转移等手续。在实践中，很多企业以员工未完成全部的离职手续或员工未归还企业的资产、欠款等理由拒绝出具离职证明、扣留员工的正式档案、不配合完成社保转移等。在这种情况下，离职员工在求职和入职新企业的过程中将很难证明自己的职业状态。按照相

关法律规定，如果由此给员工造成了经济损失，企业需要承担相应的赔偿责任。更为重要的是，如果企业在员工离职时没有按照法律规定的时间帮助其完成社保和档案的及时转移，就会造成员工不能办理社保续保手续，甚至造成社保断缴。如果员工在北京、上海这样的大城市工作，社保的断缴将直接影响到他们买房、买车、落户、子女教育等。一旦给员工造成经济损失，企业将面临更大的法律风险甚至经济损失。在这种情况下，企业一方面要依法履行自己的职责，尽到雇主的法定义务，另一方面，要与员工积极沟通，了解员工不完成离职手续的根本原因，争取及时完成全部的离职手续。如果员工因故拒绝完成全部的离职手续，企业将根据其给企业造成的损失，通过法律程序保护企业的合法权益。

第三节　员工信息安全管理

重视并构建严密的个人信息及隐私保护体系已经成为互联网社会人们的共识，有关公民个人隐私信息方面的立法在不断健全，监控更为严格，违法处罚更为严厉。对于企业来说，出于经营管理的需要，企业需要收集和使用员工的个人信息。对这些个人信息的管理一旦失当，企业将面临巨额的经济处罚和巨大的声誉损失，甚至会丧失客户和员工的信任，造成企业的生存危机。作为直接管理员工个人信息的人力资源部，必须要严格、规范地管理好员工的个人信息，确保员工个人信息的绝对安全。

一、隐私与个人信息

隐私是个人的一种权利。

美国心理学家巴里·施瓦茨曾提出，我们随处可见的门、走廊、栅栏、百叶窗、墙壁等，都在适当的时候将个体与他人分开并起到隐私保护的作用。扩大我们的隐私领域，建立每个人的隐私墙也是每个人成长的一部分。设置、保护和限制隐私墙的进入权限则是成熟过程的自然体现。可见，隐私是人类生活和文化共性中不可或缺的组成部分。

（一）个人数据的涵义

随着互联网、大数据、云计算技术等的快速发展、数字社会的来临以及信息的高度传输和分享，个人信息、个人数据隐私保护被推上了风口浪尖。

早在 1995 年，欧盟在其所发布的《数据保护指令》（Directive 95/46/EC）中提出，个人信息隐私是指任何与已识别或可识别的自然人有关的信息。2003 年 1 月 1 日通过的德国《联邦数据保护法》规定，个人数据是指"任何关于一个已识别的或可识别的个人（数据主体）的私人或具体状态的信息"。2004 年法国在其修改的《数据处理、数据文件及个人自由法》中指出，个人数据是"可以通过身份证号码、一项或多项个人特有因素被肢解或间接识别的自然人相关的任何信息"。

2018 年欧洲颁布实施的 GDPR 对"个人数据"（Personal Data，PD）提出了总结性的概括。按照 GDPR 第四条中的定义，"个人数据"是指任何已识别或可识别的自然人（数据主体）相关的信息。可识别的自然人是能够被直接或间接识别的个体，特别是通过诸如姓名、身份证号、位置数据、网上标识，或者与该自然人的身体、生理、遗传、心理、经济、文化或社会身份有关的一个或多个因素。从 GDPR 的条款来看，个人数据所涉及的范围更广更深。对于个人数据定义不仅限于姓名、身份证号等直观的数据信息，也不限于之前定义的个人可识别信息（Personally Identifiable Information，PII），更包含众多的有关联的数据链，包括直接或间接可识别的信息、行为、衍生数据或自我识别数据以及增加生物和遗传数据。表 7-1 列举了一些有关个人信息的直接、间接数据以供读者参考。

表 7-1　有关个人信息的直接、间接数据

敏感数据	客户内容数据	捕获或生成的数据	财务相关数据
与儿童有关的数据	文件、照片、视频、音乐等	不精确的位置数据	支付工具数据
遗传数据	评论或评级	IP 地址	信用卡号和到期日
生物识别数据	调查回复	设备个性化	银行路由信息
健康数据	浏览历史、兴趣和收藏	网站服务使用情况、网页跟踪	银行账号
种族或民族血统	书写、打字和发言（语音、音频或聊天、机器人）	社交媒体数据	信用请求

（续表）

敏感数据	客户内容数据	捕获或生成的数据	财务相关数据
政治观点	与支持案例相关的客户数据	运动数据健身监测	信贷额度
宗教、哲学信仰		联系方式，如姓名、地址、电话号码、电子邮件地址、出生日期等	税务文件
工会会员资格		欺诈和风险评估、背景调查等	投资数据
自然人的性生活或性取向		候选人简历、面试记录及反馈	凭证数据，如密码、密码提示、用户名等
移民身份		保险、养老金、福利	
精确的用户位置数据			

（二）隐私、个人数据与个人信息的关系

根据相关研究，世界各国目前对于个人信息的立法主要使用了三种概念：个人数据、隐私与个人信息。

1. 个人信息与个人数据

个人信息与个人数据的保护基本相同，都需要建立和增强安全的管理意识与管理能力，确保个人数据、个人信息的安全性，并不强烈区分两者之间概念的差别。

2. 个人信息与隐私

在国际社会，人们通常将个人信息的保护等同于隐私的保护，并且对于隐私的保护是以个人信息的保护为前提和目标的。有些观点认为，个人信息属于隐私权的保护范畴。隐私包含个人信息，个人信息保护是隐私保护的一部分。随着当今互联网、云计算、数字化时代的全面展开，个人信息的保护无疑是当今社会面临的一个新的挑战。数字化科技使得个人信息与个人隐私密不可分，如个人网页浏览、个人通信内容等通常被理解为个人隐私，可以通过数据转换变成个人信息。

（三）个人信息保护的立法及其发展

美国于1973年发布的《公平信息处理条例》深刻影响着欧洲许多国家和地区有关个人信息保护的法律发展。在欧盟，个人数据被认为更具保护价值，因此欧盟及

其成员国都有严格的个人数据保护立法。从二十世纪七十年代后期开始，经济合作与发展组织（OECD）基于美国的《公平信息处理条例》制定和颁布了《隐私保护条例》，进而导致欧盟于 1995 年制定并实施了《数据保护指令》。2016 年 4 月 14 日，欧洲议会投票通过了审议四年之久的 GDPR 以替代 1995 年的《欧洲数据保护指导》，并于 2018 年 5 月正式生效。GDPR 对欧盟的个人信息保护及其监管达到了前所未有的高度，被称作"史上最严格的数据保护条例"。

GDPR 在隐私数据方面对个人用户权利进行了非常详细的描述，对适用于 GDPR 的企业有着很强的约束和要求。按照 GDPR 的相关规定，企业在收集、存储和使用个人信息时要取得用户的同意，用户对自己的个人数据有完全及绝对的控制权。用户享有的数据主体权利主要包括获取必要信息的权利、访问权、拒绝权、纠正权、被遗忘权、持续控制权以及限制处理权等。GPDR 最引人注目的是设计了数据的被遗忘权和删除权。当用户不再希望个人数据被处理并且数据控制者已经没有合法理由保存该数据时，用户有权要求数据控制者删除数据。

在欧盟的 GDPR 实施之前，我国于 2017 年 6 月推出了《中华人民共和国网络安全法》，并在后续行动中引入了一系列配套法规和推荐的国家标准。《中华人民共和国网络安全法》不仅规定了国家对网络安全和个人信息的保护，而且规定了承担相应个人信息保护义务的主体。概括起来，个人信息保护义务的主体主要包括以下三类：第一类是网络运营者，即网络的所有者、管理者和网络服务提供者；第二类是关键信息基础设施的运营者，即一旦遭到破坏、丧失功能或数据泄露，可能严重危害国家安全、国计民生、公共利益的关键信息基础设施的运营者，如公共通信和信息服务、能源、交通、水利、金融等重要行业或领域的运营者；第三类是网络产品、服务的提供者。

《中华人民共和国网络安全法》与欧盟的 GDPR 相比，两者不仅立法的目的不同，适用的对象也不完全相同。GDPR 的保护对象是个人信息，因此其主要从数据处理的角度确定义务主体；而《中华人民共和国网络安全法》的保护对象是网络安全，其主要从网络运营和网络产品及服务提供的角度来确定义务主体。虽然《中华人民共和国网络安全法》的主体是特定的运营商，尤其是针对网络运营服务提供商，但结合《中华人民共和国民法总则》中关于保护个人信息的基本规定，企业在收集、获取、存储、处理和使用员工个人信息时，应认识到保护员工个人信息的必要性。

几乎与欧盟的 GDPR 同步生效，我国的推荐性国家标准《信息安全技术个人信息安全规范》于 2018 年 5 月 1 日正式实施。这部为了贯彻执行《中华人民共和国网络安全法》中有关个人信息安全要求而制定的规范，以个人信息控制者为主要规范主体，包括如何正确收集、保存、使用、共享、转让和公开披露个人信息的处理活动，填补了国内个人信息保护在具体实践标准上的空白。值得注意的是，该规范虽然是推荐性的国家标准，也不是强制性的法律要求，但该标准的定位却是我国个人信息保护的基准文件，是未来中国个人信息保护相关活动的参考标准，为我国今后制定和实施与个人信息保护相关的法律法规奠定了基础。

随着科技和时代的发展，不论是欧盟实施的长臂管辖的 GDPR，还是我国颁布的推荐性国家标准《信息安全技术个人信息安全规范》，都清楚地表明有关个人信息保护的相关法律法规正在全球范围内不断建立并通过互相借鉴不断健全，其规则和实施标准越来越严格，实施范围也越来越广泛。对企业来说，特别是企业的人力资源部，在日常工作中不免需要收集和使用员工的个人信息，从候选人前来企业应聘到新员工入职，再到在职员工日常工资计算、社保缴纳、个税申报、福利发放等各项工作的处理，都需要员工提供必要的个人基本信息才能顺利完成。按照 GDPR 的相关规定，人力资源部作为员工个人信息的处理者，必须严格依法管理员工个人信息。我国目前虽然没有出台强制性的、以企业为主体的专门保护员工个人信息的综合性法律法规，但是，依然可以按照 GDPR、《中华人民共和国网络安全法》《信息安全技术个人信息安全规范》等法律法规的相关规定对企业的员工个人信息进行安全管理。与此同时，人力资源部还应当密切关注国家有关公民个人信息保护的法律法规的立法进展情况，深入了解其他国家有关个人信息保护的法律要求，安全、妥善地管理员工个人信息。

二、保护员工个人信息的意义

个人信息由于具有巨大的商业价值，因而成为了各大企业争抢的对象。在如今的互联网时代，个人信息被通过各种形式进行收集、处理甚至利用。在企业内部，员工的个人信息是企业的资源之一，也是人力资源部进行管理和提供服务的基础。保护员工个人信息的安全是人力资源风险管理者的重要使命和责任。

（一）保护员工个人信息是新时代发展的迫切要求

在数字经济时代，企业利用大量个人信息及其分析结果可以实施精准客户定位和制定营销策略，进而通过优化服务来满足客户需求，为客户创造价值。与此同时，企业在利用大数据进行分析时，一不小心就可能会侵犯个人隐私，造成数字经济发展与个人信息保护之间的内在矛盾。从一些企业目前的实践来看，过度收集客户和员工的个人信息似乎已经成为很多行业内不成文的规则。有些企业甚至在客户或员工不知情的情况下，过度甚至非法收集和处理大量的个人信息，如一些应用程序强制要求客户同意数个权限，包括访问客户的地址簿、共享位置信息和访问录制授权等。

同理，在数字经济下，员工的个人信息是企业人力资源管理的生产要素，是人力资源部进行人力资源管理和开展各类人力资源服务的基础。人力资源管理者在推动日常工作、处理员工个人信息的过程中，有责任更有义务保护好每一名员工的个人信息，通过建立科学的员工个人信息安全管理制度，对员工个人信息采取一系列安全管理措施，确保员工个人信息得到合理收集和使用而不是被过度收集、滥用以获取额外的利益。随着数字经济的蓬勃发展，员工个人信息安全管理已经成为人力资源风险管理的敏感地带。在协助企业响应新时代的要求大力发展数字经济的同时，人力资源部迫切需要能够提前预见、预防在员工个人信息管理上可能产生的风险及其可能给企业带来的负面影响，通过建立科学的员工信息安全管理制度并不断持续改进，协助企业把握住云计算、大数据、人工智能等新技术带来的优势和商机，在数字经济中赢得更大的竞争优势。

（二）保护员工个人信息是企业与员工建立信任关系的必然要求

信息技术的发展使得整个世界变得越来越透明，因此如何保护人们的隐私和个人信息变得越来越重要，挑战也越来越大。一方面，个人信息对企业的技术开发、商业模式创新、跨界盈利、人才吸引与保留等至关重要；另一方面，个人信息缺乏安全管理又会导致企业出现名誉受损、经济损失、人才流失等负面影响。

当然，企业如果过于偏重保护个人信息，就很难获取其所需要的数据信息，甚至可能会对企业的业务发展、技术创新、市场开拓以及企业内部人力资源管理造成一定的阻碍，不利于整个数字经济的快速发展。然而，在企业数字化转型中，赢得员工乃至用户的信任是企业发展的必要条件，信任是个人信息发挥作用的根本前提。也就是说，人们愿意分享自己个人信息的前提是，确信自己的个人隐私和信息安全能够得到有效保护。事实上，尊重和保护个人信息涉及商业、技术和社会道德，也是衡量企业能否长期发展的标准之一，更是衡量社会文明程度的一个重要指标。例如，微软公司的"以信任为本"的价值观就很好地诠释了这一点。在微软的人力资源管理工作中，作为信息处理者的人力资源部，经常需要收集、使用、储存、分享员工个人信息。员工出于信任，愿意提供他们的个人信息来配合人力资源管理工作。在个人信息处理的过程中，不以交换个人信息为筹码，人力资源部在确保安全地处理员工所有的个人信息的同时，为员工提供了高质量的人力资源服务。正是由于员工信赖人力资源部，信赖人力资源部对他们个人信息的安全管理，他们愿意主动地、毫无顾虑地提供个人信息以协助人力资源部顺利开展服务工作。正因为如此，微软公司的人力资源部通过自己的努力不断维持和增进这份信任，并通过完善的员工个人信息安全管理，进一步增进企业与员工之间的互信，增加员工在企业工作的安全感。

三、企业员工个人信息安全管理及其实践

个人信息安全管理是信息时代各个企业人力资源风险管理的重点工作之一。人力资源部作为企业内部管理员工个人信息的一个重要部门，不仅要建立健全员工个人信息安全管理制度，依法收集、使用、储存和删除员工的个人信息，以此建立起企业与员工之间的互信，而且要依法合理地使用个人信息，协助企业在数字经济发展中把握机遇，为企业赢得竞争优势和实现长远的发展目标创造条件。

（一）员工个人信息安全管理制度建立的基本要素

一般来说，人力资源部要建立员工个人信息安全管理制度，可以从如下五个方面入手。

1. 增强员工个人信息安全管理的意识

企业不仅要提高人力资源服务团队对员工个人信息的敏感度，增强员工对个人信息安全管理的意识，还要将员工个人信息安全的管理理念植入到人力资源服务团队的服务理念之中，养成以保护员工个人信息安全为首要原则的工作习惯，从而将

人力资源风险降到最低，并以此提升企业的品牌形象，提高员工对企业的信任度。

2. 员工个人信息安全管理风险评估

企业要不断加强对员工个人信息安全管理的风险评估，包括了解企业自身与人力资源部对员工个人信息的管理情况，对员工个人信息管理过程中可能产生的安全风险进行分析和评估等。只有事先对企业的员工个人信息安全管理风险做出科学评估，企业才能以此制定科学的员工个人信息安全管理制度，才能真正实现对员工个人信息的安全管理。

3. 设置专业的员工个人信息安全管理职能

鉴于员工个人信息安全管理的专业性，企业需要设置专职的员工个人信息安全管理人员，通过风险评估建立专业的员工个人信息安全管理制度和管理流程，推动员工个人信息安全管理，定期评价企业人力资源服务团队在员工个人信息安全管理制度与流程方面的执行情况，不断改进和提高企业管理员工个人信息的水平。

4. 成立员工个人信息安全管理工作小组

为了能够更好地提升员工个人信息安全管理水平，企业应该成立员工个人信息安全管理工作小组，邀请来自企业人力资源部、法务部、合规部、财务部以及业务部门的领导加入这个工作小组，以便统一思想、群策群力，将员工个人信息安全管理制度落到实处。

5. 建立员工个人信息安全管理制度

企业通过建立健全员工个人信息安全管理制度，包括员工个人信息安全管理的内容、范围、方法、流程、周期以及信息泄露事件的应对机制、管理过程的持续改进等，全面落实和推进员工个人信息的安全管理。

（二）员工个人信息安全管理的主要内容及其实践

表 7-2 列举了企业在人力资源管理中需要的员工个人信息。

表 7-2　人力资源管理中需要的员工个人信息

序号	图例	个人信息
1		姓名和工号

（续表）

序号	图例	个人信息
2		联系方式
3		薪酬福利数据
4		工作历史数据
5		绩效数据
6		身份证号码或其他证件号码
7		照片

根据国内外有关个人信息保护的法律法规，企业对员工个人信息安全管理主要包括员工个人信息的收集、信息使用权限的管理、信息的分享与使用、信息的储存以及信息的清理等，如图7-2所示。除此之外，员工个人信息安全管理还包括信息安全事件的报告、第三方信息安全管理等方面。

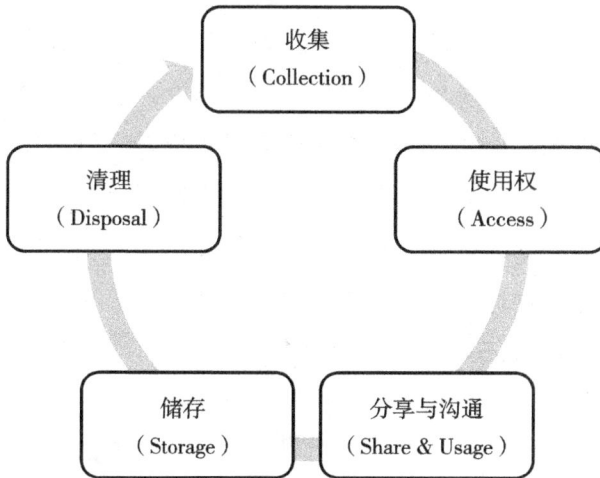

图7-2 员工个人信息安全管理内容

1. 员工个人信息的收集及其原则

员工个人信息的收集是员工个人信息安全管理的第一步，也是确保员工个人信息安全的最重要的一个环节。在员工个人信息收集过程中，需要特别注意以下三个原则。

（1）合法、公平、透明的原则。在收集员工信息的时候，企业应清晰地将员工个人信息的收集、使用和保存方式以及收集的范围、目的、程度等明确告知员工，

（2）最小化原则。这是员工个人信息收集的根本原则之一，就是企业收集的信息只要满足业务需要即可，切忌过度收集。基于员工个人信息使用的目的，人力资源服务团队不仅要正确采集和保存员工的个人信息，而且要将收集的信息尽量减至最少。这样做不仅可以减轻企业人力资源服务团队收集员工个人信息时的负担，更可以有效地避免侵犯员工隐私。

（3）准确性原则。为了避免发生不必要的争议，企业在收集员工个人信息时的正确做法是，让员工通过电子邮件的方式发送个人信息或者亲自把个人信息上传到指定的内部网站上，并在员工提供个人信息的同时，提醒员工个人信息一定要准确无误以及如果信息错误可能产生的后果。这样既减少了员工个人信息被手动处理的次数，降低了手工操作的错误率，而且可以有效保存和管理员工的个人信息，减少了因信息错误而引发的争议。

2. 员工个人信息管理权限的设置

对于人力资源管理部门来说，不同的人力资源管理岗位需要匹配不同的员工个人信息管理权限。员工个人信息管理权限一般可以分为信息数据操作权限和信息数据范围权限。信息数据操作权限是指被授权人可以查看、更改、储存、删除员工个人信息的权限；信息数据范围权限则是指在其工作职责范围内，被授权人可以接触企业所在的哪些国家、地区、法人实体、部门等员工个人信息数据的范围权限。例如，在人力资源服务管理过程中，负责企业上海公司员工入离职管理的人力资源服务人员，通常仅被授权接触和处理企业上海公司员工的相关个人信息的管理权限，而无权查看企业其他区域的员工的个人信息。企业通过建立清晰的人力资源管理信息系统管理权限的分配机制，定期回顾和更新人力资源管理人员的管理权限，确保只有正确的人才能获取相应的员工个人数据和信息权限并据此开展管理工作。

3. 员工个人信息的分享和使用

在人力资源管理过程中，基于工作需求，人力资源服务人员往往被要求提供和分享必要的员工个人信息。人力资源服务人员稍有不慎，就可能造成员工个人信息

的不当分享、提供和使用。为了能够正确而安全地分享、提供和使用员工的个人信息，一方面，人力资源部要通过沟通、培训等手段不断增强人力资源服务人员的员工个人信息保护意识，另一方面，要制定科学的员工个人信息安全管理指南，严格按照管理流程谨慎地分享、提供和使用员工的个人信息及敏感数据。

4. 员工个人信息的储存

随着科技的不断发展，员工个人信息的存储方式更加丰富了，从传统的纸质文件储存方式逐渐转变为数字化的电子文件储存方式，包括储存在电脑终端上、移动设备上甚至云端上等。如今，越来越多的企业选择将员工的个人信息上传到基于云平台的 SharePoint 上。与将信息储存在硬件或移动设备相比，经过权限设置的 SharePoint 对个人信息和相关文件的管理更为安全和有效，不仅可以保障信息的安全性和即时性，不受时间、地域甚至设备的局限，更重要的是，还可以让所有需要的人能够随时获取，而无权限的人却无法看到。

需要指出的是，不论采取哪种储存方式，企业都需要对员工个人信息进行安全管理。除了在储存过程中对包含员工个人信息或敏感信息的文件进行加密存档之外，还需要确保存储方式和介质本身的安全性，并根据权限设置的基本原则对不同的存储方式进行相关权限设定。例如，传统的纸质文件一般都保管于上锁的文件柜和专门的需要刷卡才能进入的文件室，因此企业需要对文件柜钥匙的持有者和文件室刷卡授权人进行管理；对于采取数字化的电子文件保管的，如保存在云端，则一般需要通过设置信息管理权限进行控制。无论是采取传统的纸质文件储存方式还是采取数字化的电子文件储存方式，企业不仅要指派专门的管理人员和设定适当的管理权限，而且要进行定期维护，确保员工个人信息的安全存储与管理。

人力资源管理人员一定不要把员工的个人信息存储在个人电脑里，而是要储存到安全的云端等经过管理权限设置的地方。与此同时，尽量不要将私人信息存储在企业的电脑设备中，减少日常工作中含有员工个人信息文件的过度下载和备份，减少打印包含个人信息的纸质文件等，以避免这些文件保存不当而导致个人信息泄露。

5. 员工个人信息的清理

鉴于员工个人信息储存过程中存在着大量风险，人力资源服务人员一定要转变管理观念，严格遵守国家及企业对员工个人信息储存的时间要求。员工个人信息的储存并不是越久越安全，而是储存时间越短才越安全。因此，人力资源服务人员一定要及时清理不再使用的员工个人信息或包含员工个人信息的相关文件，如储存在电子邮箱、电脑、移动设备、云端中的电子文件以及存放在带锁的抽屉、文件柜里的纸质文件，将带有员工个人信息的文件的储存数量降到最低。对于已经完成的工作，不再提倡为日后工作方便而长期保存员工的个人信息或含有员工个人信息的文件，而是提倡制订定期清理和归档计划，结合企业内部文档保留规定和国家相关法律要求，定期清理已经不再需要的员工个人信息及其相关文件，将员工个人信息泄露的风险降到最低，防范人力资源风险的发生。

6. 对出现的员工个人信息安全问题要及时报告

由于人力资源管理的复杂性以及人力资源风险无处不在，即使事先做了各种准备，也难免由于储存技术本身的缺陷、偶然的工作疏忽、处理不当等原因而在工作中出现员工个人信息的安全问题。为了有效应对此类特殊情况的发生，人力资源部需要建立全面而科学的应对机制。一般来说，对发生的员工个人信息安全问题一定要及时报告，以便专业人员迅速对信息安全问题进行影响分析、原因调查并做出客观评价和判断，采取正确的补救措施将影响降到最低。与此同时，做好相关记录并通过系统分析识别出发生问题的根本原因，不断改进员工个人信息安全管理制度和流程，避免此类问题再次发生。

7. 企业的人力资源外包服务商对员工个人信息的安全管理

随着人力资源外包服务的不断成熟与普及，越来越多的企业将基础性的人力资源服务外包给外部专业的人力资源服务商。在外部专业的人力资源服务商为企业提供基础的人力资源服务过程中，不可避免地需要接触和处理企业员工的个人信息。因此，人力资源部在与第三方服务商合作时，需要采用切实可行的方式确保本企业员工个人信息的安全，避免信息意外泄露或未经许可被他人获取和使用。一般来说，企业在与第三方服务商签署的合同或协议中，应当明确第三方服务商在使用和处理员工个人信息时要严格遵守国家相关法律规定，明确其获悉的员工个人信息仅可用于与服务项目或交易有关的目的，明确第三方服务商的违规责任等，从而减少或消除因第三方服务商对员工个人信息的不当收集、使用、储存及清理而给企业造成员工个人信息管理的安全风险。

总之，人力资源服务团队除了要严格按照员工个人信息安全管理制度和流程进行信息安全实践之外，还需要保持对国家在个人信息方面的立法动态、发展趋势、政策环境以及其他企业最佳实践方面的敏感度，充分利用云计算和人工智能等新技术管理员工的个人信息，从而不断完善员工个人信息安全管理制度，不断探索员工个人信息安全的最佳实践。

第四节　人力资源服务连续性管理

对于传统企业来说，业务连续性管理并非是企业初创时应考虑的事情，而是当企业发展到一定规模时，才逐渐被提到企业管理议事日程上，并与企业的战略计划相结合成为一个强大的风险管理工具。在人力资源管理过程中，会因为一些无法控制的灾难或事故的发生而导致人力资源服务中断，如因地震、电力设施被破坏、洪水、网络瘫痪等造成无法正常工作的情况，因此人力资源部必须事先做好预案，当发生特殊情况并造成人力资源服务中断时，能够迅速启动应急预案，确保人力资源服务的连续性。

一、连续性与人力资源服务连续性

连续性管理的目的是为了保证企业的生产、销售、市场、财务、人力资源管理以及其他重要功能的运营状况完全可用，保证企业的信息流在任何时候都能维持业务的连续运行。

（一）连续性的前世今生

连续性管理起源于二十世纪七十年代的灾难恢复。灾难恢复的成因和始作俑者即是灾难。当时灾难恢复的主要客户来自于金融业。以银行和保险公司为首的金融类企业主要依靠数据、系统进行管理，而灾难恢复主要指在灾难发生时，企业 IT 备份和系统的恢复（包括数据运行等）。

直到二十世纪九十年代，随着信息技术革命的来临，灾难恢复逐步发展为业务连续性管理并成为一个更全面的管理过程。在现实中，尽管科技在不断发展和成熟，但自然灾害或人为灾害依然还在不时发生。例如，2001 年发生在美国的"911 事件"

使 1 200 多家企业受到严重影响；2004 年的印度洋海啸造成了超过 20 万人死亡，给当地政府和企业带来了巨大的经济损失；2005 年 6 月，美国由于信用卡系统解决方案公司的安全漏洞，导致 4 000 万名用户的银行资料被泄漏；同年 11 月，日本东京交易所由于系统发生故障造成所有股票、可转换公司债、信托投资等 2 500 多个品种暂停交易等。

鉴于灾害在历史上给企业造成的不可估量的巨大影响和损失，为了将这种影响和损失降到最低，人们意识到仅仅从系统和 IT 方面进行数据恢复是远远不够的，而是要恢复整个业务。为了有效减轻和防范各类灾难对企业生存和发展造成的损害，出现了一系列新的概念和管理方式，如业务连续性（Business Continuity，BC）、业务连续性管理（Business Continuity Management，BCM）以及业务连续性计划（Business Continuity Plan，BCP）。业务连续性是指企业在突发事件发生时，应对风险、自动调整和快速反应，并确保企业业务连续运转的能力。业务连续性由计划和执行过程组成，其目的是为了确保企业业务的持续运行，企业功能完全可用。业务连续性管理是使企业能够识别潜在的危机及其影响，从而制订出响应计划和恢复计划的一种管理方式，其总体目标是提高风险防范能力，有效应对突发事件，减少不利影响的产生。

随着企业对业务连续性管理的日益重视，业务连续性管理逐渐演变成了一个全面管理过程，包括预先定义各种干扰对企业的潜在影响，以及针对这些干扰采取的一系列相关措施，使企业能够容忍甚至应对部分或全部业务能力的损失及其产生的影响。连续性管理涉及操作流程、信息设备、场地设备、相关部门、业务合作伙伴等多个方面，是一个建立合理计划和协助运营恢复的过程。具体来说，连续性管理拥有可提供一致的服务能力和关键产品交付的方法，不仅能够改善企业的内部运营，减少业务中断及其影响，加快服务或产品供应的恢复，而且可以避免管理业务中断，保护企业的声誉和市场价值。业务连续性管理的具体实施方案一般称为业务连续性计划。业务连续性计划是整个业务连续性管理的前提和基础，是在面对突发的、可能对企业造成运行中止、服务中断的情况下而采取的一系列具体措施和安排。一般来说，可能中断企业运营的突发情况主要包括自然灾害、人为事件、劳动力缺失等。

1. 自然灾害

自然灾害主要包括地震、海啸、台风等。这类灾害一旦发生，往往会影响整个城市或大面积区域人们的正常工作和生活。

2. 人为事件

人为事件一般包括由人为因素引发的火灾、停电、设备瘫痪、网络中断、被黑客袭击等灾害。这类灾害一般会直接影响企业各项业务的持续开展。

3. 劳动力缺失

流行病爆发、罢工、工业革命等事件往往会造成劳动力缺失。这类灾害往往与社会发展及人们生活密切相关，这种情况的发生直接影响到企业业务的持续进行。

当上述这些突发情况发生时，为了减少和避免运营中断，企业必须在业务连续性计划中预先设定相关程序和指令，利用现有可用的资源维持业务功能或快速恢复功能，减少对业务产生的影响。企业可以根据自身的组织架构和实际的业务需求创建一个或多个独立又互相交互的业务连续性计划。

（二）人力资源服务连续性及其意义

人力资源服务连续性是指人力资源共享服务中心在突发事件发生时，按照预案应对风险、自动调整和快速反应，并确保人力资源服务连续运转的能力。人力资源服务连续性管理的目的是为了解决突发事件对人力资源服务管理造成的影响以及服务中断的问题。可见，人力资源服务的连续性管理重点和范围与人力资源服务的具体工作直接相关。很显然，人力资源服务连续性管理对于确保人力资源服务不中断、改善员工的体验具有特别重要的意义。

1. 人力资源服务连续性管理可以提高人力资源服务的应急与管理水平

通过业务连续性管理的建立，人力资源部可以识别面临的突发事件和冲击并据此事先做好预案。在突发事件发生后，为管理层提供科学、明确的操作指导，包括分析冲击带来的影响，为了减少影响而需要采取的准备措施，以及是否需要额外资源和指导等关键性问题。通过事先有针对性地做好预防和应对工作，人力资源部可以有效提高人力资源服务综合管理水平。

2. 人力资源服务连续性管理可以实现人力资源服务的可持续运行

在突发事件发生时，能够保证人力资源各项服务，尤其是关键功能的人力资源服务能够始终保持连续不间断是衡量企业人力资源管理水平的一个重要指标。人力资源部只有在突发事件发生时能够快速做出反应，降低乃至消除突发事件对人力资源服务产生的影响，才能赢得员工对人力资源部和企业的信任与支持，才能提高人力资源部在企业和员工中的影响力。

二、人力资源服务连续性管理的基本原理及过程

当灾难和突发事件发生时，如果要确保人力资源服务的连续性，人力资源部就需要事先对可能发生的灾难或突发事件的发生概率有个预估，根据预估可能发生的灾难或突发事件的特点、危害和对人力资源服务造成的影响做出评估分析，然后制订相应的应对措施。我们将这样的一个计划过程称之为人力资源服务连续性计划。事先制订一个切实可行的人力资源服务连续性计划是人力资源服务连续性管理成败的关键。人力资源服务连续性管理就是以人力资源服务连续性计划为主要内容的一系列管理方式，协助人力资源部在突发事件发生前进行有效管理与预防、在突发事件发生后快速积极应对，以减少和消除突发事件给企业与员工带来的负面影响和损失。

（一）人力资源服务连续性管理的基本原理

人力资源服务连续性管理的基本原理包括人力资源风险的初步评估、人力资源业务影响分析、制订并确定人力资源服务连续性计划、定期演练，以及当风险出现时实施人力资源服务连续性计划、人力资源服务连续性计划实施后的评估与改进等，如图7-3所示。

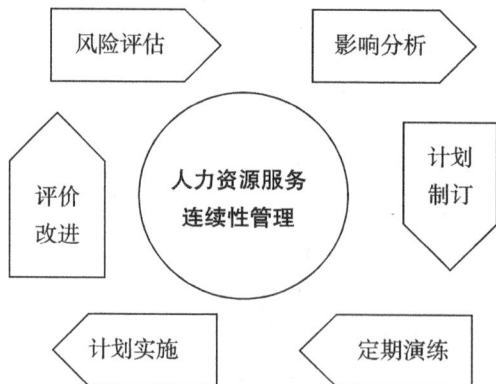

图7-3 人力资源服务连续性管理基本原理

1. 人力资源风险评估

一般来说，人力资源部可以根据所在地的人文、地理环境以及自身的管理情况预测和评估突发事件，确定可能产生的隐患，以及对隐患的控制措施。例如，如果企业所在地属于沿海地区，则需要考虑是否会受到台风或洪水等自然灾害的影响。

2. 人力资源业务影响分析

依据潜在风险的评估结果，人力资源部对发生概率较大的灾害或突出事件，分析并确定其如果发生会对企业人力资源服务产生的影响及其存在的风险，包括风险发生时是否会影响人力资源服务的关键性功能运作以及当这些关键功能一旦中断可能造成的损失和影响等。

人力资源服务业务影响分析首先必须确定人力资源服务的关键功能都有哪些。基于对企业及员工的影响程度，确定人力资源部的哪些服务对企业和员工的影响程度最高。很显然，由于人力资源服务日益依赖于管理系统，一旦突发事件造成系统中断，就会直接影响到员工的日常咨询服务、员工工资的发放、员工入离职手续的办理等服务，必然会对企业和员工造成一定的影响，也能够影响到员工对人力资源服务的体验。通过分析，既可以确定人力资源服务的关键功能有哪些，进而确定人力资源服务的优先恢复顺序。

3. 制订应对突发事件的计划

通过人力资源业务影响分析并确定了关键功能后，需要制订一个应对突发事件的计划，一旦突发事件造成关键性功能服务中断，人力资源部可以立即启动这个计划使得关键性功能服务能够持续进行。

4. 定期演练

场景演练是人力资源服务连续性管理的重要活动之一，通过演练可以检测已设定的应对突发事件的计划是否可行、有效。演练可以包含人力资源服务连续性计划回顾、人力资源服务连续性管理团队操练、应对策略检测、演练结果分析等活动。在演练过程中，人力资源服务连续性管理团队成员需按照计划要求，各司其职，使计划中各环节衔接有序，并在规定的时间内完成演练活动。

5. 实施应对突发事件计划

在实施应对突发事件的计划前，人力资源服务连续性管理团队要了解和熟悉人力资源服务连续性计划的内容，了解自己在连续性管理中的职责，通过持续、定期的演练获取经验教训。在突发事件真实发生时，依据人力资源服务连续性计划的指示，人力资源部要激活并实施相应的策略以达到人力资源服务连续性管理预设的目标，减少甚至避免突发事件给人力资源服务带来的影响，确保不间断提供人力资源服务。

6. 评价与改进

通过定期演练与回顾人力资源应对突发事件计划的实施过程，可以发现整个连续性计划甚至人力资源服务管理中存在的问题与弱点，同时针对问题与弱点进行纠正和改进，不断改善和更新人力资源服务连续性计划。通过对定期演练的不断总结，特别是通过对在假设的突发事件发生后出现的问题，人力资源部需要进行谨慎分析和严肃对待，找到问题发生的根本原因，吸取经验教训，及时改正问题并持续改善现有的人力资源连续性计划，确保人力资源服务连续性管理的有效性。

（二）人力资源服务连续性管理的一般过程

基于人力资源服务连续性管理的基本原理，人力资源服务连续性管理的过程一般包括建立人力资源服务连续性管理团队、制订人力资源服务连续性管理计划、进行人力资源服务连续性管理计划培训、定期进行人力资源连续性管理计划演练以及人力资源服务连续性管理计划的评价与改进等步骤（如图7-4所示）。

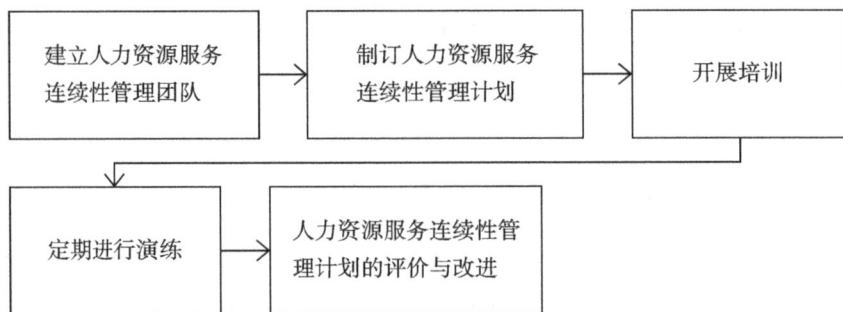

图7-4　人力资源服务连续性管理实施过程

1. 建立人力资源服务连续性管理团队

建立人力资源连续性管理团队是实施人力资源连续性管理的第一步。人力资源服务连续性管理团队成员一般由人力资源共享服务中心负责人、人力资源风险管理专职人员、人力资源服务关键功能支持团队以及其他相关的人力资源服务团队的核心成员组成。连续性管理团队由共享服务中心的负责人担任组长，人力资源风险管理专职人员担任后备组长，其他成员按照各自的本职工作确定其在连续性管理团队中的工作职责，以确保人力资源连续性管理与日常的人力资源服务工作相一致。

2. 制订人力资源服务连续性管理计划

人力资源服务连续性管理计划是人力资源连续性管理的核心文件，是在突发事件发生后，人力资源服务团队持续开展人力资源服务所采取的各项行动步骤以及所需要的各种信息的操作指南，是面对突发的、可能中止、中断人力资源服务时而必须采取的一系列具体行动措施和安排。

（1）确定服务连续性管理计划的目的。一般来说，制订人力资源服务连续性管理计划的基本目的，就是当突发事件发生时，人力资源服务管理部门可以依据人力资源服务连续性管理计划，指导团队对突发事件做出正确的初始响应，确定人力资源服务部门相关人员的角色和职责，通过分析影响与根本原因，制定出合理的服务恢复策略与行动措施，从而能够及时恢复人力资源服务，将对企业和员工的影响降到最低。

（2）明确连续性管理小组成员的职责，建立具体的沟通方式。为了能够更好地执行人力资源服务连续性管理计划，建立一个由人力资源各服务团队核心骨干组成的管理小组非常重要。在管理小组成立后，除了需要明确所有成员各自的职责、工作内容及其流程外，还需要建立紧急联系与沟通方式，如手机号码、微信号码、电子邮箱等。一旦需要启动人力资源连续性管理计划，管理小组组长就可以通过紧急联系方式迅速启动并激活管理小组。

（3）确定人力资源服务的关键功能及其系统支持方案。在人力资源服务功能中，首先要确定那些对企业正常经营活动和员工切身利益有重大影响的核心关键功能以及影响这些核心关键功能运行的因素，并把它们作为未来人力资源服务恢复的重点。随着企业数字化技术的日益应用，大多数企业的人力资源服务都依赖于网络和管理信息系统。因此，在确定人力资源服务的关键功能后，企业还需要进一步确定实现这些关键功能的系统支持及其应急方案，如薪酬计算系统、假期管理系统、员工信息管理系统、入职离职管理系统等。为了能够在发生突发事件后快速恢复服务，需要特别明确各个系统在遇到突发事件时的应急支持方案，明确人力资源服务日常运营所需的各类数据和文件及其存在地址与获取方式，明确人力资源服务外包服务商的紧急联系方式等，以确保在服务中断时能够快速找到资源，为迅速恢复关键功能服务打下良好的基础。

（4）设定可能的潜在突发事件。结合企业所在地的政治、经济、地理、人文、社会治安环境等因素，预估和假设人力资源管理过程中可能发生的潜在突发事件。在此基础上，基于可能的突发事件及其产生的影响，对企业与人力资源管理进行风险预测和评估，进而制定具体的沟通和应对策略。

（5）制定具体的突发事件应对方案。一般来说，应对突发事件的基本过程由响应、恢复和重新开始三个阶段组成（如图 7-5 所示）。根据对突发事件可能性的预测与影响分析，制定恢复人力资源服务关键功能的具体方案。

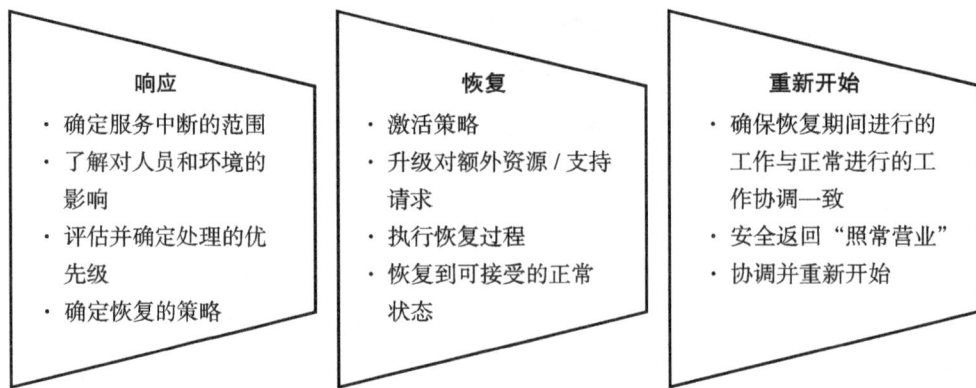

响应
· 确定服务中断的范围
· 了解对人员和环境的影响
· 评估并确定处理的优先级
· 确定恢复的策略

恢复
· 激活策略
· 升级对额外资源 / 支持请求
· 执行恢复过程
· 恢复到可接受的正常状态

重新开始
· 确保恢复期间进行的工作与正常进行的工作协调一致
· 安全返回"照常营业"
· 协调并重新开始

图 7-5　应对突发事件的基本过程

对突发事件做出响应是指在突发事件发生后制止进一步损害的首次行动。在对突发事件做出响应之前，人力资源服务连续性管理小组应通过对突发事件产生影响的深度与广度进行分析与预估，确定需要优先处理工作的顺序，以便制定合理的短期与长期的恢复策略。首先，需要评估突发事件对人员或环境的安全性的影响。例如，突发事件的发生是否已经或正在危及企业员工的生命安全？受到影响的群体有多大？严重程度如何？是否影响甚至损坏了人力资源服务正常运营的基础设施？人力资源服务的网络系统是否受到影响？是否影响了人力资源服务的数据安全？等等。其次，需要评估突发事件对人力资源服务关键功能的影响。例如，目前是否有重要的人力资源项目正在进行中？如有，是否受到了影响？后果如何？是否影响员工工资、奖金的正常发放？目前是否有大量新员工入职？是否有因组织调整而导致的大量裁员？等等。在这些关键评估工作完成之后，人力资源服务连续性管理小组就能够对突发事件做出正确的响应，为下一步恢复关键功能服务奠定基础。

恢复是指为使人力资源服务中的关键功能重新回到正常工作状态而采取的一系列必要的行动措施，包括激活相应的服务恢复方案、请求更高层管理者的支持、确定额外支持信息、启动应急方案等。例如，如果发生了大面积的停电、断网等情形，就会造成员工无法在办公室继续工作，此时的一个恢复策略是让员工到事先预备好的办公地点去办公；如果受到了自然灾害或其他事件影响并导致人力资源服务人员缺失甚至无法提供正常的人力资源服务时，则可以启用事先安排的后备人员来提供人力资源服务，或者让国内其他城市的同事临时提供人力资源服务等。在恢复方案执行过程中，一定要严格按照方案执行，直至完全恢复了人力资源关键业务功能，并得到明确的确认。另外，还需要保持管理小组成员与相关领导、组织之间的密切沟通，及时更新和汇报服务恢复的进度。

重新开始是使人力资源服务回归到最初的正常工作状态的行动步骤。在恢复了人力资源服务所有的关键业务功能后，管理小组将继续监控整个恢复过程，不仅要协调好恢复期间所采取的行动步骤，而且要确保与突发事件发生前正常的服务工作无缝链接，安全地返回到"正常服务"的状态。依据需要将关键功能与服务团队配置完整，恢复并确保服务重新开始。

（6）设计标准化的沟通模板。为了实现快速响应和有效沟通的目的，人力资源部还可以事先在人力资源连续性管理计划中设计标准化的沟通模板（具体参考本章的附录3），以方便在响应、恢复和重新开始各个阶段与相关领导和组织进行沟通。通过事先设立内部沟通机制，管理小组可以将标准化的沟通模板作为一个沟通工具，确保在最短的时间内将需要的关键信息通知给正确的信息接收者，做到及时汇报情况、互通信息、更新进度并在需要时寻求必要的支援，从而达到有效沟通的目的。

3. 人力资源服务连续性管理计划的培训

人力资源服务连续性管理计划的实施主体是连续性管理小组。为了确保管理小组中的每一个成员都能清楚地了解整个管理计划的目的、实施方法与过程以及各自在管理计划中承担的角色和责任，对他们进行专业的培训至关重要。人力资源服务连续性管理计划根据变化和需要一旦发生更改或更新，或者有新的小组成员加入，管理小组都可以通过定期培训让全体成员及时了解最新变化。通过培训，不仅可以确保每个小组成员都能清楚了解人力资源服务连续性管理计划的目的、内容、方法和过程，清楚了解他们各自的角色和职责，而且能够激发他们的积极性和创造性，激励他们积极地参与到整个人力资源服务连续性管理计划之中。

4. 定期演练及其实施

在人力资源服务连续性管理计划制订完成之后，为了检验管理计划的有效性，培养管理小组成员应对突发事件的意识和能力，加深小组成员对自己所承担的职责的了解和认识，对整个管理计划进行定期演练是非常有必要的。演练之前，管理小组可以要求成员对现有的人力资源服务连续性管理计划进行回顾和复习。演练的场景可以根据所在城市突发事件发生可能性的概率选定，例如，可以假定企业的信息系统受到重创在短期内无法恢复；或者假定企业受到了自然灾害的影响而无法正常运营；或者假设企业突然受到黑客的袭击造成数据中断或泄露等情况发生。然后，根据可能的影响程度确定人力资源服务关键功能及其恢复计划。演练的方式可以多样化，对于同一地区的管理小组成员可以进行现场实战模拟演练；对于管理小组成员分布在不同城市的，则可以通过视频会议或电话会议的形成进行模拟演练。在演练过程中，根据设定的场景，要严格以连续性管理计划作为操作手册，按照启动响应、服务恢复和重新开始各阶段的操作步骤，通过团队配合来完成演练。实现无缺陷的、成功的演练并不是演练的根本目的，因为一个成功的演练并不意味该计划完美无缺，也不意味管理小组准备工作很充分或整个管理小组在响应、恢复、重新开始三个阶段的工作做得好。实际上，演练的根本目的之一是为了能够事先找出整个实施过程中存在的缺陷和漏洞，而不是在真正发生突发事件时才被发现，从而造成不可挽回的损失。在演练结束后，管理小组还需要根据在演练过程中发现的问题与演练结果进行进一步的分析，为后续管理计划的调整和完善提供依据。

5. 人力资源服务连续性管理计划的评价与改进

根据演练中发现的问题和整体的演练结果，管理小组对现有的人力资源服务连续性管理计划进行必要的调整和完善，进一步简化与优化响应、恢复和重新开始三个阶段的操作流程，更新人力资源服务连续性管理计划，为下一次的演练或应对可能发生的真实突发事件做好准备。

三、人力资源服务连续性管理典型案例分析

下面，我们将以一个人力资源服务连续性管理的具体案例，详细说明如何科学制订和实施人力资源服务连续性管理计划。

1. 案例背景

M公司是一家知名的跨国公司，其中国总部设在北京，在上海、南京、苏州、杭州、广州、深圳等城市都设立了分支机构，其人力资源服务部门遍布各个分支机构，为全公司的所有员工提供相关的人力资源服务工作，包括员工雇佣旅程周期管理、员工薪酬福利管理、员工信息系统管理、员工客户关系管理、国际人才管理等工作。

基于公司发展的需要，通过对北京总部可能发生的突发事件概率大小的预估，决定成立人力资源服务连续性管理小组，制订人力资源服务连续性管理计划。

2. 可能发生的突发事件以及评估发生概率

M公司总部设在北京，较大可能发生的突出事件包括人员缺失、城市局部基础设施遭受破坏、电力偶然中断以及网络偶然中断等。

3. 制订人力资源服务连续性管理计划

基于北京总部突发事件发生的概率，假设在某年12月初公司旁边的建筑物发生了爆炸，并对周围的建筑物造成了一定的破坏。在这种情况下，M公司因为此次事件不得不将全部员工撤出公司大楼，无法在办公大楼继续提供人力资源服务工作。

M公司人力资源服务连续性管理计划将以此次突发事件为基础，首先建立人力资源连续性管理小组，公司总部人力资源共享服务中心负责人担任组长，全国各个分支机构的人力资源服务的主管作为小组成员。明确管理小组的组长、副组长以及各成员的角色、任务职责并随时待命。

在人力资源服务连续性管理小组成立后，接下来基于假想的突发事件制订人力资源服务连续性管理计划（具体参考本章的附录1），包括在突发事件发生前、发生时、发生后应该采取的行动步骤、定期的培训与演练以及对演练效果的评价与连续性管理计划的不断改进等。

4. 人力资源服务连续性管理计划的培训与演练

在人力资源服务连续性管理计划制订完成后，接下来就是基于连续性管理计划对人力资源服务团队进行培训和演练。

在培训连续性管理计划前，管理小组给每个成员一份纸质的人力资源服务连续性管理计划和假设发生的突发事件，按照管理计划定期开展演练。具体来说，在假设的突发事件发生时，激活服务连续性管理小组，按照服务连续性管理计划逐步实施服务连续性管理方案。

（1）了解突发事件对人力资源服务关键功能的影响，并做出初步响应。包括了解突发事件的性质、发生地点、受影响的业务范围以及对人力资源服务关键功能的影响程度。如人力资源服务人员、服务的实施、服务设备、信息网络等是否会受到影响？人力资源服务关键服务是否会受到严重的影响？此次突发事件是否需要启动人力资源服务连续性管理计划？等等。

首先，与公司当地的安保部门和行政部门等仔细检查整个办公楼的情况，确定人力资源服务团队以及全体来公司工作的员工的安全情况，引导和指挥所有员工进行紧急撤离。在团队撤离时，提醒并确保将所有的重要机密文件保存在安全的位置。

其次，管理小组基于收集到的全部信息评估此次突发事件对关键服务运营的影响。由于突发事件发生的时间是 12 月初，可能影响到的人力资源关键服务为员工工资的计算与发放以及员工的年度绩效考核等。确定了人力资源关键功能服务后，与关键功能的支持团队以及相应的服务提供商保持沟通，确保应急行动方案能够在需要时顺利开启。

第三，管理小组基于初步的评估结果，在与相关领导和组织进行详细的讨论和沟通后，鉴于目前突发事件对关键功能的正常运行造成了一定程度的影响，决定启动人力资源连续性管理计划。

第四，随着突发事件的进一步升级，现在已经无法在原先的办公地点进行工作，请求启用备用地点继续开展人力资源服务工作。

（2）人力资源服务连续性管理小组所有成员明确各自的主要工作职责，并在突发事件影响期间务必保持联系畅通。

（3）激活恢复方案。首先，根据突发事件场景及其影响程度，激活人力资源服务连续性管理计划中设定的恢复方案。疏散员工后，管理小组指引人力资源服务团队撤离到指定的工作地点继续工作。由于备用工作地点空间有限，优先将备用空间提供给人力资源服务关键功能团队，以确保关键功能服务能够得到迅速恢复。其次，由于时间紧急，在撤离过程中，人力资源服务团队并没有携带全部的电脑。此时仍然优先将备用电脑交给关键功能团队，确保员工薪酬福利管理、员工入离职管理以及员工关系管理等关键功能服务优先恢复。第三，收集突发事件的细节，进一步确定其对人力资源服务运营的潜在影响。由于在此次事件发生期间网络和系统均未受到影响，包括薪酬计算、入离职等关键服务功能仍然可以正常运行，因此其他相关预案暂不开启。最后，保持人力资源服务持续运行并等待办公室恢复运行通知。

（4）重新开始。突发事件发生一周后，人力资源部收到了办公室恢复运行的通知。全体员工回到原先的办公地点，恢复到原先的人力资源服务水平。与此同时，人力资源服务连续性管理小组对整个管理计划进行总结，向相关领导和组织汇报恢复情况。

（5）整个演练过程回顾与总结。首先，认真回顾整个管理计划的演练过程，收集和整理所有与此次事件相关的沟通内容和文件，进行事后分析和工作总结。其次，总结此次演练的成功之处，安排在此次演练中应对危机表现出色的成员与大家分享经验。第三，总结演练中出现的问题，确定需要进一步改进的地方。例如，在紧急撤离后，备用办公区域是否有足够的电脑供员工使用等，人力资源服务连续性管理小组应在连续性管理计划中增加备选方案，储备足够的备用电脑或与外部IT公司签订服务协议以备突发事件发生时提供设备援助。

5. 人力资源服务连续性管理计划演练结果的评价与改进

基于突发事件发生后管理小组的整体表现、演练中出现的问题以及演练结果，讨论分析出现问题的根本原因，制定改进措施，对现有的人力资源连续性管理计划进行改进和完善。从服务的结果与效果的角度，观察是否出现任何人力资源服务中断的情况？是否存在因服务中断而给员工带来负面影响的情形？在突发事件发生后，管理小组整体的处理是否及时、合理、有效？采取的既定恢复方案是否是最佳方案？还有没有进一步改善和提高的空间？启动的备用方案是否有效？还有没有其他更好、更有效的备用方案？等等。通过对演练结果的深入分析与思考，通过对在演练过程中出现问题的深入探讨，对照现有的人力资源服务连续性管理计划找出差距，确定改进方案，使人力资源服务连续性管理计划得到不断完善。

四、人力资源服务连续性管理成功的主要因素

企业顺利实施人力资源服务连续性管理主要取决于以下四个方面的因素。

第一，取得企业管理层的支持和重视，是人力资源服务连续性管理在企业顺利实施的必要条件。

第二，建立健全企业人力资源管理制度是有效实施人力资源服务连续性管理的前提条件。只有在健全的人力资源管理制度下，才能制订并实施人力资源服务连续性管理计划，确保企业人力资源服务在突发事件下能够保持连续不中断，促进人力资源管理的良性循环。

第三，制订并实施人力资源服务连续性管理计划是企业有效应对突发事件的制胜法宝。人力资源部必须事先结合企业人力资源管理制度，基于可能发生的突发事件的概率，制订人力资源服务连续性管理计划，并通过定期演练不断修订和完善计划。

第四，团队协作是确保人力资源服务连续性管理实施效果的根本保障。人力资源服务连续性管理不是某个人的任务，而是需要通过团队合作才能顺利完成的工作。因此，建立一支战斗力强的人力资源服务连续性管理小组非常重要。与此同时，人力资源部门内部甚至跨部门之间的相互支持和共同合作也是能否顺利实现服务恢复的关键。

总之，在移动互联网、物联网、大数据、云计算以及人工智能等新技术给人们的工作与生活带来先进科技的同时，也会带来巨大的潜在风险和诸多的不确定因素。人力资源管理工作者需要树立强烈的安全意识，充分利用现有的信息技术完善人力资源服务连续性管理方案，及时洞察可能出现的人力资源风险并迅速做好防范和应对措施，从而将人力资源风险对企业业务的影响降到最低，有效促进企业实现可持续发展。

人力资源服务连续性管理计划及其操作流程模板

人力资源服务连续性管理计划及其操作流程

1. 人力资源服务连续性管理计划的目的

制订管理计划的目的是为了有效指导连续性管理小组在突发事件发生后，能够基于突发事件的影响程度分析等信息采取正确的初始响应行动，清楚地定义小组成员各自的角色和职责，确定恢复的策略和方案，以便迅速恢复因重大突发事件而中断的人力资源服务。

2. 初始沟通及响应清单

附表 1　初始沟通与初步的影响程度评估表

	初始沟通及影响评估行动	参考信息
☐	如果员工的生命安全受到影响或威胁，请拨打 110、120 或 119，然后将突发事件的情况及其影响报告给在线安全行动中心，并提供以下信息： （1）灾难或突发事件发生的地点及其性质 （2）受到影响的业务及其范围 （3）联系方式等	在线安全行动中心 联系电话 电子邮件 内部网络
☐	请确认企业的人员、业务和设备等是否受到了突发事件的影响： （1）人员：全体员工还是人力资源服务团队 （2）服务：关键性应用、技术、网络等 （3）设备：基础设施、办公设备、网络等	
☐	通知连续性管理小组及相关人员如下信息： （1）被通知人员：管理小组、人力资源管理团队等 （2）突发事件描述：简明扼要地描述出突发事件发生的过程 （3）突发事件影响：详细描述对人员、场地和服务等的影响 （4）影响趋势：目前是否已经有所缓解 （5）初步的决定及建议的行动	联系方式（手机等） 管理小组成员的角色与职责
☐	通过核实与确认下列信息，确定对人力资源服务，特别是对人力资源关键功能的影响程度： （1）确定影响的时间以及是否影响关键性功能：是否影响员工工资、奖金的发放？是否有大量的新员工入职？是否有因组织调整导致的裁员 （2）需要哪些相关部门的通力协作 （3）是否影响了企业办公设备和人员 （4）公司周边的基础设施是否受影响（如道路、桥梁等）并采取相关的措施	设定的突发事件场景 恢复策略与方案
☐	根据以上影响程度分析，管理小组与人力资源部及公司高层管理者确定是启动还是暂缓实施管理计划	召开由相关部门领导参加的沟通会议

初始沟通及影响评估行动	参考信息
考虑下列情况并决定是否进行相应调整： （1）是否有可备选的工作地点 （2）是否有可支持的备用团队 （3）是否需要额外的资源——确定在服务中断和故障处理期间管理人员的工作安排（轮班、增加人手等）	支持团队的工作安排表 备选工作地点及其地址

附表 2　反应策略及步骤激活

激活步骤与行动	执行人员
根据受影响程度，启动适当的恢复策略与方案： 基于设定的突发事件场景确定恢复策略与方案。一旦确定了恢复策略与方案，需要采取下列措施： （1）立即通知管理小组采取相应的恢复策略和措施 （2）立即发布恢复指示 （3）与管理小组沟通，明确各自的角色和职责	应急小组组长 后备人员、副组长
根据已确定的影响和事件预期的持续时间，确定与哪些主要领导和团队进行沟通	连续性服务管理小组
持续监控整个突发事件的影响及其进展情况，以确定是否应该响应以及是否需要进一步升级或降级响应	连续性服务管理小组

3. 连续性管理小组成员的角色与职责

附表 3　连续性管理小组组长及成员联系方式和工作职责

姓名	角色	主要职责	联系方式	备注
	组长	指挥、协调整个连续性管理计划的实施		
	副组长	协助组长实施管理计划		
	主要成员	关键功能 1 负责人		
	主要成员	关键功能 2 负责人		
	主要成员	关键功能 3 负责人		
	主要成员	关键功能 4 负责人		
	主要成员	关键功能 5 负责人		

4.设定的突发事件场景以及恢复策略与方案

人员流失情景是假设劳动力大量减少，如罢工或流行病爆发等情况发生，估计约有 40% 的劳动力无法继续支持工作，只有 60% 的员工可以继续提供服务。

附表 4　人员缺失（如罢工或流行病爆发等）

任务	任务描述	负责人
1	管理小组组长（副组长、后备组长）将评估人员损失的影响，并确定当前的人员配置水平是否可以支持现有和即将发生的工作负荷。此外，管理小组组长将与其他经理合作，了解还有哪些资源可以支持所需的工作量，包括来自本地或远程的支持	连续性服务管理小组组长
2	如果有足够的资源满足工作的最低人员要求，而非 100% 的工作量支持，管理小组组长将与相关人员沟通，优先考虑人力资源服务所有关键功能工作，包括新员工入职、离职和调任，并按生效日期进行管理	连续性服务管理小组组长
3	如果没有足够的资源（人员和设施）达到最低工作要求，管理小组组长将向其他城市的人力资源服务团队寻求支持	连续性服务管理小组组长

在设施破坏场景下，假设团队所在地的主要设施或办公地点已经无法继续支持正常工作。常见的设施破坏场景主要包括电力设施损坏、网络损坏或其他影响生命安全问题的物理设施损坏。

附表 5　设施破坏

任务	任务描述	负责人
1	如在工作时间内发生意外，应该立即疏散员工	受影响的团队（人力资源服务团队）
2	服务连续性管理小组组长应该联络相关人员确定下列事项： ①是否会对员工生命安全产生影响 ②是否提供备用工作地点？在适当的工作地点或在办公地点附近指定的工作地点办公或居家办公 ③收集突发事件情况，以确定对现有服务的潜在影响 ④如必要，确定沟通方式，保持信息沟通的畅通	连续性服务管理小组组长
3	管理小组组长应召开电话或线上会议，与人力资源服务团队、人力资源服务连续性管理负责人进行沟通	连续性服务管理小组组长

（续表）

任务	任务描述	负责人
4	确定居家办公是否可以维持业务持续运行，是否需要额外的工作地点进行业务支持	连续性服务管理小组组长
5	确保离开办公室时所有的敏感和保密性文件都被安全存放	连续性服务管理小组
6	如果设施在两个工作日内无法正常运行，小组组长需要决定是否与其他地区支持团队沟通并寻求帮助	连续性服务管理小组组长
7	①在办公设施未恢复前，继续在指定的备选地点工作 ②保持持续的信息和状态更新	人力资源服务团队 连续性服务管理小组组长
8	办公设施恢复，回归原工作场所并保持信息更新	人力资源服务团队恢复小组组长

附表6　工具或应用程序受损

任务	任务描述	负责人
1	人力资源服务应用工具、名称、地址、联系方式列表	服务连续性管理小组
2	将工具、系统相关问题反馈给对应的系统支持团队，同时将电子邮件抄送给人力资源管理团队及相关成员 如果入离职、薪酬计算等系统无法正常使用，可以通过手工操作的方式提供服务： ①手动记录所有入离职信息并在系统恢复后补录 ②由于系统无法支持工资信息输入，采取电子邮件等手工方式将员工的工资信息发送给薪资计算团队	管理小组组长
3	每两小时与相关系统支持团队沟通一次，直到问题解决 通过电子邮件与团队和人力资源服务管理层进行沟通	人力资源服务连续性管理小组组长
4	一旦关键功能恢复，管理小组组长将通知相关团队问题已经得到解决	人力资源服务团队管理小组组长

5. 回顾

收集和整理所有与突发事件相关的文件资料和信息，交由管理小组组长或指定的代表进行统计与分析。确定哪些方面比较成功并将它们纳入事件响应计划之中，确定哪些地方需要改进，以便制订改进计划；确定在应对危机时表现出色的人员，以便对他们进行表彰，为他人树立榜样。让所有的参与者都有机会发表意见和建议。

附表 7　人力资源连续性计划的回顾

任务	说明	样本
事后回顾	（1）在人力资源服务连续性管理计划完成后，对整个管理过程进行回顾和总结，以便不断改进和完善管理计划 （2）由管理小组完成回顾与总结工作 （3）将管理计划总结报告分发给所有核心利益相关者	
根本原因分析	对在整个管理计划执行过程中出现的问题进行系统分析，确定出现问题的根本原因	

人力资源服务连续性管理计划的
更新历史、审核与签字

附表8   管理计划更新历史记录

版本号	更新日期	负责人	更新信息摘要
0.1	__年__月__日		第一版
0.2	__年__月__日		第一轮更新和修订

附表9   审查和批准

姓名	角色与职责	更新日期
	连续性管理小组组长	___年__月__日
	连续性管理小组副组长	___年__月__日
	连续性管理小组队员	___年__月__日

人力资源共享服务中心标准化沟通模板

附表10　人力资源共享服务中心标准化沟通模板

突发事件情形：人员、设施损失	
初始沟通	至： 抄送： ×××： 您好， 　　请特别注意，北京公司总部附近的建筑物发生爆炸，公司所有员工必须迅速撤离办公大楼，暂时造成公司人力资源服务的中断。有关北京总部附近发生爆炸及其造成的影响的评估正在进行，我们将于今天下午两点就此事件及其影响召开电话会议，请您务必拨冗参加。 　　　　　　　　　　　　　　　　　　　　　人力资源服务连续性管理小组 　　　　　　　　　　　　　　　　　　　　　　　　___年__月__日

	突发事件情形：人员、设施损失
更新	至： 抄送： ×××： 您好， 　　我们正在经历着某一突发问题，现已采取了相应的措施，紧急启动了人力资源服务连续性管理计划，并通知了相关的支持团队。从现在起，我们将会及时更新进展情况。 主要问题： 人力资源服务连续性管理小组 ＿＿年＿月＿日
终止	至： 抄送： ×××： 您好， 　　我们在此通知您，我们面临的 ××× 问题目前已经得到解决，还请知晓。 主要问题： 解决方案： 人力资源服务连续性管理小组 ＿＿年＿月＿日

参考
文献

1. 沈向洋，施博德.计算未来-人工智能及社会角色.北京：北京大学出版社，2018.

2. 郭红丽，袁道唯.客户体验管理.北京：清华大学出版社，2010.

3. 伯纳德·马尔，人力资源数据分析——人工智能时代的人力资源管理，机械工业出版社，2019.

4. 戴维·尤里奇.人力资源转型——为组织创造价值和达成成果.北京：电子工业出版社，2015.

5. 刘凤瑜.人力资源治理与人事及社会保障法规.北京：对外经济贸易大学出版社，2014.

6. 林新奇.国际人力资源管理：理论与实践.北京：高等教育出版社，2016.

7. 李炳安.我国劳动工时和休息休假制度的价值选择与制度完善.社会科学研究.2017.5.

8. 魏翔.闲暇时间经济理论研究进展.经济学动态，2018.10.